Pierre Botton

MES CHERS AMIS

Flammarion

ISBN : 2-08-067822-1

« On peut rêver qu'un jour la vérité soit à la mode. »
Raymond Queneau.

Pour mes filles…

AVERTISSEMENT

En raison des lois sur la diffamation et sur la protection de la vie privée, ce livre a subi certaines modifications de forme.

J'ai ainsi du transformer le langage populaire que nous utilisons chaque jour, afin de satisfaire aux exigences des avocats de mon éditeur. Par exemple, *trahison* a été parfois transformé en *abandon*, *lâcheté* de temps à autres en *peur des conséquences* et *faux cul*... souvent en *bien pensant*. Dommage.

D'autant plus dommage que les hommes de média qui invoquent ces articles de loi et les hommes politiques qui les votent n'avaient pas hésité, eux, à me traiter d'escroc, de menteur, d'affabulateur et à violer ma vie privée pour dissimuler leurs propres turpitudes.

Ainsi va la dure loi du politiquement correct.

Par ailleurs, je ne relaterai pas mes relations avec des personnages détenus ou mis en examen avec moi dans un dossier en attente de jugement.

D'autres documents originaux se trouvent sur mon site internet : www.pierrebotton.com

Merci de votre patience pour le téléchargement.

Bonne lecture !

PROLOGUE

« Les largesses de Pierre Botton : révélés par un contrôle fiscal, les cadeaux de l'homme d'affaires lyonnais à des journalistes illustrent le mélange entre amitié et promotion commerciale » titrait en une, sur trois colonnes et sous la plume d'Edwy Plenel, *Le Monde* du 14 novembre 1992. Trois jours plus tôt, *Le Canard enchaîné* écrivait : « Le financier de Michel Noir payait de beaux voyages à PPDA, les vacances en or de PPDA aux frais du gendre de Michel Noir ». Tandis que j'étais placé en garde à vue, l'affaire Noir-Botton commençait. Elle allait défrayer la chronique médiatique et judiciaire durant plusieurs années, comme un exemple du triptyque « affaires-médias-politique ». De nombreuses personnes appartenant à ces trois milieux furent mises en cause, interrogées ou suspectées. Après plus de trois ans d'instruction, j'ai été condamné, le 10 janvier 1996, par la cour d'appel de Lyon, à cinq ans d'emprisonnement dont dix-huit mois avec sursis et arrêté le jour même à la barre du tribunal pour les chefs de faux en écriture de commerce et usage, banqueroute, recel d'abus de biens sociaux et abus de biens sociaux. Que cachent ces termes juridiques ? Tout simplement la réalisation de faux documents comptables afin d'utiliser les fonds de mes sociétés dans un but qui ne correspondait pas à leur objet social. Pour être plus clair : j'ai financé l'ascension politique de Michel Noir avec l'argent de mes entreprises.

Mais alors que tout a été dit sur ce dossier et même beaucoup plus, pourquoi écrire ce livre ? Pourquoi maintenant ? Pourquoi cette série de portraits ? Pourquoi ces noms-là et pas d'autres ?

Pourquoi maintenant ?

« Il y a un temps pour tout », affirme le dicton populaire. En effet, après avoir été l'un des symboles des années fric, j'ai été mis au ban de la société par ceux-là même qui, à une certaine époque, m'entouraient, me sollicitaient, m'encourageaient et, n'hésitons pas à le dire, en profitaient. Or, depuis ma première garde à vue, que voit-on de jour en jour ? Des élus mis en examen, des ministres et des députés mêlés à de sombres affaires, de l'argent public dilapidé de tous côtés, autant de montants exorbitants sans commune mesure avec les sommes mises en jeu dans mon dossier dans lequel, je tiens à le rappeler, aucun contribuable, aucun fournisseur, aucun employé, aucun client, aucun actionnaire, aucun banquier, aucun tiers ne s'est finalement porté partie civile.

Je fus l'objet de plus de quinze perquisitions et quatre-vingts auditions, j'ai passé six cent deux jours en prison, après avoir été le centre d'intérêt des médias durant des mois et avoir vu mon procès relaté chaque jour, durant trois semaines, par toutes les télévisions nationales. L'arrêt rendu par la cour est aujourd'hui étudié dans les facultés de droit, décortiqué dans les écoles de commerce et analysé par des politiques pleins de courage qui souhaitent réformer le code pénal pour s'éviter ce que d'autres ont subi.

Mais aujourd'hui, dans cette déferlante de scandales bien différents, quant à l'ampleur, de celui dont j'ai été l'objet, j'observe les peines infligées ! Et je constate qu'il n'y a pas d'homme politique en détention préventive, pas une seule condamnation à de la prison ferme pour des députés ou des ministres, à l'exception d'Alain Carignon. Non, il faut le reconnaître, les affaires actuelles s'enlisent, font la une des journaux quelques jours puis disparaissent de nos écrans de télévision pour sombrer dans l'oubli. La MNEF, ELF, l'ARC, Isola-2000, les HLM de la capitale, les emplois fictifs de la mairie de Paris, le Crédit Lyonnais, le financement du CDS, du PC, du PR, du RPR... les affaires se succèdent, les mises en examen pleuvent, quelquefois suivies de démissions, mais jamais aucune condamnation aussi lourde que la mienne n'est prononcée.

Depuis ce 10 janvier 1996 où je fus incarcéré et placé à l'isolement comme le terroriste Carlos, les rapports que j'ai entretenus avec la justice ont changé. De procès en procès, la confusion des peines est prononcée, c'est-à-dire que les juges constatent que ma première condamnation, lourde, très lourde, absorbe toutes les autres. Le 27 janvier 1999, à l'occasion de l'avant-dernier des procès qui m'étaient intentés, le président du tribunal releva que « le liquidateur judiciaire n'avait pas dû voir beaucoup de remboursements de ce montant dans ses dossiers» puisque, comme je m'y étais engagé, j'avais remboursé tout le passif[1]. Pour de nombreuses personnes, hommes politiques il est vrai, ce simple geste suffit à stopper toute action publique, mais pas pour moi. À quarante-quatre ans, j'ai décidé de recommencer ma vie, de repartir de zéro afin de démontrer que, si la politique, les paillettes et Paris m'ont tué, j'aime aussi travailler, innover, conquérir des marchés, faire de vraies affaires, créer des sociétés avec des partenaires qui me font confiance. Comme j'ai reconnu mes erreurs et que j'ai tiré les conséquences de mes actes, je souhaite repartir du bon pied. Avec honnêteté, humilité, en soldant le passé.

Pourtant, il semble que ma ligne de conduite n'a pas été la bonne. J'ai reconnu mes fautes. Fatale erreur, car en fait, pour s'en sortir, il vaut mieux, comme tant de nos élus pris la main dans le sac, clamer son innocence devant toute la presse, hurler à la manipulation de la justice, au complot médiatico-judiciaire, puis réclamer sa mise en examen «pour avoir accès aux pièces du dossier» et, ensuite, aller au bout de toutes les procédures afin d'user le temps et de laisser les affaires se recouvrir d'un manteau d'oubli.

Mais je n'ai pas choisi ce procédé. J'ai décidé de pouvoir me regarder dans une glace. Comme je l'ai déclaré à la barre du tribunal : oui, j'assume; oui, je suis responsable et coupable. Aussi, naïvement, je croyais qu'on me laisserait tranquille. Eh bien non! Le jour où, voulant rejoindre mes

[1] Lettre du liquidateur judiciaire attestant que tout le passif a été remboursé, en annexes.

enfants aux États-Unis, j'ai appris que le consulat américain en France refusait de me délivrer le visa que l'administration américaine m'avait, elle, accordé, et ce après que le bulletin n°1 de mon casier judiciaire lui avait été transmis au mépris des lois, j'ai décidé d'écrire ce livre[2]. Car trop, c'est trop. À cause de cette décision, reconstruire ma vie devenait impossible. Pourtant, je n'avais pas demandé un faux passeport comme certains; je n'avais jamais fait l'objet d'un mandat d'arrêt international comme Alfred Sirven, numéro 2 de l'affaire ELF, document que la police mit plus de dix-huit mois à transmettre à Interpol. On n'avait pas envoyé d'hélicoptère dans l'Himalaya pour me sauver des griffes d'un juge d'instruction. Non, depuis le début de mes déboires, je m'étais débrouillé seul. En fait, à la réflexion, j'avais fait pire que tous ces gens : commettre un acte de haute trahison en cautionnant les actions de la justice!

Mais, le plus dur, dans tous ces mois de tourmente, c'est qu'à part de fort rares exceptions aucun de mes anciens « amis », ceux des médias comme de la politique, ne me soutint, ne me tendit la main. Et, depuis ma libération, ils n'ont rien fait non plus pour me laisser refaire ma vie, me permettre d'oublier et tourner définitivement la page. Au contraire, ils n'ont eu de cesse, pour beaucoup, de me détruire, de me juger, de me mettre des bâtons dans les roues, de colporter de fausses rumeurs sur moi. Les politiques ont même tenté de m'intimider tout en me ménageant comme dans les bons films américains. « Nous

[2] Voir lettre du service du casier judiciaire national, lettre de la Ligue des Droits de l'Homme et bulletin n°3 de mon casier judiciaire en annexes.

sommes avec toi, mais nous ne pouvons l'afficher», disaient-ils. Mais, une fois que j'avais le dos tourné, ils n'hésitaient pas à me faire savoir que «l'on connaissait mes habitudes», laissaient entendre que «ma famille avait été épargnée jusque-là», qu'«un jugement était encore à venir», que l'administration fiscale pouvait à tout moment, telle une épée de Damoclès au-dessus de ma tête, choisir d'appliquer «la contrainte par corps prononcée contre moi» et que, par conséquent, «je n'avais pas intérêt à faire de vagues».

Mais, messieurs, croyez-vous pouvoir encore me menacer? Après avoir connu la ruine, la prison, plusieurs séparations avec mes enfants, la trahison, le mensonge, que peut-il m'arriver de plus!

C'est donc avec écœurement que j'observe, à la télévision, dans les journaux, un président de la République amnésique rendu intouchable par un Conseil constitutionnel, alors présidé par un mis en examen dans un dossier de commission portant sur des livraisons de matériel militaire, s'élevant à plusieurs milliards de francs. Je vois des présidents de partis, pris au piège du financement politique, continuer à donner leur avis sur l'évolution de la France. Je vois des députés espérer devenir ministres après avoir profité de mes relations et utilisé tous les artifices de la communication, ainsi que des élus tomber régulièrement pour trafic d'influence. Alors que je n'ai été aux prises avec la justice que sur le financement d'un seul homme politique, je vois que certains grands groupes, après avoir été l'objet de plusieurs mises en cause judiciaires aux quatre coins de l'Hexagone, continuent à jouer un rôle primordial dans la politique et l'économie de notre pays. J'observe que les plus grands capitaines de l'industrie, aux prises avec des affaires judiciaires, peuvent toujours, eux, se rendre aux États-Unis, parfois même en invités des délégations officielles françaises.

Voilà pourquoi, aujourd'hui, ce que la souffrance de l'incarcération n'a pu me faire exprimer, ce que les pressions n'ont pu me faire dire, ce que la honte, la vengeance, la haine n'ont pu me faire révéler, la voix de mes filles me demandant : « Quand est-ce que tu pourras venir, Papa ? » fait, elle, exploser ces douleurs.

Pourquoi ces noms ?

C'est vrai, il y en avait beaucoup, des courtisans, de ces « chers amis », de ceux qui demandaient : « Pierre, est-ce que tu peux me rendre ce service ? », de ceux qui affirmaient : « Tu sais, tu peux compter sur moi. » Il y en avait, mais où sont-ils aujourd'hui ? Bien peu ont eu l'élégance de ne pas se détourner. Je tenais à les remercier, même si, pour eux, figurer dans ce livre risque de ne pas être agréable, l'auteur sentant le soufre depuis dix ans. Mais je suis certain que les lecteurs feront le tri. Et qu'ils ne seront pas dupes des « j'avais envie de t'écrire, mais je ne savais pas où tu étais », des « je ne voulais pas te gêner », des « je ne savais pas comment il fallait faire », des « j'ai bien pensé à toi » que tant d'hypocrites ont osé me dire après ma sortie de prison.

Messieurs, aujourd'hui j'en ai assez. Je ne vous ai rien demandé, vous vous êtes servis, vous avez profité, eh bien, tant mieux pour vous. Le système n'a pas changé, et vous avez remplacé Botton par d'autres, que vous lâcherez de la même façon, tant mieux encore pour vous. Vous représentez la respectabilité, mais j'ai envie et besoin d'expliquer qui vous êtes réellement, quelles sont vos faiblesses, comment vous arrivez à juger les autres sans jamais vous juger vous-mêmes, comment vous avez vu la paille dans mon œil sans jamais voir la poutre qui est dans le vôtre.

Jusqu'à ma sortie de prison, je me suis assis sur les mensonges, sur les « lâchages » en direct à la télévision ou sur procès-verbaux, sur les portes claquées au nez de mon frère quand il me cherchait un emploi capable de mettre fin à ma détention, sur les dépositions que me tendait le juge histoire de me montrer la médiocrité de tant de « bons esprits ». J'ai vu des promotions, des réussites éblouissantes, des courbettes, des lâchetés. Aujourd'hui, je rejette ce monde politico-médiatique mesquin et pitoyable, étant devenu insensible à ses bassesses et à son supposé pouvoir de nuisance. Désormais, je désire exprimer ma vérité, pièces à l'appui, en utilisant les mots et écrits de tant de marquis de notre intelligentsia parisienne.

Parmi ces noms, certains sont connus, très connus. Quelques-uns sont décédés, alors que j'aurais aimé saluer des hommes de cœur comme François-Henri de Virieu, si courageux d'être venu à la barre du tribunal dire « Pierre est mon ami ». Dans le déferlement de boue, de trahison, il y a en effet eu quelques exceptions, hommes et femmes honnêtes qui m'ont soutenu d'un bout à l'autre, m'ont aidé de leur plume lorsque la détresse me poussait à ne plus communiquer avec personne, qui ont aussi soutenu ma famille. Ceux-là ont reconnu ma générosité, m'ont parlé avec franchise, n'ont pas cessé de m'écrire, de m'assister, de me protéger de moi-même comme des autres. Ils m'ont aimé, et, grâce à eux, ayant repris confiance, je crois possible de reconstruire. Or croire, c'est déjà vivre. Je voulais donc aussi, dans cet ouvrage, leur rendre hommage.

Mais les « héros » de ce livre, ce sont bien évidemment les « chers amis » dont les jugements m'ont assassiné, ces funambules de l'honnêteté morale qui ont permis de donner une telle publicité à mon dossier et qui m'ont présenté comme le plus sournois des conseillers en communication, alors que tous entretenaient des rapports avec des hommes de mon genre depuis des années. En affirmant avoir été lésés, trompés sur ma démarche, abusés sur mes intentions, ils se sont en vérité dédouanés à bon compte. Journalistes, patrons de grands groupes industriels, hommes politiques de premier plan, vedettes de télévision, vous avez ouvert le parapluie sans aucun scrupule. Mais quel exemple livrez-vous, sinon celui de passer à travers les gouttes de l'orage et de détourner le regard dès que des ennuis surviennent? Vous êtes maîtres dans l'art de l'esquive. J'ai tout accepté, mais assurément pas d'adopter le même comportement. Loin de vous, j'aurais pu et voulu oublier, mais le « destin » m'a laissé à vos côtés. Alors je veux me « laver de votre amitié » comme vous vous êtes lavés de la mienne.

C'est vrai que j'étais, bêtement, attiré par tout ce qui brille. Et si certains en valaient la peine, beaucoup d'autres non. Avec cet ouvrage, je ne demande à personne de partager mon avis, j'ai seulement besoin d'évoquer des moments, des actes, des mots, des situations. Je ne souhaite pas me venger, cela n'a aucun intérêt et ne changerait rien à ce que j'ai vécu ou à leur attitude, mais informer, révéler un système, mettre au jour des personnalités et des perversions.

À quel titre?

On a tout dit sur moi, tout écrit, tout fouillé. Parfois parce que j'y ai participé. Pour moi, il n'y a pas eu de débat sur la protection de la vie privée. L'intérieur de mes maisons a été photographié sous toutes les coutures, puis livré au grand public dans les journaux. Mes attitudes ont été analysées, mes propos rapportés, déformés. Mes adversaires ont été encensés, écoutés, magnifiés, avant d'être, à leur tour, condamnés dans d'autres affaires. Mais le mal était fait. À partir de là, je n'avais plus de choix : me battre, expliquer pour démontrer et reconstruire. Parce que certains font des procès aux journaux qui accolent leur nom au mien, en rappelant qu'ils étaient mes amis, parce que d'autres donnent ordre à leurs collaborateurs de rejeter tout projet qui pourrait m'être lié, parce que quelques-uns ne me reçoivent qu'en présence de tiers, afin qu'un témoin puisse rapporter la façon dont j'ai été éconduit, je n'ai pas eu le choix. J'ai besoin de vider mon sac et de réhabiliter mon nom.

C'est parce que j'ai exécuté ma peine, parce que je connais particulièrement bien, et à un haut niveau, le système qui nous régit, nous informe et prépare les élus au vote des électeurs, que j'ai le droit de m'exprimer. Pas de juger, non, de parler. Aujourd'hui, j'ai le droit de dire qui sont vraiment les gens qui m'ont entouré, qui ont accepté mes invitations, m'ont parfois aidé, parfois aimé, souvent utilisé. J'ai, moi aussi, le droit de donner publiquement mon opinion, *a fortiori* alors que le volet pénal de mon affaire se referme et que l'on ne pourra pas m'accuser de publier un livre de circonstance afin d'essayer de sauver ma peau. Ma peau, il y a longtemps qu'elle s'est tannée à la lumière blafarde des ampoules de 60 watts des cellules de la Santé, des maisons d'arrêt de Lyon, de Nanterre, de Grasse, de Villefranche-sur-Saône, de Fresnes. Il y a longtemps que mes yeux ne souffrent plus des mots lus dans les journaux et mes oreilles, de ceux entendus à la télévision ou à la radio.

Je n'ai rien à gagner financièrement à cet ouvrage puisque mes droits d'auteur seront saisis par le fisc. Je souhaite seulement pouvoir enfin livrer ma version, non pas de l'affaire, celle-ci étant jugée, mais des hommes et des rouages de notre démocratie, pour mettre un terme à l'hypocrisie généralisée de tant de faux culs qui régissent notre société.

On me demande sans cesse pourquoi j'invitais tous ces hauts personnages, mais leur a-t-on retourné la question ? Eux qui sont à la une des journaux depuis des années, eux qui détiennent et exercent le pouvoir depuis des lustres et fréquentent les ors de la République, pourquoi sont-ils venus ?

C'est donc en témoin privilégié d'une époque où les acteurs sont tous à la télévision et tiennent deux discours que je m'exprime.

Toute ressemblance avec des personnages existants ou ayant existé n'est pas fortuite, mais bien volontaire. Ce sont ceux-là même dont vous entendez parler à longueur de journée sur les scènes des music-halls, dans vos hebdomadaires, à la radio, à la télévision, au sein des conseils d'administration des grands groupes français, dans les mairies, à l'Assemblée nationale, dans les ministères et même… à la présidence de la République.

Les trois coups sont frappés, que le spectacle commence.

CHRONOLOGIE

1977 : Acquisition du restaurant Le Mangeodrome, à Collonges-au-Mont-d'Or dans le Rhône, situé à cent mètres de l'Auberge de Paul Bocuse.

1982 : **Novembre**. Première rencontre avec Michel Noir, député de la Croix-Rousse, au salon pharmaceutique Ipharmex de Lyon.

1983 : **Mars**. Défaite de la liste Michel Noir aux élections municipales. Il me demande alors de participer à sa carrière politique.

1986 : **Mai**. La liste UDF, menée par Raymond Barre, et la liste RPR du Rhône ont obtenu le même nombre de sièges aux élections législatives à la proportionnelle. Michel Noir devient ministre délégué au Commerce extérieur du gouvernement de cohabitation dirigé par Jacques Chirac.

1988 : Mai. Défaite de Jacques Chirac à l'élection présidentielle. Michel Noir conserve son siège de député de la Croix-Rousse aux législatives qui suivent.

1989 : Janvier. Les municipales lyonnaises approchent. Déclaration de candidature de Michel Noir pour mener la liste RPR contre la liste UDF conduite par le maire sortant Francisque Collomb. Je suis nommé au poste de directeur de campagne.

Mars : Michel Noir réalise le grand chelem et enlève les neuf arrondissements de Lyon. Il est élu premier magistrat de la deuxième ville de France et arrive en tête de tous les sondages sur la cote d'avenir des hommes politiques d'envergure nationale.

Avril : Je quitte la mairie de Lyon.
Première rencontre avec Claude Chirac.

1990 : Janvier. Je participe à la campagne de réélection de Michel Mouillot à la mairie de Cannes. Il est élu au premier tour.

Novembre : Michel Noir démissionne du RPR et de son mandat de député de la Croix-Rousse pour créer son propre mouvement politique : « Nouvelle Démocratie ».

1991 : Janvier. Élections législatives partielles à Lyon provoquées par la démission de Michel Noir et de Jean-Michel Dubernard. Fort du soutien de Jacques Chirac et du RPR, je me porte candidat contre Jean-Michel Dubernard et suis largement battu.

Mars : Ouverture d'une information judiciaire sur le cambriolage de ma permanence électorale durant la campagne. Le chef de cabinet de Michel Noir devra démissionner et sera inculpé quelques semaines plus tard.

1992 : Février. Je rachète la société La Vie Claire à Bernard Tapie, alors ministre de la Ville.

Juin : Le tribunal de grande instance de Créteil m'accorde une saisie conservatoire sur les comptes de Bernard Tapie Finance pour un montant de plus de soixante-trois millions de francs, car les comptes de La Vie Claire suscitent des interrogations.

Michel Charasse est ministre du Budget du gouvernement de Pierre Bérégovoy. Ouverture d'une enquête préliminaire sur les sociétés de mon groupe par le parquet de Lyon.

Le ministre du Budget autorise la transmission du dossier fiscal de la société Vivien au parquet de Lyon, entreprise largement utilisée pour financer l'ascension politique et médiatique de Michel Noir. Déclenchement en cascade de vérifications fiscales sur l'ensemble des sociétés de mon groupe.

Novembre : Je suis mis en garde à vue, puis inculpé et placé en détention préventive à la prison Saint-Joseph de Lyon. C'est le début de l'affaire Botton.

1993 : Février. Mise en examen de Patrick Poivre d'Arvor.

Mars : Mise en examen de Michel Mouillot, maire de Cannes. Pendant ma détention préventive, le magistrat ouvre le dossier de la SDEI, filiale de la Lyonnaise des eaux et me met en examen avec Marc Michel Merlin, P-DG de cette société.

Michel Noir conserve son siège de député aux élections législatives gagnées par la coalition UDF-RPR. Édouard Balladur devient Premier ministre, Bernard Pons président du groupe RPR à l'Assemblée nationale et Jacques Toubon ministre de la Culture.

Avril : Mise en examen de Michel Noir député-maire de Lyon.

Je suis remis en liberté contre le versement d'une caution de huit millions de francs. Un tel montant n'avait jamais encore été exigé en France.

1994 : Février. Audition en qualité de témoin de Jérôme Monod, P-DG de la société Lyonnaise des eaux, dans le cadre du dossier SDEI ouvert en février 1993. La plupart des dirigeants de la Lyonnaise des eaux seront entendus au cours de cette instruction.

Août : Ouverture d'une information judiciaire sur les comptes en Suisse ayant reçu des sommes importantes de grands groupes industriels.

Décembre : Nicolas Sarkozy, ministre du Budget et de la Communication du gouvernement d'Édouard Balladur, dirige la précampagne de ce dernier pour l'élection présidentielle contre Jacques Chirac.

Ouverture d'une information judiciaire pour fraude fiscale à la suite de la transmission, par le ministre du Budget, de mon dossier à la Commission des infractions fiscales.

1995 : Mars. L'ancien chef de cabinet de Michel Noir, Bernard Sarocca, est condamné à dix-huit mois de prison assortis du sursis pour avoir commandité le cambriolage de ma permanence électorale pendant les élections législatives partielles de 1991. Il sera également mis en examen, aux côtés de Bernard Prades, de la Lyonnaise des eaux, pour recel d'abus de biens sociaux.

Avril : Je suis condamné par le tribunal de grande instance de Lyon à quatre années d'emprisonnement dont deux seront assorties du sursis et à une amende de deux millions de francs. Le parquet fait appel de cette décision.

Mai : Jacques Chirac est élu président de la République. Jacques Toubon devient garde des Sceaux.

Décembre : Je subis une nouvelle garde à vue suivie d'une mise en examen dans le dossier dit « des comptes suisses » ouvert en août 1994.

1996 : Janvier. Arrêt de la cour d'appel de Lyon : je suis condamné à cinq années d'emprisonnement dont dix-huit mois avec sursis et deux millions de francs d'amende. Un mandat de dépôt est délivré par la cour : je suis arrêté dans la salle d'audience.

André Kamel, de la Lyonnaise des eaux, est mis en examen et placé en détention préventive dans le dossier des comptes suisses.

Mai : Michel Noir est condamné pour abus de confiance dans l'affaire dite « des associations » à un an de prison avec sursis et cent mille francs d'amende.

Juillet : Mutation au parquet de Lyon de tous les magistrats ayant suivi mon dossier lors de son ouverture. Jean-Louis Nadal, à la tête du parquet général de Lyon, est nommé à la tête du parquet d'Aix-en-Provence. Il était arrivé procureur général à Lyon en 1992 date de l'ouverture des informations judiciaires à mon encontre. Jean-Amédée Lathoud, procureur, est nommé à la tête du parquet général de Riom dans le Puy-de-Dôme. Monsieur Cretin, substitut du procureur, est nommé à Bruxelles.

Décembre : Rejet de ma demande de mise en liberté conditionnelle. Le parquet de Grasse n'a pas demandé ma libération.

1997 : Janvier. Première audience du procès de la SDEI, filiale de la Lyonnaise des eaux. En raison de mon état de santé qui ne me permet pas d'être présent, le procès est reporté. Le parquet s'est joint à la demande de mes avocats pour que l'audience se tienne hors de ma présence.

Février : Première permission de sortir, pour une durée de quarante-huit heures. Monsieur Courroye, juge d'instruction, est nommé au parquet de la cour d'appel de Lyon.

Avril : Je suis mis en liberté conditionnelle sous le contrôle de madame Sottet, juge d'application des peines.

Mai : Mise en examen de Michel Noir dans le dossier des comptes suisses et interrogatoire de première comparution.

Octobre : Jugement dans le dossier de la SDEI : je suis condamné à dix-huit mois de prison assortis du sursis. Le tribunal constate la confusion des peines.

1998 : Juillet. Fin de ma période de conditionnelle.

Octobre : Le consulat américain en France refuse de suivre l'administration américaine qui avait délivré une « notice of action » m'autorisant à bénéficier d'un visa de travail dans le cadre de l'emploi accepté par la justice au moment de ma libération conditionnelle. Mon casier judiciaire, bulletin n°1 (volet réservé normalement aux parquets), est transmis aux autorités américaines en violation de la législation française. Je ne peux plus mettre les pieds sur le territoire américain.

1999 : Février. Jugement dans le dossier de fraude fiscale : le tribunal me condamne à deux ans d'emprisonnement avec sursis, cent mille francs d'amende et accorde à l'administration fiscale une contrainte par corps. Le tribunal constate la confusion de droit, avec les peines prononcées par la cour d'appel de Lyon le 10 janvier 1996.

Août : La mère de mes enfants et mes deux filles obtiennent un visa de travail pour les USA valable trois ans.

Novembre : Nouveau rejet du consulat américain d'une demande d'autorisation de me rendre aux USA pour passer les fêtes de Noël avec mes enfants.

BOCUSE PAUL : MON « PARRAIN »

Restaurateur, meilleur ouvrier de France, membre de l'Association des maîtres-cuisiniers de France, président de l'Association Eurotoques et de l'Association du meilleur ouvrier de France section cuisine-restauration.

Paul Bocuse, un grand nom de la gastronomie française, une figure, un être cher et de bonne chère, un ami au grand cœur qui a su en toute circonstance rester fidèle à son image : généreux, sincère, franc, vrai. Et pourtant, que n'a-t-il pas subi ? Alors que j'étais dans l'œil du cyclone, ce collectionneur de limonaires et autres orgues de Barbarie est venu chanter une autre musique que les complaintes accusatrices et désobligeantes que tant de bonnes âmes croyaient de bon goût d'entonner. Pour montrer l'honnêteté de ce restaurateur pas comme les autres, lisez ce qu'il avait le courage de dire au juge. Voici sa déposition.

« Le témoin a répondu :
« Je me nomme Paul Bocuse.
« Je suis né le 11 février 1926.
« Je demeure 69660 Collonges-au-Mont-d'Or.
« Je ne suis ni parent ni allié des parties, ni à leur service. »

Après lui avoir fait prêter serment de dire toute la vérité, rien que la vérité, nous avons reçu ainsi qu'il suit sa déclaration :

« J'ai repris le restaurant de mon père en 1959 à Collonges-au-Mont-d'Or qui à l'époque s'appelait l'Auberge du Pont. Étant natif de Collonges, j'ai connu la grand-mère de Pierre Botton qui s'appelait madame Lagoutte. C'est ainsi que j'ai également connu Marcel Botton, son fils, puis ses deux enfants, Michel et Pierre Botton. J'ai surtout connu Pierre Botton en 1977 à l'époque où son père a racheté Le Cottage. Je sais que Pierre à cette époque avait 22 ans. Pierre s'est occupé du restaurant avec son frère. Le nom de l'établissement est devenu plus tard Le Mangeodrome. Comme nos établissements étaient voisins, Pierre passait très souvent chez moi. J'ai trouvé que c'était un garçon marrant. J'ai très vite constaté que Pierre était attiré par le showbiz et les célébrités qui fréquentaient mon restaurant. En 1980, je devais organiser un dîner chez Eddie Barclay dans le Midi à Camarra. J'ai proposé à Pierre Botton de m'accompagner. Je l'ai emmené en hélicoptère. Je pense que c'est la première fois qu'il montait dans un hélicoptère.

Il a donc assisté à la réception chez Eddie Barclay où il y avait tout le showbiz. Pierre a sympathisé avec Eddie Barclay qu'il a revu par la suite. Le lendemain de cette réception nous sommes allés sur le circuit du Castellet où j'organisais également le repas. J'ai remis à Pierre Botton un laissez-passer qui lui a permis d'accéder aux stands et d'approcher les pilotes. C'est ainsi qu'il a rencontré Patrick Tambay, Arnoux et Alain Prost.

« En octobre 1982, Pierre Botton m'a accompagné à l'inauguration du parc d'attractions de Walt Disney Epcot Center à Orlando. Nous avons monté un restaurant, Le Pavillon des Chefs de France, avec Roger Vergé et Gaston Lenôtre à Orlando. Je pense que Pierre Botton a dû rencontrer pas mal de gens à cette inauguration.

« Par la suite, j'ai su que Pierre Botton s'occupait d'aménagement de pharmacies. Il a alors fréquenté assidûment mon restaurant avec des clients. J'ai été invité au mariage de Pierre et d'Anne-Valérie Noir en 1987. La réception s'est déroulée à Paris à L'Élysée Lenôtre dans un restaurant que je lui avais recommandé. Je ne me suis jamais rendu chez Pierre Botton dans son domicile parisien. Je n'ai jamais passé de vacances avec lui. Je suis juste allé une fois dans son hôtel particulier boulevard des Belges.

« Je ne sais pas exactement quelle est la nature du différend qui l'oppose à son beau-père. Il ne m'a jamais fait de confidences à ce sujet.

« Je me souviens qu'une fois, à l'époque où Michel Noir était ministre, je crois, Pierre Botton m'a demandé de

contacter le journaliste Jean Lanzi ou Anne Sinclair, pour faire passer Michel Noir à l'émission de télévision 7 sur 7. J'ai alors contacté Jean Lanzi qui a dû intervenir pour faire passer Michel Noir à cette émission de télévision.
« À part cela, Pierre Botton ne m'a jamais demandé d'autres services pour son beau-père. Il m'a simplement demandé des conseils pour des noms d'hôtels où il désirait se rendre. »

Franche, simple, réelle, sans propos agressifs ou, pire, dénégations mensongères, telle est la déposition de Paul Bocuse. Contrairement à beaucoup de personnes, lui ne fut pas embarrassé de venir témoigner chez le juge et ne me fit pas grief d'une convocation à laquelle je ne pouvais rien. Il assuma sans hésitation ni remords, notre amitié de vingt-deux ans et ne s'étendit pas sur le nom des personnes avec lesquelles je fréquentai son restaurant. Pour cela, Paul, pour cette sobriété et cette franchise simple, merci.

* * *

Beaucoup de choses vont être racontées dans ce témoignage, événements qui me replongent dans le passé.

Paul, c'est mon premier vol en hélicoptère, un Écureuil immatriculé F-GCFQ, appartenant à Moët & Chandon. Le cuisinier, je m'en souviens comme si c'était hier, portait un polo vert et un pantalon en toile beige, avec aux pieds des tennis blanches. Paul, c'est aussi ma première soirée dans le show-business, chez Eddie Barclay, ainsi que mon premier voyage en Concorde pour aller assister à l'inauguration du Epcot Center d'Orlando, l'un des parcs de loisirs de Walt Disney. Un voyage fantastique durant lequel je découvris le supersonique et m'offris une photo magnifique avec mon multi-étoilé posant devant le compteur de vitesse de l'avion marquant « Mach 2 ». C'est avec lui encore que je fis la connaissance de Roger Vergé, Gaston Lenôtre, et que je vis, à l'arrivée en Floride, deux Concorde atterrir en même temps sur la piste, l'un venant de Londres, l'autre de Paris. Je me rappelle la fête incroyable, le parc entièrement fermé et dévolu aux invités où tous les employés étaient en smoking. Un orage survint mais ne prit pas au dépourvu le staff de Disney qui équipa tout le monde d'un imperméable. Je me rappelle avoir eu à cette occasion la chance de rencontrer madame Walt Disney, qui, alors que je la remerciais de nous avoir conviés, me dit : « Merci à vous d'être venu de si loin. » Paul m'avait appris que plus les gens sont importants et plus ils sont simples. Une leçon que j'ai un temps oubliée mais que lui n'a jamais négligée, en étant une preuve vivante.

Par son intermédiaire, j'ai connu le sculpteur César, l'éditorialiste-amuseur Philippe Bouvard, mais encore Anne Sinclair, Jean Lanzi et tellement d'autres. C'est avec lui que j'ai mis un pied dans le monde de la communication et me suis laissé avaler par le tourbillon de la notoriété. Je ne lui en veux aucunement, c'était à moi de savoir prendre mes distances, de ne pas me faire dévorer par l'ogre des soirées mondaines, de rester assez éloigné des stars sous peine de me brûler les ailes.

Je sais mal exprimer ce que je ressens lorsque je vois sa silhouette massive qui change au gré de ses régimes, mais j'espère qu'il devine, au-delà des mots et des silences, combien je tiens à lui : Paul, c'est tant de choses : des milliers de conseils, que je n'ai pas toujours suivis, hélas ; la certitude de toujours être accueilli, parfois pour me faire engueuler parce que je n'avais pas eu le comportement qu'il fallait, parfois parce que j'avais cru avoir dépassé le maître. Erreur, triste erreur. Péché d'orgueil aujourd'hui bien digéré. Paul, c'est toujours, malgré mes ennuis, la possibilité de prendre dans mes bras son corps épais serré dans un tablier de cuisinier un peu petit pour lui, débordant de force et de gentillesse. Certes, il est un peu bourru, toujours à la limite de repousser l'étreinte car, en homme, il n'aime pas ces démonstrations de tendresse. Très vite, c'est vrai encore, j'oublie le respect que je lui dois ainsi que notre différence d'âge et je le raille comme on le fait entre copains, je l'abreuve de questions que je ne devrais pas poser, je l'assomme de demandes de conseils sur des choses qu'il ne connaît pas en pensant qu'il sait forcément tout. Bocuse incarne le bon sens, la générosité, la pudeur, la solidité, le savoir-faire et, j'ose le dire, l'amour.

S'il est plein de sagesse, pourtant, quel provocateur ! Qui s'y frotte s'y pique, et quand on le titille, la répartie fuse, foudroyante. Dans ses yeux brille la malice de celui qui, toujours, a dû se débrouiller seul ; qui, toujours, est sorti de situations difficiles par sa seule intelligence, la vraie, celle qui ne s'apprend pas dans les écoles, mais, tous les jours, sur le terrain.

Paul détient une force exceptionnelle : il assume sa vie et ses décisions. Des douleurs, il en cache beaucoup et, contrairement à moi, les garde au fond de lui, dans son histoire, dans sa mémoire, dans son être. En toute pudeur.

À travers lui, j'ai découvert, les yeux tout écarquillés, une star qui a su innover, créer, avancer, imposer. Aujourd'hui, lorsqu'on va dans un restaurant, il semble normal de voir le Chef vaquer de table en table, en arborant fièrement son tablier, mais on a oublié qu'avant Bocuse les cuisiniers étaient rarement propriétaires de leur affaire, restaient dans leur cuisine alors que seuls les serveurs avaient le droit de côtoyer la clientèle. C'est Paul qui, le premier, a révolutionné sa profession, a osé inscrire son nom sur sa veste de cuisinier et bordé son col d'un liseré bleu, blanc, rouge témoignant de son appartenance à l'ordre des meilleurs ouvriers de France, sûr de la voie qu'il a tracée et qu'il poursuit encore.

* * *

Vingt-deux ans ! Peut-on raconter une relation de vingt-deux ans en quelques lignes ? Puis-je dire tout ce que cet homme m'a apporté et qui, si j'avais été moins sot, m'aurait appris plus encore ?

Paul est un ami de mon père, tous deux sont du même village, à quatre kilomètres au nord de Lyon, au bord de la Saône.

Nous sommes en 1977, et ce colosse au franc-parler légendaire vient de faire la couverture du *New York Times Magazine*. Une consécration qui lui vaudra d'ailleurs de devenir le premier restaurateur chevalier de la Légion d'honneur, distinction remise par Valéry Giscard d'Estaing. Et, finalement, c'est le hasard qui me fera découvrir sa table, peu de temps avant de me lancer moi-même dans la restauration. À un tout autre niveau, je le reconnais. En effet, j'étais à l'époque le jeune et heureux propriétaire, avec mon frère et divers associés, d'une montgolfière, engin dont seuls trois exemplaires volaient alors en France. Pour rentabiliser l'achat, nous avions eu l'idée de louer à des fins publicitaires l'espace disponible sur la toile du ballon, quand un jour, par hasard, l'un des vols décolla du terre-plein installé face à son restaurant. Nous étions à deux pas l'un de l'autre, mais nous ne nous parlâmes pas. Coïncidence encore. Mon frère étant sans cesse sur l'eau pour assouvir sa passion du ski nautique, nous avions décidé, avec une équipe de joyeux drilles, de créer un petit port à Collonges-au-Mont-d'Or[1]. Or le meilleur emplacement pour ce projet audacieux se trouvait justement être devant l'Auberge de Bocuse.

De nombreuses péripéties nous firent, mon frère et moi, devenir propriétaires d'un restaurant, Le Cottage, sur les rives de la Saône. Je sortais alors de classe préparatoire à l'école vétérinaire, tandis que Michel achevait l'Institut supérieur des affaires à Paris. Nous n'avions donc aucun talent ni enseignement susceptibles de nous aider à nous lancer dans la restauration ! D'autant que notre guinguette était située à moins de cent mètres de l'Auberge du Pont de Collonges, le célèbre trois étoiles de ce géant de la cuisine française.

Le destin me ramenait donc toujours à lui. Aussi, à force de me voir dans son périmètre, à force de m'observer faisant l'apprentissage de mon nouveau métier de restaurateur, à force de remarquer que j'avais du mal à affronter des demandes supérieures aux prévisions, à force de m'entendre

[1] Il a en effet été recordman du monde le 12 juillet 1969 dans cette discipline.

régulièrement le soûler de questions, il me prit en sympathie. Dès lors, dans les cas d'urgence, les clients de ma guinguette mangeaient le même pain, la même crème, le même lait, que ceux du trois étoiles. Je me souviens bien du sourire de Paul et de son personnel devant mes aller et retour incessants pour récupérer les produits que nous n'avions pas su commander en assez grande quantité. Certains soirs même, les serveurs du « restaurant d'à côté » venaient me donner un coup de main ! Et ce alors que l'ambiance du Mangeodrome n'avait rien à voir avec celle de l'adresse la plus huppée de France. À notre carte, un seul menu, inscrit sur des tee-shirt d'étudiants en gymnastique, composé de jambon cru, friture, fromage blanc pour vingt-cinq francs, boisson comprise. Mes copains des écoles de commerce lyonnaises venaient aussi, de temps à autre, mettre la main à la pâte. C'est ainsi que, certains soirs, Charles Giscard d'Estaing, neveu du président de la République de l'époque, joua les serveurs amateurs.

Même après la vente du restaurant, je gardai avec mon mentor des liens intimes. Et ce notamment par le biais de son fils. En effet, mon frère avait à l'entraînement, dans le petit port de Collonges, un jeune garçon passionné de ski nautique auquel il donnait des cours : Jérôme Bocuse. Chaque fois que je le pouvais, je l'emmenais assister aux grands prix de formule 1, dont j'étais devenu un fan depuis celui auquel j'avais assisté avec son père, au Castellet. Si bizarre que cela puisse paraître d'ailleurs, Jérôme, qui n'a pas la même mère que sa sœur Françoise, a rencontré cette dernière pour la première fois en ma présence, au Grand Prix de Monaco. La situation était étrange, à vrai dire. Paul m'ayant averti que sa fille serait sur place, j'en avais déduit qu'il avait prévenu les siens. Erreur. Car avant le décollage de l'hélicoptère que je pilotais, il me dit tout de go : « Il y a Françoise là-bas, si tu la vois et qu'ils se croisent, tu gères la situation. » En fait, il n'y eut aucun problème. Les deux enfants, du reste, ne peuvent renier leur père : tous deux ont hérité de sa peau mate et de ses postures. Françoise a de lui le goût pour l'autorité, la passion du commerce, la force de caractère et un cœur aussi gros que sa capacité à s'emporter. Jérôme, encore adolescent à l'époque, tient de son père sa discrétion, une puissance physique exceptionnelle, une sensibilité exacerbée et un réel don de communication.

Après que j'eus vendu ma guinguette, Paul suivait avec attention mon parcours, qui toujours se ponctuait de haltes dans son restaurant. Ainsi, lorsque je rachetai à mon père l'entreprise familiale d'installation de pharmacie, c'est chez lui que je recevais mes clients, histoire de mieux les convaincre de mon sérieux et de la qualité de mon produit. Ils repartaient régulièrement avec un tablier ou un livre dédicacé par le maître, lequel était resté quelques minutes à discuter avec eux au moment de prendre l'apéritif. Je dois bien avouer que ces gestes m'aidaient énormément. D'autant que la façon dont il me présentait valait toutes les lettres de recommandation. Ne les abordait-il pas en lançant : « Alors, qu'est-ce qu'il vous vend aujourd'hui mon Pierre ? Un avion ? Une pharmacie ? Un immeuble ? »

Quand on a vingt-cinq ans, que l'on débute, la confiance affichée d'un homme comme lui, à la réussite saluée par tous, sert énormément. Combien de fois suis-je d'ailleurs resté jusqu'à la fermeture du restaurant pour arracher une signature à des clients coriaces ? Ainsi lorsque je constituerais le premier parc européen de vidéodisques, c'est chez Paul que je signerais l'accord avec les représentants de JVC. Au cours de ce repas, je reçus une bonne leçon, de la bouche même du directeur général de la firme, monsieur Moszkowski. L'ayant invité à déjeuner, pour entériner la signature du contrat après des discussions très dures, je tentais encore de lui arracher de meilleures conditions et, notamment, qu'il accepte de se porter caution pour moi auprès de la banque. Comme le marché que nous venions de passer portait sur près de dix millions de francs et que je souhaitais honorer ce grand patron qui me faisait confiance et, en sus, venait de m'accorder cette dernière faveur, je choisis un vin très haut de gamme. Une fois le repas achevé, lorsque je raccompagnai mon hôte aux portes du TGV, il m'assena : « Tout était parfait Pierre, tout. Votre copain Paul a fait son travail, mais je n'avais pas besoin de lui pour vous faire confiance. En revanche, lorsque l'on demande à un fournisseur de se porter caution, on ne lui offre pas une bouteille de vin hors de prix. Conseil d'ami, Pierre, je vous aime beaucoup, c'est pour cela que je me permets cette réflexion. » Aujourd'hui, je regrette de ne pas avoir, à l'époque, retenu la leçon !

C'est aussi chez Bocuse que j'invitai Alain Juppé, à l'occasion d'un de ses passages à Lyon pour un meeting de Jacques Chirac. C'était pendant la campagne présidentielle de 1988. Paul nous reçut à 23 h 30 en bougonnant : « Je ne fais pas boîte de nuit ! » Mais il nous accueillit tout de même avec le sourire. C'est encore dans ses cuisines que je fis fabriquer, à l'époque de mon amitié avec Coluche, d'immenses pâtés en croûte que nous dégustions, lui et moi, à tous les repas, petits déjeuners compris, sous le regard écœuré et effaré de nos copains.

Même pendant mon incarcération, ce grand restaurateur fut toujours à mes côtés. Alors que, pour Noël, chaque détenu a le droit de faire entrer deux colis de deux kilos et demi emplis de nourriture, en 1992, à ma grande surprise, c'est lui en personne qui me livra, à la porte de la prison, mon paquet réglementaire, garni de saumon à l'aneth et d'une truffe dans une boule de pain. Hélas! Il ignorait les règles de l'administration pénitentiaire. Si bien que le pain, qui devait rester entier pour conserver toute la saveur de la truffe, me fut remis découpé en petits morceaux. Comme si Paul avait pu avoir l'idée de me glisser un message secret de cette manière! C'était inutile : sa venue même était, pour moi, le plus beau des messages. Car savoir que « mon » grand chef ne me laissait pas tomber et, mieux, venait me voir en détention signifiait que je restais malgré tout son ami. D'autant qu'il avait accompagné son mets d'un message écrit de sa main en lettres d'or : *« À mon copain Pierrot. Je t'embrasse. Paul Bocuse. »* À vrai dire, je me demande encore si cette phrase de sympathie, écrite par l'un des plus grands chefs de France, ne fut pas à l'origine de son audition chez le juge d'instruction, tous les courriers, en détention préventive, étant transmis au préalable au cabinet du magistrat pour « étude ».

Les visites de mon chef dans les moments difficiles n'étaient, du reste, pas inédites. Déjà en 1986, alors que Michel Noir venait d'être nommé ministre et que je devais subir une intervention chirurgicale du fémur gauche, installé sur mon lit d'hôpital, je l'avais vu débarquer les bras chargés de victuailles.

* * *

À chaque mot me revient une anecdote le concernant. Lors de mon entrée en politique, Paul m'avait dit : « Fais attention, ce n'est pas le même monde que nous. Ils ne te rendront rien, jamais. » Il ne croyait pas si bien dire. Et pourtant, là encore, alors qu'il ne partageait pas forcément mes idées, il m'a aidé, et avec moi ceux que je soutenais, en me livrant toujours son opinion. Je dois avouer qu'il n'est pas doué pour le jeu des pronostics électoraux. Mieux, il se trompe régulièrement. Ainsi, lorsque je lui demandai de figurer sur la liste de Michel Noir aux municipales de Lyon en 1989, il me répondit : « Je ne peux pas être sur une liste qui va perdre. » Pourtant, je viendrai à de multiples reprises chez lui, au fil de la campagne, et je le verrai soucieux de voir que sa prévision ne se vérifiait pas. Mais, le soir du premier tour, alors que nous étions rassemblés au quartier général de l'hôtel Métropole avec toute l'équipe, il arriva, accompagné de son gendre Jean-Jacques Bernachon. J'abandonnai les résultats un instant pour aller le saluer et lui demander :

— Alors Paul, tu ne peux pas être sur une liste qui perd ?

Et lui de me répondre avec malice, toujours entre l'humour et la sincérité :

— Tout le monde peut se tromper. Félicitations, et tu vois, je t'apporte mon soutien !

Ses conseils de communication furent toujours judicieux et m'aidèrent de façon considérable. Ainsi, lorsque je lui présentai l'affiche de Michel Noir pour les législatives

1986, il me dit : « Attention, Pierre, ne mets jamais ton candidat au centre d'une photo, il sera à la jointure des quatre morceaux qui constituent l'affiche, et si le colleur rate son coup, ton poulain sera défiguré. Et puis, si un journal décide de faire une double page, il arrivera dans la pliure. » Le député du Rhône, devenu ministre du Commerce extérieur de la première cohabitation, l'éleva au grade d'officier de la Légion d'honneur, sachant que le cher Paul aime les distinctions. Pour parler vrai, je ne comprends pas d'ailleurs cet attachement aux décorations, lui qui a reçu la plus belle et la plus respectée : la croix de guerre 1939-1945. Suivant mon évolution dans les sphères politiques et médiatiques qu'il côtoyait, à chaque nouvelle étape, inquiet, il me répétait : « Sois prudent, Pierre, tu me fais peur, sois prudent. » Que dire, sinon répéter que les conseils prennent une tout autre tournure quand on se rend compte qu'on a eu tort de ne pas les suivre !

* * *

Et pourtant, il m'en a donné des avis, des recommandations, des secrets, en guise de leçon. Notamment en cuisine et en restauration.

Un jour, il m'emmena dans le plus grand restaurant de New York : le Cirque. À notre entrée, quelques tables se levèrent, dans un seul élan, pour applaudir celui qui venait de faire la couverture du *New York Times Magazine*. On nous avait servi des pâtes, ce qui n'a rien de rare, vous en conviendrez, mais le propriétaire de l'établissement vint râper sur ces tagliatelles de la truffe blanche. Je n'en avais jamais vu de ma vie et j'en ignorais même l'existence, mais, en sortant, Paul m'apprit qu'il s'agissait du mets le plus cher que l'on puisse trouver, plus onéreux même que le caviar.

Il m'enseigna aussi comment donner un pourboire dans un restaurant. Alors, joignant le geste à la parole, il se leva de table et fila vers les cuisines pour glisser quelques dollars dans la main du chef. Il revint puis me dit : « Tu vois, Pierre, les serveurs sont payés au pourboire, alors qu'ils n'ont fait qu'apporter les plats préparés en cuisine. Ils reçoivent les compliments alors qu'ils n'ont fait ni le marché ni la cuisine. Comme c'est au « piano »[2] que tout s'est joué, c'est les cuistots qu'il faut récompenser ! » Je suivrais toujours cet exemple. En revanche, je refuserais de l'écouter pour les pourboires dans les hôtels ! « Lorsque tu arrives, m'expliqua-t-il un jour, tu vas vers le concierge et tu lui laisses un gros billet. Il va immédiatement te considérer comme un excellent client et transmettre le message à tous les services. Tu auras tout ce que tu voudras, car il va penser que tu lui donneras une gratification considérable en fin de séjour. Mais là, lorsque tu t'en vas, alors que tout le monde est aligné pour recevoir son dû, tu te contentes de donner une bonne poignée de main. »

Au cours de mes voyages avec Paul, j'écoutais, je regardais, j'apprenais. J'essayais souvent de le copier, parfois avec maladresse je dois l'admettre. Il voyageait toujours avec un pantalon de velours, son béret et une veste noir. J'adorais cette veste campagnarde. Un jour, il l'ouvrit et me montra l'étiquette : Christian Dior. Là encore il avait eu la malice

[2] Fourneau occupant le milieu de la cuisine.

d'adopter un look un peu rural mais reconstitué par un des plus grands couturiers.

Au gré de nos voyages, notre amitié se resserra, se renforça, les conseils, les encouragements, mais également les doutes étant exprimés. Car des doutes, il en avait.

* * *

Ses relations avec Michel Noir, quand celui-ci était maire de Lyon, ne s'avéraient pas d'excellente qualité, Paul jugeant que la municipalité ne fréquentait pas assez son restaurant. Alors, avec l'esprit de provocation qui le caractérise, à l'occasion des réceptions officielles, il présentait toujours la ville en ces termes : « Lyon, vous savez, c'est cette ville qui est à côté du restaurant Paul Bocuse, à Collonges-au-Mont-d'Or. » Boutade et amertume.

Il n'empêche que c'est son chef qui se déplaça un jour pour préparer le repas en tête à tête que le ministre du Commerce extérieur organisa avec son homologue allemand, Martin Bengmann, dans une maison que j'avais louée à Saint-Tropez. Le lieu insolite de la rencontre, qui aurait normalement dû se dérouler dans un palais national, nous permit de décrocher quelques images dans le journal de TF1 où l'on vit les deux personnalités jouer au baby-foot et dîner dans des assiettes Paul Bocuse.

Au plus haut de mon épopée, même, je me souviens d'avoir eu, à demeure, un de ses chefs pour préparer mes repas à Paris, Lyon ou Cannes. Je l'avoue, j'avais réellement disjoncté, et plus rien ne semblait pouvoir m'arrêter. Tout trop vite, trop fort.

Et pourtant, je lui demandais encore conseil et lui me répondait avec franchise. Ainsi, en 1985, célibataire, je vivais une passion avec une jeune femme au tempérament plutôt volcanique. Voulant la lui présenter, j'arrive dans le restaurant avec elle. Paul vient s'installer à notre table durant dix minutes et reste là sans dire un mot, juste pour observer. Il se lève et continue son tour, de table en table. Peu après, le maître d'hôtel vient me chercher, m'expliquant qu'on me demande au téléphone. Au passage, Paul m'attrape et me lance :

— Elle est belle, hein ?

— Oui.

— Tu l'aimes, hein ?

— Oui.

— C'est une fantastique maîtresse, non ?

— Oui.

— Et puis c'est aussi comme une sœur pour toi ?

— Oui, c'est vrai.

— Et puis elle s'occupe de toi comme ta mère.

— Oui, c'est tout à fait cela.

— Et puis la vie est fantastique avec elle ?

— Oui, c'est vraiment cela.

— Eh bien, crois-moi, tu ferais bien de te tirer maintenant avant de te faire dévorer tout cru.

Notre niveau de confidences était, on le voit, très élevé. Ce même jour, plaisantant ma propension à venir chez lui avec des moyens de transport de plus en plus farfelus, signes extérieurs de ma « réussite », il m'assène : « Si tu viens en Concorde, préviens-nous, pour qu'on ferme les fenêtres lorsque tu passeras le mur du son. »

Il fut, bien entendu, témoin à mon mariage. À cette soirée, organisée sur les Champs-Élysées dans le restaurant de Lenôtre, le Tout-Paris était venu, mon beau-père ministre, des vedettes de la télévision, des journalistes, des hommes politiques de premier plan, des hommes d'affaires, des artistes. Mais je n'avais pas vu – ou pas voulu reconnaître – le regard de mon Paul, intrigué autant qu'effaré devant cette débauche de tout. Je n'avais pas su lire dans ses yeux le doute qu'il exprimait. J'avais perdu pied avec la réalité, et lui le devinait. Si c'était à refaire d'ailleurs, peu des invités d'alors seraient aujourd'hui à mes côtés, trop d'entre eux m'ayant démontré le sens de leur « amitié ». Et aujourd'hui je choisirais une petite église de campagne, je conserverais Paul comme témoin, mais comme il me le dit souvent : « Pierre, cela ne sert à rien de regarder dans le rétroviseur, regarde vers l'avenir. »

* * *

Bocuse a le sens des réalités mais aussi de l'humour. Nous n'avons jamais cessé de nous faire des blagues plus bêtes les unes que les autres. Un jour, alors qu'il était absent, je me rends dans son restaurant avec Patrick Poivre d'Arvor qui souhaitait voir sa collection d'orgues, située dans l'abbaye de Collonges, à cinq cents mètres de l'auberge. Nous voilà donc partis, avec l'un des maîtres d'hôtel. Surprise, lorsque nous arrivons, un banquet de deux cents personnes se tient dans la salle principale. La plus impressionnante des pièces de la collection, réalisée par la célèbre maison Gaudin-Limonaire, qui occupe un mur d'une vingtaine de mètres de long, est avec ses quatre mètres de haut le plus grand orgue mécanique du monde. Mais l'appareil n'est pas en marche, le bruit impressionnant qu'il produit ne permettant pas de l'utiliser avant la fin des repas. Pour accéder à la machinerie dans laquelle on place la partition perforée, il faut en outre passer par l'arrière dans un petit couloir. Indifférents à cette cérémonie, nous traversons la salle, les participants du banquet étant tout surpris de voir le célèbre présentateur du 20 heures en ces lieux. Nous nous glissons derrière l'engin et, malgré les consignes, essayons de le faire fonctionner. Comme le récital débute par des classiques tel Le Temps des cerises ou des musiques de fêtes de la bière, instantanément, l'ambiance s'échauffe. À la recherche de nouveaux airs, nous tombons sur L'Internationale. Dès les premières mesures, à notre surprise, nous entendons une partie de la salle reprendre en chœur le chant révolutionnaire suivi de bruits de chaises laissant deviner un certain mécontentement. Nous retirons immédiatement la mélodie litigieuse remplacée par quelque chose de plus banal. Quelques semaines plus tard, Paul m'apprend que le banquet en question réunissait des anciens combattants et que l'arrivée de l'hymne a entraîné une plainte auprès du préfet. Paul en profite pour me signaler qu'il se garde la possibilité d'utiliser son droit de blague idiote à mon encontre le moment venu ! On le comprend.

* * *

Comme ces lignes le montrent, Paul Bocuse est omniprésent dans ma vie. De toutes ses phrases, il y en a une qui m'a plus marqué que les autres. Je n'y avais pas prêté attention lorsqu'il l'avait prononcée, mais elle en dit long sur son sens de l'observation et sa perspicacité : « Toi, Pierre, on te retrouvera ministre ou en prison. » Ce sera la seconde hypothèse. Reste que, sans se soucier des articles de presse et des trahisons, il m'écrivit à plusieurs reprises en détention, de sa « main de manuel », comme il aime à le dire. Il est vrai qu'entré en apprentissage à quatorze ans, il n'a pas pu poursuivre ses études et en garde à la fois une certaine gêne et une réelle appréhension dès qu'il doit écrire. Cachant ce qu'il considère comme un handicap par des saillies à l'emporte-pièce, lorsqu'on lui demande s'il a le baccalauréat, il répond : « Oui, j'ai mes deux bacs, celui d'eau froide et celui d'eau chaude ! » Dès lors, il préfère se cantonner toujours aux mêmes dédicaces sur les menus ou les livres. À plusieurs reprises, je l'ai même entendu me demander si le mot qu'il ajoutait à côté de sa signature était bien orthographié.

Sachant cela, je fus d'autant plus touché par les lettres qu'il m'adressa durant mon incarcération. Toute sa famille resta d'ailleurs à mes côtés en cette période, dans un magnifique élan de générosité. Je reçus ainsi des courriers de son fils Jérôme, me rappelant les heures passées en ma compagnie sur les Grands Prix : *« Je n'ai pas oublié les bons moments partagés au bord des circuits, il y a quelques années,* m'écrivit-il une fois. *Il y en aura sûrement beaucoup d'autres. Garde le courage, la roue tourne. »* Et d'ajouter le post-scriptum suivant : *« Je suis témoin, c'est bien mon père qui a écrit ta lettre. »* Madame Bocuse parapha beaucoup de ces envois d'un sobre : *« Je vous embrasse, Raymonde. »* Françoise et son mari n'hésitèrent pas non plus à me faire parvenir des truffes en chocolat pour les fêtes, me faisant attraper une des plus belles crises de foie de ma vie, la transition de la « gamelle » de la prison Saint-Joseph aux douceurs de chez Bernachon, le meilleur chocolatier de France, étant trop sévère pour mon organisme. Même certains membres du personnel de l'auberge m'écrivirent pour espérer mon retour à Collonges. Bien sûr, le plus émouvant pour moi, ce furent ses lettres à lui. Ses courriers où il m'appelait : « *Pierrot, ex-aubergiste au Mangeodrome de Collonges* », me disait : « *Garde le moral, c'est le plus important* », ou encore : « *Je suis très jaloux pour la presse et les médias, tu me bats. J'espère que tu auras un presse bouc formidable.* » Et sur bouc, il y avait une flèche, avec écrit : « *Martine* [son assistante] *me dit que ça c'est le mari de la chèvre.* » Comme le veut la règle, le papier porte mon nom et l'horrible inscription « *Cellule 28, matricule 43902* ». Dessous, il avait ajouté : « *J'espère que tu vas jouer ces chiffres au Loto.* »

Merci Paul, merci de tout ce que tu as fait pour moi, merci d'être toujours là, merci de tes conseils, de tes certitudes. Je me souviens que, sorti de la détention préventive et après quelques semaines de récupération, j'étais allé te voir. Au moment de l'addition, tu me l'avais fait passer avec écrit en gros : « *L'amitié n'a pas de prix. Total = 0. Bon courage.* » C'est chez toi, à Orlando, que je trouvai refuge avec mes enfants entre mes deux périodes d'incarcération afin d'avoir quelques moments de détente. Tu nous avais abrités comme dans une deuxième famille, nous qui avions perdu la nôtre. Tu avais pris le temps de nous emmener sur un lac, moments merveilleux de vérité, de sincérité, de simplicité, de bonheur simple. Et j'avais terriblement besoin de cela.

À ma sortie de prison, comme j'avais eu honte de ne pas avoir été à la hauteur, je t'avais écrit pour expliquer pourquoi, moi aussi, pris par une certaine forme de pudeur, je ne pouvais venir te voir et discuter. J'avais besoin de me reconstruire, j'étais cassé et, comme toi qui ne souhaites pas montrer tes fautes d'orthographe, je n'avais pas voulu que tu voies mes larmes et mes cicatrices. J'ai attendu d'aller mieux. Un jour, alors que je traversais Lyon, cette ville où j'ai toujours beaucoup de mal à me rendre alors que je l'aime profondément, je t'ai appelé et tu m'as dit de passer vers 13 heures. Je t'avais précisé que je ne pouvais pas déjeuner. Lorsque je suis arrivé, tu as vite compris que ce n'était pas par manque d'envie, mais parce que mes moyens ne me le permettaient plus. Alors, tu as préparé une magnifique table à l'abri des regards, tu as concocté le menu en te souvenant de mes goûts, et tu m'as gavé comme une mère l'aurait fait d'un enfant revenu après une longue absence. Des entrées, des poissons, des viandes, du fromage, des desserts et surtout de l'amour, du temps et des remarques pleines de bon sens et d'humour : « Dis donc, quand on voit les journaux, t'étais un amateur, toi, t'étais un artisan. » Alors que je te demandais si tu avais eu des périodes plus difficiles que les autres, tu m'a répondu : « Oui, maintenant, cela commence à baisser », faisant allusion à ton âge, alors que tu entreprends encore et toujours, avec le même succès : ton site Internet, tes brasseries à Lyon, etc. Et puis tu as affiché ton légendaire optimisme : « Tu referas fortune. Tu as quarante-quatre ans, il faut quinze ans pour faire une fortune. Avec l'expérience que tu as, tu vas aller deux fois plus vite. » Puis tu as conclu par ces mots pleins de pudeur : « On s'est tout dit, je crois », alors que nous ne nous étions rien dit, tu le sais bien. Sachant que j'allais voir mes enfants chez des amis en Amérique centrale, à défaut de pouvoir me rendre aux USA, tu m'as chargé de cadeaux. À l'autre bout du monde, un tablier de chez toi, un livre dédicacé, ont été de beaux présents de remerciement pour ceux qui m'avaient accueilli avec ma famille.

* * *

Voilà, Paul, je viole sans doute ta pudeur, mais depuis longtemps tu es habitué à mes excès, et moi à ta générosité. Tu vois, je vais encore dire quelque chose qui va te gêner, mais que j'ai vraiment besoin d'écrire, sans doute encore plus aujourd'hui qu'hier : « Je t'aime. » Lorsque je forme ces mots, je ferme les yeux et je vois ta veste de cuisinier toujours impeccable qui sent bon le frais ainsi que ton imposante stature. Mais je sais que tu ressens ce que je ressens. Paul Bocuse, merci d'exister.

CHIRAC BERNADETTE : L'ABNÉGATION

Première dame de France, conseiller général de Corrèze.

Avouons-le d'emblée ; j'éprouve énormément d'admiration pour Bernadette Chirac. Elle représente à mes yeux la totale abnégation des femmes d'hommes politiques qui, dans l'ombre de leurs maris, donnent tout. Elles offrent tout, et en retour subissent tout. Elles ont décidé un jour de se dévouer à des individus sur lesquels, je ne le cache pas, mon regard est différent aujourd'hui, et s'y sont tenues. Chapeau ! Et pourtant il faut en avaler des couleuvres.

Personnellement, en deux petites occasions anodines, j'ai pu observer le caractère et la volonté de madame Chirac, qualités essentielles pour permettre l'irrésistible ascension d'un élu.

En 1987, Michel Noir, devenu ministre du Commerce extérieur, doit remettre la médaille d'officier dans l'ordre de la Légion d'honneur à Paul Bocuse. Paul, dont la première distinction avait été décernée par le président Giscard d'Estaing, ne parvenait pas à envisager que son élévation dans cet ordre fût saluée par un simple ministre. Je le regrette, sentant bien que, dans le cadre des élections à la mairie de Lyon, il aurait été important de montrer aux électeurs que Michel Noir s'occupait de rendre les honneurs aux lyonnais. Conscient de l'impact d'une telle image, je demande donc au service de Matignon, Jacques Chirac est alors Premier ministre, si le chef du gouvernement accepterait d'agrafer au premier chef de France sa nouvelle médaille lors d'un déjeuner réalisé par tout le gratin de la cuisine hexagonale. On accède à ma demande. Il est vrai qu'on pense déjà à la préparation de l'élection présidentielle de 1988 et que, malgré les rapports exécrables entre le Premier ministre et son responsable du Commerce extérieur, être vu avec un grand nom de la fourchette ne pouvait que faciliter une amorce de candidature. Pour la première fois, je découvre l'attrait du Tout-Paris pour ce type de réception. Dès l'annonce de la remise de décoration par Jacques Chirac, je fais en effet l'objet de sollicitations multiples de la part de personnes souhaitant se « montrer » à ce déjeuner. Comme le nombre de couverts est volontairement limité afin de servir des plats de qualité et pour conserver à l'événement un caractère intime, il va falloir être très rigoureux. Chirac ne doit pas rester longtemps, mais les demandes affluent de toutes parts : il y a les industriels en contact avec le ministre qui souhaitent évoquer directement leurs projets au chef du gouvernement, des vedettes du show-business poussées par un producteur tourmenté par l'administration fiscale qui espère qu'une photo de ses poulains avec le vainqueur de 1986 calmera les ardeurs du fisc, sans oublier ceux qui ont fait toute leur carrière dans les sphères du pouvoir, nommés par celui-ci, défaits au gré des changements politiques et qui désirent se rappeler au bon souvenir de tous. Je m'apercevrais avec le temps que ce que je trouve ridicule – ces requêtes, jérémiades pour avoir un siège ou être sur la photo officielle – ne l'est pas du tout, et que ce genre de gesticulation se révèle plus qu'utile à celui qui en est l'auteur.

Devant la masse des demandes, je décide de réserver la table uniquement aux chefs, aux ministres et à leurs épouses, ainsi qu'aux invités du récipiendaire triés sur le volet. Sans le savoir, plusieurs années après je recevrai l'addition de certains recalés qui ne m'épargneront pas lors de mes démêlés judiciaires et me rendront la monnaie de leur pièce pour ce qu'ils croyaient avoir été perfidie de ma part. Avec quelques événements comme ceux-ci, auxquels vont s'ajouter la constitution des listes pour les élections municipales et quelques refus d'invitations au festival de Cannes, croyez-moi, je n'en avais à l'époque pas conscience, mais je me suis fait une ribambelle d'ennemis, durables et de qualité, fort sensibles aux signes extérieurs de reconnaissance. Pour tenter de calmer le mécontentement de certains, un rapide cocktail où se joindront les « recalés » du déjeuner est organisé au préalable.

Le 11 février 1987, une trentaine de personne se retrouvent donc devant la salle à manger du restaurant Lenôtre, au Pré Catelan. Les discussions sont déjà bien engagées lorsque l'arrivée du Premier ministre est annoncée. Tous les convives se mettent en rang d'oignons afin de serrer la main de l'illustre personnage, espérant attirer son attention pour ensuite pouvoir l'entreprendre durant le cocktail. À ma grande surprise, Bernadette Chirac, arrivée en avance, se mettra elle aussi dans le rang, noyée dans la file. À peine sur place, le chef du gouvernement, dans son élan habituel, attaque sa séance de serrage de mains, technique dans laquelle il excelle : vitesse, qualité, petits mots pour chacun, du grand art, depuis trente ans ! Et le marathon commence :

Au premier, c'est : « Bonjour, vous allez bien ? » Au suivant : « Heureux de vous voir. » Puis : « J'espère que je ne vous ai pas fait trop attendre. »

Enfin, quand il arrive à la hauteur de son épouse, prouvant qu'il ne fait pas attention, il la salue de la même manière que les autres : « Vous allez bien ? Heureux de vous voir ici. »

Alors qu'il est déjà passé à son voisin, la petite voix de Bernadette Chirac s'élève : « Jacques, je ne vous ai pas vu ce matin ! »

Le Premier ministre, interloqué, arrête alors sa course, se retourne, revient sur ses pas, puis prend sa femme par les épaules : « Bernadette, je ne vous avais pas vue, comment allez-vous ? » dit-il en l'embrassant ostensiblement avant de reprendre son marathon politique.

Certains verront dans cette anecdote une complicité entre les deux époux, d'autres l'indifférence de celui qui deviendra président de la République ; moi, j'y distingue le combat permanent que mène Bernadette Chirac pour conserver sa place. Et encore, il n'était qu'à Matignon, aujourd'hui qu'il siège à l'Élysée, cela doit être encore pire !

* * *

La seconde anecdote concerne directement Bernadette Chirac. Nous sommes en 1988. Son mari vient de perdre pour la deuxième fois l'élection présidentielle et entre dans une traversée du désert difficile où remise en doute de ses capacités et impopularité sont de mise. Il se terre dans son hôtel de ville de Paris alors que le combat continue. Seuls sont présents ses proches, les vrais, sa femme et sa fille : les pures et dures. C'est à cette époque, soit dit en passant, que je rencontrerai Claude pour la première fois, mais je lui consacre un chapitre par ailleurs. Dans ce climat déliquescent, il faut assurer la présence du maire de Paris, patron contesté du RPR, auprès des fédérations de province. Tâche difficile puisqu'il n'y a plus grand monde pour se recommander de lui, le soutenir, l'aider, et surtout, y croire. C'est dans ce climat que sa présence en région lyonnaise est décidée. L'inauguration d'une école dans la municipalité du socialiste Jean Poperen à Meyzieu est utilisée comme prétexte. Mais, au dernier moment, le chef du mouvement gaulliste décline l'invitation et se fait représenter par son épouse. Il n'y a plus grand monde, non plus, pour prêter des avions privés. Ainsi va la vie du pouvoir : quand on grimpe, ce sont les grandes portes qui s'ouvrent avec tous les moyens; quand on tombe, c'est le désert et les journées sans coup de fil.

Dans ce désert il reste encore des fidèles, dont je fais partie. Aujourd'hui, j'aurais tendance à dire des sots, mais bon, on ne se refait pas. À la mairie de Paris, après avoir fait le tour des personnes susceptibles de mettre un avion à la disposition de Bernadette Chirac, on se retourne vers moi, bien que les avions que j'utilise n'aient rien de luxueux puisqu'il s'agit de bimoteurs à hélices, dont la rapidité et le confort ont peu de points communs avec ceux des jets privés. Je réponds favorablement à la demande. Comme madame Chirac voyage seule, ce que je juge tout à fait inconvenant, je décide, malgré un emploi du temps fort chargé, de l'accompagner. Un peu gêné devant le modeste aéronef, je me retrouve à l'aéroport du Bourget en compagnie de l'épouse du maire de Paris. Très courtoise, gentille, elle me remercie de ma présence et ne fait aucune allusion à l'avion. Le voyage se passe en tête à tête, ce qui nous permet de parler de tout et de rien. Elle me raconte avec ferveur et fierté qu'elle ne laisse à personne le soin de faire la valise de son mari. Je découvre chez elle la force de la combativité, la violence de sa passion pour son époux et un sens politique fort aigu. Certains ont cherché à la faire passer pour sotte, mais elle ne l'est en aucune manière, bien loin de là. Pour Jacques Chirac, elle est un pilier de solidité qui ne vit que dans l'attente du moment où, les ambitions de celui-ci enfin réalisées, elle l'aura pour elle seule. Peu avant l'atterrissage, elle s'isole afin de relire son discours, se plongeant dans une feuille écrite de sa main, répétant, rectifiant çà et là les phrases qu'elle allait devoir prononcer.

En arrivant presque à destination, nous parlons de Michel Noir, puis, devant le paysage de Lyon vu d'avion, regardant à travers le hublot, elle me dit alors, évoquant le député et son épouse : « Ils sont jeunes, ils sont beaux, ils ont tout pour eux et quelle magnifique ville. » Une phrase qui peut sans doute expliquer, dans le contexte de l'époque, le peu d'entrain mis par le président du RPR à donner l'investiture à Michel Noir pour les municipales locales. C'etait trop d'atouts pour lui. Du reste, c'est Alain Juppé qui prendra la décision.

Nous voilà arrivés. Peu de voitures nous attendent. Je profite de l'escale pour laisser ma passagère se rendre à son inauguration tandis que j'entre en contact avec mon bureau. Mais les choses tournent mal. La majorité présidentielle fait en effet payer très cher à son épouse la défaite de Jacques Chirac. Bêtement, le maire socialiste de Meyzieu refuse de lui serrer la main, humiliation publique qui se retournera contre lui dans la presse du lendemain. Mais les mesquineries se poursuivent. Au début du vol de retour, alors que nous sommes en bout de piste et attendons l'autorisation de décollage, nous discutons de l'affront que pense lui avoir fait subir l'ancien ministre. Bernadette Chirac le prend avec beaucoup de détachement et de classe, expliquant que ce genre d'événement renforce encore sa volonté de poursuivre le combat. Peu à peu je m'inquiète. Le temps passe, et nous n'avons toujours pas d'autorisation d'alignement pour l'envol. Je commence à être ennuyé, d'autant que la chaleur grimpe dans la cabine dont la ventilation ne fonctionne qu'en vol. L'attente devient vraiment intenable. La sueur commence à perler sur mon front. Ma passagère s'évente avec son discours et reste égale à elle-même. Je m'excuse, mais elle me répond : « Ce n'est rien, Pierre, c'est la politique. » Nous restons en bout de piste près de trente minutes, moteurs en route, dans la chaleur et sans air frais. Effectivement, c'est bien de la politique, car, c'est sciemment que l'on nous fait attendre, quelques personnes mal intentionnées prenant un malin plaisir à des mesquineries touchant la femme du candidat malheureux à la dernière présidentielle.

J'ai livré beaucoup de combats et je dois avouer n'avoir jamais eu ce genre de comportement, après une victoire, à l'encontre d'un ex-adversaire ou de sa famille. Quel niveau, quelle bêtise ! Toujours est-il que ces deux petites anecdotes, choisies parmi tellement d'autres, prouvent la ténacité de cette femme. J'ai, je le reconnais, une réelle admiration pour Bernadette Chirac, pour l'amour lucide qu'elle voue à son mari et le soutien inconditionnel qu'elle lui apporte dans l'ensemble de ses combats, soutien qui n'est pas étranger à ses victoires. Lorsqu'il l'écoute, il gagne. Lorsqu'il s'éloigne d'elle, la défaite est au rendez-vous.

CHIRAC CLAUDE : TOUT POUR PAPA

Fille et conseillère en communication du chef de l'État.

L'usage et la norme veulent qu'on ne révèle jamais ses relations avec un puissant, surtout lorsqu'on se trouve en situation de faiblesse. Que n'ai-je entendu lorsque j'ai parlé de la préparation de ce livre et annoncé qu'il contiendrait un chapitre sur Claude Chirac ? Jusqu'à voir une émission de télévision, pourtant réputée pour sa liberté de parole, couper le reportage au moment où j'ai prononcé son nom !

J'ai beaucoup réfléchi, peut-être pas assez, peut-être pas sous le bon angle, mais j'ai décidé d'écrire et de publier cet ouvrage. Dans ma volonté de mettre à nu les rapports avec mes « chers amis », de me laver de relations sur lesquelles je me suis trompé, il aurait été hypocrite de ne pas évoquer cette femme à la personnalité hors du commun, qui m'amena à me présenter aux élections législatives à Lyon, premier acte tangible de ma perte des réalités, avant de m'effacer de sa mémoire.

Il s'agit d'une relation amicale, forte, en laquelle j'avais confiance et qui m'entraîna un peu plus loin dans la politique, étant sous l'influence de celle qui était déjà l'une des conseillères les plus proches du président de la République. Le récit que je fais ici révélera peut-être une partie du système actuellement en place à l'Élysée, système dont on peut penser qu'il n'est pas étranger à des décisions aussi surprenantes et maladroites que la dissolution de 1997 et l'incapacité du parti politique du chef de l'État à se trouver une stabilité.

Je demande donc au lecteur de bien comprendre mes mots, mes portraits, mes souvenirs qui datent pour les plus récents de 1995, dernière fois où j'ai rencontré, de manière fortuite, celle qui est actuellement la responsable de la communication du premier magistrat du pays.

Qui est Claude ? Une jeune femme pleine de doute et de douleur ? Ou un être froid et calculateur, dévoré par la politique ? Notre relation était-elle sincère et amicale ? Ou purement calculée, réfléchie et intéressée ?

Impossible de le dire. Mais si j'écris ce chapitre, c'est parce que après avoir été courtisé et après avoir partagé des moments privilégiés avec elle, je n'ai, une fois mon office rempli, reçu aucun mot de soutien, aucun message de sympathie, aucune parole de réconfort ! Je n'existais plus !

La seule chose qui reste de ma relation avec Claude, c'est donc de la tristesse. Voilà sans doute pourquoi j'ai besoin de replonger dans ma mémoire pour me demander si je l'ai bien rencontrée un jour !

* * *

1989. Jacques Chirac, après avoir perdu l'élection présidentielle, venait de reconquérir la mairie de Paris, mais était contesté de toutes parts. Au RPR, par le couple Pasqua-Séguin ; en sa qualité de chef de l'opposition, par les centristes qui reprenaient du poil de la bête et même jusque dans son hôtel de ville. Pour ma part, après avoir travaillé sans relâche depuis 1983 à l'ascension politique de Michel Noir, je venais de diriger sa campagne victorieuse à Lyon. Le jeune élu n'avait-il pas fait la couverture du *Figaro Magazine*, un sondage l'ayant placé en tête de toutes les personnalités politiques ? Quant au journal *Lyon-Libération*, il traçait, sous la plume de Bruno Marion, un portrait de moi titré : « Le faiseur de maire ». C'était la fin des années 1980, l'époque des Séguéla et Pilhan, et la France découvrait le marketing politique. L'irrésistible ascension de Michel Noir, qui écrasait toutes les personnalités de droite, ainsi que la victoire de Michel Mouillot, à Cannes, à laquelle j'avais contribué, me faisaient donc apparaître comme l'un des personnages incontournables de la communication politique. Paris bruissait de mes relations avec le monde médiatique quand je choisis de quitter, pour des raisons personnelles et d'opinions divergentes, la star montante de la politique française. Une rupture qui surprit et fit du bruit.

C'est alors que je fus contacté par Claude Chirac. Notre rencontre eut lieu dans mon appartement parisien. Nous étions au printemps. Elle arriva en jeans, sa tenue préférée, portant un grand pull beige qui masquait ses hanches. Bien sûr, je l'avais croisée à plusieurs reprises et j'avais de nombreuses fois entendu parler d'elle, de ses relations, de sa vie sentimentale même. Car, comme son père, elle était déjà dans l'œil du cyclone. Tout le monde se moquait de cette fille qui essayait de transformer la communication politique, institutionnelle et dépassée, de son maire de père en communication « branchée ». Qui a oublié la présence médiatisée de Jacques Chirac au concert de Madonna ou la diffusion d'une photo de lui assis en tailleur, baskets aux pieds et walkman sur les oreilles, sur une pelouse de l'Hôtel de Ville ? Les proches de Jacques Chirac, qui ne goûtaient guère ces changements, raillaient à la fois l'influence et la volonté de pouvoir de cette « ambitieuse » qui usait et abusait, selon eux, de ses liens familiaux pour s'imposer. Mais tous avaient tort et oubliaient qu'au-delà de la communication un sentiment très fort unit ces deux êtres, un sentiment qui permettra à la jeune femme d'apprendre très vite et de se dévouer comme aucun conseiller n'aurait pu le faire. Elle aime en effet son père à la folie, celui-ci lui servant de moteur et lui donnant une formidable énergie qui clouera le bec à nombre de courtisans.

Lorsqu'il est attaqué, lâché ou trahi, Claude se dresse comme une protection, comme un rempart, protégeant celui qu'elle appelle alors « Chirac », et se montre capable de se battre jusqu'au bout de ses forces décuplées. C'est d'ailleurs cette vigueur insoupçonnée qui apparut au grand jour lors de la précampagne de la présidentielle de 1994 et 1995. Personnellement, je n'ai jamais douté de la victoire de Chirac à ce scrutin. Contrairement à d'autres, mon dévouement pour le maire de Paris, ma bêtise peut-être, se vit dès 1989 puis encore en 1991, alors que tout le monde le lâchait. Qui d'autre que moi, en effet, aurait à l'époque accepté de se présenter lors d'une élection législative partielle fort de son soutien et contre le candidat de l'étoile montante de la politique ? Audace... et stupidité de ma part, je l'admets. Qui, des hommes qui fréquentent actuellement les salons de l'Élysée ou travaillent à ses côtés, aurait imaginé qu'il remonterait la pente, et aurait eu le courage, en ce temps-là, de m'imiter ? Il fallait un fidèle, un fantassin, un con, et je fus celui-là ! Je regrette aujourd'hui de l'avoir fait, car cette démarche était essentiellement motivée par l'influence et l'« amitié » de Claude. Or, de celle-ci, il ne reste désormais rien ! Cette relation fut de ma part une erreur, un manque de lucidité évident, mais surtout très révélateur du cynisme de leur gestion des rapports humains.

* * *

Le jour de notre première entrevue, elle était, c'est flagrant, en mission : il fallait m'enlever à Noir et me récupérer. Le monde politique fantasmait en effet sur mes prétendues relations avec les journalistes de la première chaîne de télévision française. Déjà, en 1988, après l'échec à la présidentielle, un fidèle publicitaire lié à Jacques Chirac et à sa fille, avait rencontré Michel Noir dans mon appartement afin de le convaincre de me laisser participer à la cellule « communication » du maire de Paris. En vain, car Michel Noir avait besoin de moi pour gagner Lyon.

Mais Claude ne dut vraisemblablement pas trouver en moi la personne qu'elle imaginait. Pis, elle fut sans doute déstabilisée par la franchise avec laquelle je lui racontai ma rupture avec le nouveau maire de la cité des Gaules, séparation que je vivais comme un déchirement, presque comme une dispute amoureuse, et non comme un acte politique. Elle découvrit alors que j'avais été animé, pour le patron de Lyon, par le même moteur que celui qui la poussait à s'investir pour son père. Les deux situations présentaient d'ailleurs beaucoup de similitudes : j'étais haï par les hommes de l'entourage, lesquels souhaitaient prendre le pouvoir qu'ils avaient été incapables de conquérir. J'avais claqué la porte en pleine effervescence de la victoire, geste que Claude manquera de faire après le succès de son père à la présidentielle de 1995, pensant que le plus dur avait été de gagner, alors qu'au contraire les difficultés surviennent ensuite. En somme, nous avions les mêmes sentiments, les mêmes forces, les mêmes motivations.

Ce jour-là, elle a, du reste, assisté à ma rupture définitive avec Michel Noir, celui-ci appelant plusieurs fois à mon domicile. J'avais décidé de ne plus lui parler, mais elle me poussa quand même à répondre au téléphone. Pendant cette période difficile, je trouvai chez Claude une disponibilité et une compréhension qui expliquent sans doute la confiance aveugle que j'avais mise en elle. Au cours de cet entretien, je ne me rappelle pas avoir parlé avec la fille d'un homme politique, mais avec un être égaré dans sa vie, qui se cherchait et avait développé une sensibilité exacerbée face à la notoriété étouffante de son père. Cette sensibilité ressemblait à celle que j'avais développée après deux années d'alitement durant mon adolescence suite à un accident de moto. Je croyais, par nos conversations, que la politique était éloignée de notre amitié naissante, mais, perfidement, elle ne garda de nos discussions que le seul aspect auquel j'étais sensible : le choc affectif de ma relation avec Noir. Je lui offrais là un moyen de pression et une arme. Comme elle, tout était mélangé dans ma vie : je quittais un homme politique qui était mon meilleur ami et avec qui, depuis six ans, je passais pratiquement toutes mes vacances, tous mes week-ends, et qui était devenu le centre de ma vie sans que je m'en aperçoive. Elle, elle était née dans le monde politique, dans une famille où tout a toujours tourné autour des suffrages et des cartes électorales. En somme, elle n'avait jamais rien connu de normal, ayant toujours subi la dureté d'un père sur les routes de la gloire, le calcul d'amis choisis seulement en fonction de leur carrière ou de leurs idées du moment, amis qui changeaient au gré des alliances. Elle avait vécu avec la lourde charge d'être la fille d'un homme de pouvoir, suspectant sans cesse de n'être pas fréquentée pour elle-même, mais dans le but d'approcher le « grand homme ». Pas une de ses conversations ne pouvait rester secrète, toutes servant de faire-valoir à ses interlocuteurs, toutes étant utilisées par les uns ou les autres au mieux de leurs intérêts. Elle avait grandi coincée entre les mâchoires d'un étau : agir pour servir celui qu'elle aime, mais avoir peur, en agissant, de faire une bêtise qui pourrait lui nuire. Dans une telle situation, elle comme moi n'existions plus en tant que personnes, tout étant tourné vers l'homme politique que nous servions.

Dans ces mots, nombre de femmes et d'hommes qui entourent des personnalités politiques reconnaîtront ce qu'ils vivent. Le parcours de ceux qui encadrent les « grands hommes » est en fait marqué au fer rouge. Bien au-delà de l'attrait de la célébrité, une telle relation ressemble à un ghetto construit autour de soi : des remparts faits de puissance, de pouvoir et de notoriété, mais aussi de mensonges et d'absence de naturel. Plus aucun des rapports que l'on peut avoir n'est gratuit. Tout tourne autour de l'« intérêt » que l'on peut présenter.

Autant de points communs entre nous qu'elle sut parfaitement déceler et utiliser afin d'atteindre son but : faire bénéficier son père de mes compétences.

* * *

Pendant ces quelques mois, aveuglé, je m'épanchais.

Au cours de nos entretiens, nous abordions tous les sujets, et, rapidement, je me livrais à elle sans réserve. Claude a pu alors se rendre compte de ma sincérité dans les rapports humains et comprendre pourquoi j'avais des relations aussi étroites avec bon nombre d'éminences du monde médiatique. Je me souviens de ses réflexions désabusées sur l'amitié que j'entretenais avec certains journalistes, elle-même haïssant ce milieu et se demandant comment je pouvais m'y plaire. À l'écouter, les médias étaient à l'origine de tous les maux et défaites de son père. Réaction typique du politique : il a toujours raison, ce sont les autres qui le trompent, rapportent mal ses propos ou déforment ses intentions !

Je fus donc pris dans un jeu dont je ne devinais pas les règles. À l'issue d'un dîner, je reçus même d'elle ce petit mot.

« *L'émotion que ce moment m'a procuré restera longtemps dans mes souvenirs. Je vous remercie pour cet instant. Avec toute mon amitié.*

Claude. »

S'agissait-il d'une simple formule de politesse ?

* * *

Une autre étape fut franchie avec un déplacement au Festival de l'aventure organisé par Nicolas Hulot. Nous étions quatre, Claude ayant convié à mes frais deux de ses amis, lors de ce week-end à La Plagne, les 16 et 17 décembre 1989[1]. Notre voyage était à la hauteur de mes moyens de l'époque : départ en jet privé de l'aéroport du Bourget pour Annecy, puis, de là, transfert en hélicoptère vers La Plagne. Les résultats médiatiques de ce séjour ne tardèrent pas puisque, lors de la mise en place de sa fondation, l'aventurier de TF1 trouva le soutien du maire de Paris, ce dernier saisissant cette opportunité pour « apporter de l'air et de l'écologie » à son image. Toujours est-il que, durant ce week-end, je vis Claude changer. Notamment parce qu'à l'époque, dès qu'elle se trouvait en public, son comportement se modifiait. Redevenue timide, mal à l'aise, elle se cacha derrière des lunettes noires, s'enferma dans la musique diffusée par son walkman et s'isola du monde extérieur, écoutant en boucle l'album de Francis Cabrel, *Sarbacane*. Heureusement, elle se dérida quand, au retour, nous allâmes déjeuner à Vonnas, chez Georges Blanc, trois étoiles au guide Michelin. Le week-end se termina comme il avait commencé, à l'aéroport du Bourget où une voiture de la mairie de Paris l'attendait. Le 19 décembre, quelques jours plus tard, alors que Claude m'avait précédemment vouvoyé, je reçus ce mot :

[1] Voir les factures annexées.

« Pierre, merci pour ce week-end, nous saurons en garder les meilleurs souvenirs. Nous t'embrassons. »

Signé de Claude et de l'amie l'ayant accompagnée.

Un détail qui n'en est pas vraiment un est toutefois à noter : toutes les factures de ce petit périple se trouvant dans la comptabilité de mes sociétés, elles ont été communiquées à la justice. Comment se fait-il que, pour avoir bénéficié elles aussi de « largesses » comparables, voire moindre, tant de personnalités furent entendues par le juge d'instruction, au risque de leur réputation, alors que mademoiselle Chirac y échappa ?

* * *

Nos rapports se faisant plus étroits, je passais souvent chercher Claude à la sortie de l'Hôtel de ville où elle occupait un petit bureau sous les appartements privés du maire. Rien de magnifique ou d'enviable. Beaucoup de choses qui semblaient normales à Claude ne le sont en réalité pour personne. Ainsi, lorsque je souhaitais lui faire passer un pli, l'expéditeur devait impérativement être noté sur un registre et l'enveloppe passer sous le portique à rayons X. On ne pouvait la traiter comme une amie lambda car tout ce qui la concernait était placé sous la surveillance du personnel attaché au maire, des employés des services ou des membres du cabinet.

L'une des images m'ayant le plus frappé, c'est lorsque je l'ai vue pour la première fois chez elle, dans l'appartement familial de la mairie. Venue m'ouvrir accompagnée de son labrador noir qui arborait fièrement un bandana autour du cou, elle portait son éternel jeans surmonté d'un pull trop large. Dans le couloir sombre, immense et lugubre qui menait à la salle à manger, elle paraissait évoluer comme étrangère à cette « maison » d'un autre temps. La salle à manger, ouvrant sur la Seine, semblait vieillotte avec une table démesurément petite au regard de la taille de la pièce. Je lui parlai de cette ambiance avec peu de délicatesse, comme notre amitié me le permettait, refusant d'adopter le comportement habituel des flagorneurs qui fréquentaient ce lieu. Cela ne la choqua pas du tout. Au contraire, je provoquai son rire qui éclaboussa les murs sinistres d'une nouvelle lumière. En ces instants, notre amitié était réelle.

* * *

Je ne pouvais donc m'attendre à la réaction de cette jeune femme, à son revirement inattendu qui m'a tellement peiné. Et ce parce que mon expérience m'a montré que seules les personnes qui estimaient avoir des choses à se reprocher dans leurs relations avec moi se comportèrent de cette manière.

Le tournant radical de nos relations intervint en effet à la fin de l'année 1990 lorsque, pour rénover l'opposition, Michel Noir démissionna de son mandat de député, entraînant avec lui Michèle Barzach et Jean-Michel Dubernard. Trouvant cette décision stupide, je me permis de le dire au maire de Lyon en l'appelant sur sa ligne directe. Je m'en ouvris alors à ma complice de l'époque. Quelques jours plus tard, Claude me convia à déjeuner dans une brasserie. Au cours du repas, elle me demanda, et parvint à me convaincre, de me présenter contre Jean-Michel Dubernard aux élections législatives partielles provoquées par ces démissions. Je comprends aujourd'hui à quel point il lui fût facile d'arriver à ses fins, utilisant à bon escient ce que je lui avais dévoilé au cours d'une année d'une relation complice et sincère. Avec la connaissance qu'elle avait de ma personnalité, il ne lui fut pas difficile de choisir les bons arguments : elle me parla de ramener Michel Noir dans le giron protecteur du RPR en lui évitant un véritable suicide politique, de lui assurer, à son retour, une vraie place au sein du parti, et joua sur la fibre sentimentale en insistant sur le plaisir que j'aurais à être élu dans ma circonscription de naissance. Séduit par les propos et promesses de Claude Chirac, qui se proposa même de prendre la direction de ma campagne, je me déclarai candidat. Or cette élection eut deux conséquences : une défaite pour le moins prévisible et le début de mes emmerdes, puisque désormais je représentais un réel danger médiatique pour Michel Noir. Car le clan Chirac avait trouvé la faille et le contre-feu : en poussant ma candidature, il transformait l'opération de rénovation politique lancée par le député du Rhône en une banale histoire de famille !

* * *

Je ne souhaite pas mélanger ma relation à Claude avec celle que j'ai eue avec son père. Pourtant, je sais aujourd'hui qu'elles sont étroitement liées, car les liens qui unissent ces deux Chirac sont d'une intensité et d'une efficacité redoutables. Ainsi, un jour, pendant ma campagne électorale, je me plaignis auprès de Claude de ne pas recevoir le soutien des personnalités du RPR. Message reçu. Dans la même semaine, les élus gaullistes locaux organisèrent une réunion publique à laquelle participait Alain Juppé. Inutile donc pour moi de passer par l'état-major du mouvement : j'avais trouvé, sans le savoir, l'interlocuteur le plus efficace ! Le succès ne fut pas au rendez-vous : quarante participants seulement. Mais le canal fonctionnait.

D'autres faits me montrèrent à quel point ces deux êtres sont complices et se complètent. Un jour, Véronique Colucci, qui souhaitait relancer les Restos du cœur après la mort de Michel, s'ouvrit à moi de la difficulté d'implanter l'association à Paris. Comme tout ce qui concerne Coluche me touche, je téléphonai à Claude. Véronique fut appelée quarante-cinq minutes après notre entretien par le maire de Paris lui-même, qui lui proposa un rendez-vous. Rencontre qui eut un effet boomerang et montre bien le caractère de Claude. En effet, Véronique m'appela fort en colère pour m'informer qu'un photographe l'attendait à la sortie de l'entretien. On avait saisi l'occasion de faire de la presse ! Un tel acte, qui récupérait dans un but politique le moindre contact médiatique avantageux que je pouvais procurer, aurait dû me mettre la puce à l'oreille : ne voulait-on pas utiliser mes « réseaux » ? Mais la conseillère en communication débutante du maire de Paris calma ma colère, implora la bonne foi et mit cet impair sur le compte du cabinet qui, informé du rendez-vous, aurait souhaité la doubler ! Et moi, je l'ai crue !

En fait, mon « amitié » avec Claude Chirac s'arrêta aux portes du suffrage universel. Mon échec, les relations tendues avec Michel Noir engendrées par ma candidature, les chroniques assassines et régulières qui fleurissaient dans la presse et racontaient le conflit ouvert entre le maire de Lyon et moi, mirent un terme à mes rencontres avec la fille du patron du RPR. De façon très intelligente, elle laissa s'installer la distance : elle n'était plus présente dans les appartements de la mairie de Paris ; on me renvoyait à sa secrétaire quand je cherchais à la joindre ; et lorsqu'elle me donna son numéro privé, elle était sur répondeur et ne rappelait pas. Une attitude digne des plus grands politiques. Comme on le verra dans d'autres chapitres de ce livre, il doit exister quelque part une école de formation au Rassemblement pour la République où l'on apprend la gestion des dossiers « difficiles ». Et quand mes ennuis judiciaires me conduisirent à ma première incarcération, aucun mot de soutien, pas même un bref message de réconfort ne vint de sa part. Rien, que le silence. Puis-je écrire le « mépris » ?

* * *

Aussi fus-je fort étonné lorsque les contacts reprirent en 1994-1995. Il est vrai que la donne politique avait changé et que la candidature d'Édouard Balladur à l'élection présidentielle[1] bouleversait la stratégie de l'Hôtel de Ville. Le soutien présumé de la première chaîne de télévision française au candidat Balladur exaspérait le clan Chirac. D'après un article de *Libération* du 16 février 1995, en effet : « Citant une source CSA, au mois de janvier 1995 Balladur avait bénéficié de 7 heures 23 minutes et 2 secondes d'antenne contre 4 heures 44 minutes pour Chirac. Mais surtout le Premier ministre de l'époque avait eu 52 minutes dans les 20 heures de TF1 contre 21 au maire de Paris ! »

Or mes liens avec le présentateur du journal télévisé me firent subitement retrouver grâce aux yeux de la fille du maire ! Claude me contacta donc un jour, à ma grande surprise, voulant s'épancher sur le sujet afin que je me débrouille pour mettre un terme à ce « traitement indécent de l'information ». Pour m'aider dans cette voie, toujours aveugle, je repris donc du galon à ses côtés. Au début, elle m'accueillit cordialement, mais, au fil des jours, mon rôle se réduisit comme une peau de chagrin, et les contacts avec la fille du candidat, devenue officiellement sa conseillère en communication, furent soigneusement limités. On procéda à un passage de témoin en douceur en me rapprochant du député de Paris Bernard Pons.

La dernière fois que j'ai rencontré Claude, c'était en 1995, à la Maison du caviar, un restaurant très parisien. Elle avait choisi la table située juste derrière la porte d'entrée, afin de ne pas être vue tout en pouvant voir. Toutes ses contradictions se trouvaient résumées là : elle était dans l'un des restaurants les plus fréquenté de Paris, mais faisait celle qui ne désire pas être aperçue. Je suis allé la saluer. Elle se leva pour me remercier de l'envoi de mon premier livre qui venait de sortir et m'embrassa.

* * *

C'est vrai, j'ai cru à son amitié, et Claude Chirac m'a profondément déçu. J'ai cru à nos échanges, dans lesquels je me suis livré sans fard, pensant qu'elle aussi était sincère. J'ai été touché par cette jeune femme dont je sentais le mal-être et les doutes. J'avais été ému lors d'un Noël où elle était « de garde » à l'Hôtel de Ville alors que ses parents passaient les fêtes aux États-Unis. Seule dans son appartement qui surplombait la ville sur laquelle son père étendait son pouvoir, les lumières ne reflétaient que la tristesse et le désespoir.

Oui, avouons-le, j'ai été l'instrument de destruction d'un homme politique, manipulé par d'autres hommes politiques. Aujourd'hui, j'en ai assez de ce milieu, de ces partis où les trahisons succèdent aux trahisons et où le mot « ami » n'est prononcé que pour mieux tuer un adversaire. J'en ai assez que l'on m'associe à ce monde qui m'a fait tomber parce que j'étais normal.

Si j'ai tenu à brosser le vrai portrait de Claude Chirac, c'est parce que j'ai la conviction que sa sollicitude, ses émotions, ses fausses confidences, ce temps passé pendant près de deux ans à m'entourer, n'étaient que des leurres, un calcul politique destiné à infiltrer les proches de Michel Noir afin d'éliminer ce dernier et à utiliser mes contacts pour être mieux soigné par les médias. Il est vrai que je n'ai pas été le seul à subir un tel traitement[2]. Et une fois les objectifs atteints, on a tout fait pour oublier les traces de cette relation.

Curieusement, je n'en veux pas à Claude, dont on me dit fréquemment qu'elle ne connaît même plus mon nom. Je ne lui en veux pas parce qu'elle agit par amour pour l'objet de toutes ses pensées et ambitions : son père. En vérité, depuis qu'elle est née, elle souffre : elle pense que personne ne l'aimera pour elle, mais toujours par rapport à lui, et

[2] Voir S. Coignard et A. Wickham, *L'Omerta française*, Paris, Albin Michel, 1999, p. 25 à 27.

jamais elle ne croira à la sincérité des rapports humains. Malgré ses faibles tentatives pour essayer de vivre comme tout le monde, elle ignore ce que c'est. Dans sa vie, rien n'est simple, naturel. Il y a toujours une notion de rapport de force et de mensonge.

Un jour, le sculpteur César m'avait dit : « C'est fou ce que les riches dépensent comme argent pour essayer de vivre comme les pauvres. » Eh bien, Claude est une pauvre petite fille riche. Avec le malaise moral que cela comporte, mais aussi la rouerie que cela induit. On lui doit tout, mais elle, rien. On doit lui donner sa confiance, on a vu ce qu'elle en fait. Le pire est que, malgré les coups, on se surprend à l'en excuser parce qu'elle est en danger… d'elle-même.

CHIRAC JACQUES : LE PREMIER DE TOUS

Ancien président du RPR, ancien maire de Paris, président de la République en exercice.

On vous dit homme de cœur, je ne vous connais que cœur de pierre. On vous dit généreux, je ne connais que vos manoeuvres. On vous dit fidèle en amitié, je ne vous connais que fidèle par intérêt, avec une liste de laissés-pour-compte fort longue. On vous dit mal entouré, moi je suis persuadé que vous choisissez votre entourage selon les fusibles qu'il vous faudra faire sauter le moment venu afin de vous protéger.

Si aujourd'hui je parle aussi froidement, c'est parce que j'ai mal, monsieur le Président. Mal au cœur, mais savez-vous ce qu'est le cœur? Mal d'avoir été manipulé avant, pendant et après ma détention, dans le seul but de protéger certains de vos amis proches, mal d'avoir constaté que vos interventions, au bout du compte, ont toujours été préjudiciables à ma vie, à ma tranquillité et à ma défense.

Les lecteurs aimeraient peut-être trouver dans ces pages la révélation d'un immense scandale financier. Mais à quoi bon trop en rajouter ? Il y en a tant autour de vous. Des petits comme des gros. Des sur le point d'exploser, d'autres déjà bien mûrs. Faut-il citer les HLM de Paris, les emplois fictifs, les emplois du conseil général de l'Essonne, le financement du RPR, les faux électeurs pour permettre de décrocher le grand chelem aux municipales à Paris ? Il est vrai que Michel Noir, celui que vous aviez déjà identifié comme un danger, était en position de l'obtenir, lui, à Lyon. À quoi bon en rajouter en effet, puisqu'à ce jour aucun juge ne peut vous entendre, vous mettre en examen et, le cas échéant, vous condamner. Vous êtes, par la grâce du Conseil constitutionnel, devenu intouchable. Belle République des copains. Comme Jérôme Monod à la Lyonnaise des eaux, vous ne saviez donc rien de ce qui se tramait à la mairie de Paris ! Il est vrai que vous êtes nouveau dans le monde de la politique, puisque voilà seulement trente-cinq ans que vous y évoluez !

Non, je ne me situerai pas sur le registre des affaires, je souhaite parler d'abord d'un scandale bien plus important à mes yeux, celui du reniement des idées et de la confiance, celui de l'absence de courage et du mépris de la fidélité. Car nombreux sont ceux à en avoir « gros sur la patate ». La liste des hommes qui doivent payer comptant leur attachement à votre personnalité est longue. À divers titres, à différents niveaux, chacun dans un registre particulier, Alain Juppé, Simone Casseta, Jean et Xavière Tiberi par exemple... payent eux aussi leur tribut à votre ascension politique. Eux aussi, comme d'autres le moment venu, traîneront comme un boulet le fait d'avoir travaillé pour vous, d'avoir exécuté vos ordres et de vous avoir protégé. Aucun d'entre eux ne peut le dire, mais chacun le pense tellement fort que ces rumeurs commencent à transpirer dans les colonnes des journaux. Certains, n'ayant pas encore assimilé l'indépendance naissante de la justice, espèrent que vous les protégerez alors que je peux leur assurer qu'ils se retrouveront seuls au moment le plus critique. Les uns ne peuvent politiquement se permettre d'aller contre le président de la République quand d'autres, par pure affection, ont décidé de vous protéger envers et contre tout. Les pauvres naïfs.

Aucun de ces cas ne me concerne plus et si, aujourd'hui, ma réhabilitation est devenue impossible, c'est en partie grâce à vous. En revanche, si vous pouvez, désormais, vous terrer dans votre Élysée avec tous les attributs du pouvoir en jonglant entre le machiavélisme, l'abandon des vôtres et des idées qui vous avaient conduit au poste suprême, c'est un peu grâce à des gens comme moi.

Oui, monsieur le chef de l'État, j'ai honte d'avoir été chiraquien lorsque vous étiez au plus bas. J'ai honte d'avoir défendu votre personnalité alors que tout le monde vous considérait comme un ringard. J'ai honte de m'être engagé sous vos couleurs en 1991, lors d'une élection partielle, puis à vos côtés en 1995. Je regrette aussi d'avoir cru et fait croire à votre discours et à vos convictions. Car, comme beaucoup d'hommes politiques, la seule conviction qui vous anime, c'est celle de votre pouvoir personnel, de la manière de l'utiliser et de le conserver le plus longtemps possible. Aujourd'hui, je ne demanderais à personne d'aller à nouveau voter pour vous, car je sais que vous n'êtes pas mieux que les autres, voire plutôt pire qu'eux. J'ai, enfin, honte d'avoir quitté Michel Noir en 1989 pour aller me placer sous votre bannière. J'aurais mieux fait de fuir ce milieu de fous où tout se joue sur l'influence, le pouvoir, la puissance, quels que soient les moyens utilisés.

Ils sont nombreux, les déçus du chiraquisme et de Jacques Chirac. Pas les déçus de la politique, mais ceux du cœur. Peu osent le dire, peu osent l'écrire puisque aujourd'hui vous êtes président de la République et que beaucoup ont compris qu'il était dangereux d'aller contre un tel pouvoir. Vous avez oublié le passé, vous avez oublié les risques pris pour vous, oublié les sacrifices, pour ne retenir qu'une chose : comme vous êtes devenu chef de l'État, devant vous chacun doit plier ou rompre. Eh bien, j'ai choisi de rompre. De rompre le pacte.

* * *

Le 1er avril 1991, j'aurais dû avoir la puce à l'oreille sur certaines méthodes en lisant un article qui m'était consacré dans le numéro 967 de l'hebdomadaire *Le Point.* Sous la signature de Catherine Pégard, on pouvait lire : « [...] Botton, qui connaît la fille de Chirac, se rapproche du RPR à mesure que Noir s'en éloigne. Désaccord sur la stratégie. Botton est candidat du RPR, même si Chirac jure de ne l'avoir jamais rencontré [...]. » Or il suffit de relire la presse d'alors et de la rapprocher de certains faits pour démentir ces propos que l'on vous prête. En janvier 1991, époque où je vous sers en toute connaissance de cause à planter une banderille dans l'épaule de Michel Noir, le journal *Sud Ouest* raconte en effet que : « Quatre secrétaires de circonscription ont été suspendus de leur fonction dimanche après avoir pris parti pour le maire de Lyon contre le soutient du RPR à Pierre Botton[1]. » *Libération* du 15 janvier ne me qualifie-t-il pas, de son côté, de « candidat appuyé par les chiraquiens [...] », de « légitimiste du RPR » qui ressemble dans la cité des Gaules à un homme seul, précisant : « Ses soutiens, le candidat va les chercher à Paris. Alain Juppé, Charles Pasqua et peut-être Jacques Chirac devraient prêter main forte à leur candidat. Les trois caciques prêtent déjà leur voix dans des messages téléphoniques proposés aux électeurs de la deuxième circonscription pour vanter les mérites de leur compagnon d'infortune » ? *L'Express* du 17 janvier 1991 ne titre-t-il pas d'ailleurs : « Michel Noir n'est pas prêt de pardonner à Jacques Chirac d'avoir sciemment investi Pierre Botton » ? Dans cet article, signé Florent Leclercq, on peut même lire : « En avril 1989, l'état major RPR trouve Botton fréquentable. Dès ce moment, la rue de Lille par l'intermédiaire de discrets apparatchiks l'aide à monter sa première opération contre le maire de Lyon. [...] Le maire de Lyon sait que la veille du dépôt de candidature Jacques Chirac a reçu son gendre à Paris pendant deux heures. [...] Botton avec l'appui des sociétés spécialisées du RPR a mobilisé dans des bureaux flambant neufs les moyens d'une grosse campagne. »

11,63 % de voix plus tard, je me ramassais une magnifique gamelle. Et le ton change. Un entrefilet du *Point* du 23 novembre 1991 le confirme : « Alors que Jacques Chirac dînait avec les dirigeants locaux de l'UDF le 15 novembre à

[1] Le 8 janvier 1991.

La Tassée, avant son meeting lyonnais, l'irruption de Pierre Botton et de sa femme dans le restaurant a jeté un froid. « Vous soutenant, il était normal que nous vous saluions » a dit Botton. Chirac a salué aimablement le couple. » Le changement de ton était clair. Ce que *Le Canard enchaîné* du 20 novembre ne manqua pas de relever en précisant : « Chirac a fait semblant de ne pas le reconnaître et il s'est tourné vers Mérieux pour lui demander : « Qui c'est celui-là ? » » Le journaliste de rajouter : « Explication : au RPR Botton est aujourd'hui quasiment à l'index. Sympa, pour quelqu'un que Chirac avait choisi pour s'en servir contre Noir au législatives partielles ! » Mais le coup de grace est arrivé un an plus tard, comme le raconte la *Haute-Marne libérée* du 14 novembre 1992. Alors que je suis incarcéré depuis deux jours, on peut y lire que Jacques Chirac, interrogé sur « Le soutien apporté par le RPR à Pierre Botton lors des législatives partielles de janvier 1991 », a expliqué : « Il n'avait pas notre investiture ! » « Alors, pourquoi Alain Juppé est-il allé, à l'époque, lui témoigner son appui à Lyon ? » insiste le quotidien. Réponse glaciale du président du RPR : « Il faut le demander à Alain Juppé ! »

Que s'était-il donc passé pour que je devienne en si peu de temps *personna non grata*, pour que vous m'ayiez effacé de votre mémoire et que vous laissiez filtrer de telles informations ? Rien, j'avais seulement fini de remplir mon office en me présentant contre le candidat de Noir, réduisant ainsi l'élection partielle de janvier 1991 à un « Dallas lyonnais ». De plus, j'avais perdu. Alors éjecté, le Pierre Botton.

* * *

Mon caractère entier, un peu tête de mule, me pousse à ne pas me laisser évacuer de la sorte. Vous jurez ne jamais m'avoir rencontré ! Et pourtant notre première relation s'est faite par l'intermédiaire de la société Création Publicité Impression, sise au 86, rue du Colonel-Fabien, 94230 Cachan, immatriculée sous le numéro Siret 788261394 00027. C'est vrai que nous ne nous étions pas encore aperçus physiquement en ce début d'année 1986, mais je commençais à faire partie de ceux à qui l'on peut demander quelques « services ». Dont celui de régler des factures qui traînent et que personne ne souhaite prendre en charge. C'est ce que je fis, en plusieurs versements de 16 666,86 francs, de 3 107,32 francs et de 45 888,10 francs, mais aussi de 50 000 francs en mars et avril 1987, soit un total de 115 662,28 francs. Il est vrai que les factures en question dataient un peu : 28 octobre 1985 n° 7122-/411623 pour un premier tirage de deux mille affiches Jacques Chirac quadrichromie de quatre mètres par trois puis un retirage de huit mille, glorieuse période où aucun financement électoral officiel n'existait[2].

Ma générosité me valut par la suite une inculpation pour faux en écriture de commerce et n'eut aucune répercussion sur vous, ni sur aucun politique, alors que ce n'était pourtant pas moi qui bénéficiais du délit. Mais le code pénal fonctionnait ainsi à l'époque. Je suis persuadé qu'une bonne enquête permettrait toutefois de connaître le montant réel des prestations demandées à cet imprimeur de Cachan avant votre nomination au poste de Premier ministre en 1986. Le bordereau de relevé du compte client

[2] Voir annexes.

n° 010845000-7, par exemple, ne montrerait-il pas que je n'étais pas le seul généreux donateur[3] ?

Je passe sur les nombreuses manifestations auxquelles j'ai pu assister lorsque vous étiez Premier ministre, entre 1986 et 1988, autrement dit avant la parution de l'article du *Point* en question, pour mieux rafraîchir votre mémoire sur certains moments que l'on peut difficilement oublier. Ainsi, durant vos traversées du désert, avant la courte victoire aux élections législatives de 1986 et après votre défaite de 1988, dois-je vous rappeler que bien peu de gens étaient prêts à vous soutenir ?

* * *

Je me souviens pourtant du déplacement que vous aviez effectué, en avril 1986, à Lyon, dans l'espoir de vous remettre en selle, et de votre demande d'être conduit dans la région Lyonnaise en hélicoptère. Vous souvenez-vous que j'ai pris en charge, comme il en était convenu, l'ensemble des factures relatives à ce déplacement ? Dès votre arrivée à Lyon-Bron, l'aéroport qui accueille les vols privés, nous nous sommes envolés dans l'hélicoptère pour la région du Beaujolais, à Saint-Romain-de-Popey, où vous attendaient trois cents agriculteurs. Nous n'étions pourtant pas nombreux dans l'appareil : le pilote, Jean-Michel Dubernard, Alain Mérieux, Michel Noir, vous et votre serviteur. Je me souviens même que nous nous étions posés, sans autorisation, dans un champ. Au cours du meeting, j'avais appris que le propriétaire de ce coin de verdure s'était déclaré heu-

[3] Voir annexes.

reux de nous accueillir mais surpris de vous voir débarquer. Ce charmant homme appelé monsieur France m'avait demandé si je pouvais lui obtenir une photo. Vous m'aviez une fois de plus séduit lorsque, pris par un emploi du temps que l'on dit toujours serré et organisé, vous étiez remonté dans l'appareil, en oubliant le cliché promis, puis vous étiez ravisé, suite à mon insistance, pour offrir cette image. Comme ce respect du militant de base tranchait avec le dédain de nombreux membres de votre entourage, cette attitude m'avait plu. Il est vrai que cette proximité n'était que le fruit d'une longue habitude.

Une fois dans l'hélico, je fus surpris encore mais aussi perturbé en vous voyant agiter la main, afin de saluer les groupes de badauds qui nous regardaient sans que vous vous intéressiez à eux un seul instant. Votre geste était mécanique. Un « professionnalisme » magnifiquement caricaturé par *Les Guignols de l'Info* de Canal + lorsqu'ils vous présentent en train de taper le cul des vaches ou de serrer machinalement des mains. La suite du vol fut très agitée, la police nous interdisant de nous poser sur les quais de la Saône. Vous ne vous en souvenez plus aujourd'hui, mais, à cette époque, pour s'engager à vos côtés il fallait être sévèrement « burné ». Depuis, les choses semblent s'être policées. Ce qui me fait penser à l'une des phrases que vous m'aviez dites : « Pierre, vous savez, on greffe des foies, on greffe des reins, on greffe tout, sauf des couilles parce que l'on manque de donneur. » À qui le dîtes-vous, monsieur le Président.

* * *

Nos relations allaient donc ainsi, de meetings en réunions, de petits services financiers en petits services personnels, comme le règlement d'une facture relative à un dîner-débat d'Édouard Balladur. À l'époque nous devions tout dégager sur son passage et ne jamais l'importuner avec le moindre problème, notamment financier. L'élu du XVe arrondissement était votre chouchou, votre éminence grise, votre ami de trente ans. Cette facture est datée du 30 juin 1986, à en-tête du Novotel Lyon-aéroport, porte le numéro 0123 2511 411179 et concerne un dîner-débat qu'il avait donné afin d'expliquer votre politique[4]. Location de salle : 1 560 francs; location de matériel : 3 685 francs; dîner des chauffeurs : 945 francs; repas à 51 375 francs, 50 000 francs et 245,55 francs; décoration florale : 3 000 francs; vestiaire : 400 francs, soit un total de 111 210,55 francs. Réglés de ma poche. Le plus cocasse, le pire plutôt, c'est que j'ai découvert par la suite que ce dîner-débat était payant et que l'organisation avait empoché les sommes sans avoir eu la délicatesse de régler le restaurateur ! Lequel n'avait donc pas tort d'être furieux, d'autant plus agacé et écœuré que personne ne voulait le prendre au téléphone. Qui a dit, déjà, que les promesses n'engagent que ceux qui les écoutent ?

À plusieurs reprises du reste, avec des afficheurs ou des imprimeurs, je jouerai les bons Samaritains et résoudrai des situations perdues.

Les magistrats m'ont d'ailleurs demandé pourquoi j'avais réglé de telles sommes avec l'argent de mes sociétés au profit du monde politique ? Dois-je rappeler qu'au moment

[4] Voir annexes.

des faits, monsieur Chirac était Premier ministre, Édouard Balladur ministre d'État et Michel Noir en poste au Commerce extérieur ? Ayant trente-deux ans à l'époque, je mets au défi quiconque évoluant dans ce milieu de ne pas se laisser influencer par les sollicitations qui peuvent arriver de toutes parts. Il ne s'agit pas pour moi de me justifier, mais seulement d'expliquer comment on parvient à accepter de telles opérations !

Quelle était alors ma position dans votre entourage, monsieur le Président ? Difficile à dire. Certes, vous ne m'avez pas personnellement demandé de prendre en charge telle ou telle facture. Le principe du fusible est récurrent dans votre monde, mais je trouve plutôt fort de café de prétendre que nous ne nous sommes jamais rencontrés. Si tel fut le cas, pourquoi me revient-il le souvenir d'un meeting de soutien à la liste gaulliste aux européennes dans une salle des Champs-Élysées où il n'y avait pas foule mais une pléiade de sommités : le président Valéry Giscard d'Estaing, Alain Juppé, Jérôme Monod, toutes les instances du RPR et vous-même, arrivé à grandes enjambées pour être le premier à nous saluer, mon épouse et moi, prenant même celle-ci par les épaules pour l'embrasser ? Il est vrai que les coups que vous portaient son père et les rénovateurs faisaient chanceler votre stratégie de reconquête du leadership de l'opposition. En connaissant cette donnée, ma présence prenait un autre attrait.

N'avez-vous pas renouvelé l'opération au printemps 1991 devant plusieurs centaines de militants lors d'un meeting « de la réconciliation » organisé chez Suzanne Sauvaigo, à Cagnes-sur-Mer dans les Alpes-Maritimes, sous la houlette du député Christian Estrosi ? Réconciliation, car c'était la première fois que Charles Pasqua acceptait de participer à un meeting en votre compagnie depuis sa tentative de scission. À cette occasion, vous nous aviez raccompagnés, mon épouse et moi, jusqu'à la sortie, fendant la foule comme vous savez si bien le faire, le sourire aux lèvres, façon de me témoigner votre reconnaissance pour le travail accompli auprès des députés locaux pour monter cette réunion.

En dehors de ces rencontres publiques, dois-je vous rappeler les multiples aides apportées aux uns et aux autres sur vos recommandations, les sondages réalisés pour la liste de l'opposition lors des élections régionales ou pour tel ou tel de vos «compagnons», les trainings politiques financés pour d'autres, le recours à mes relations dans les médias quand vous en aviez besoin ? Je passerai sur les autres rencontres, celles qui émaillent ce livre et que le lecteur pourra suivre au fil des chapitres, mais je ne peux m'empêcher de rappeler que beaucoup de vos protégés, sur vos conseils répercutés par votre propre fille, défilaient à mes dîners du mercredi. N'y invitais-je pas chaque semaine l'un de vos favoris du RPR, alors ravi de se frotter sans risque et dans une ambiance détendue à mes « chers amis » des médias ? C'est du reste à ces occasions que j'ai fait la connaissance de vos fidèles d'alors, Nicolas Sarkozy, Bernard Pons, et de tant d'autres. Il y eut aussi l'utilisation, à votre intention, de mes liens avec des artistes ou journalistes dans les périodes délicates de votre carrière. Je suis heureux de découvrir que certains vous sont apparus suffisamment fréquentables pour les avoir accrédités à l'Élysée, tel François Bachy rencontré lors de reportages pour les municipales de 1989, qui couvrira votre campagne présidentielle de 1995 et vous suivra ensuite à l'Élysée. Pour mémoire, je ne peux m'empêcher de relire son petit mot envoyé en fin d'année 1989 :

« En souvenir de tous ces moments de 1989 que nous avons partagés ensemble et en te souhaitant, Pierre, une très bonne année et une excellente décennie. Avec, je l'espère, le plaisir de nous revoir bientôt. »

Pour la « bonne décennie », on aurait pu mieux faire. Ce furent d'ailleurs mes propres paroles, lorsque je l'ai croisé, avenue d'Iéna, ce fameux 8 mai 1995 qui couronna votre élection.

Mais avant cette date, dois-je vous réexpliquer que ce ne sont pas les occasions de nous rencontrer ou d'appliquer vos directives qui manquèrent ? Mais peut-être êtes-vous atteint d'amnésie ? Vous souvenez-vous des Dîners pour la France organisés par la SDP, un organisme de « *fund raising* », comme disent les Américains, chargé de collecter officiellement des fonds, d'envoyer vos cartes de vœux avec signature digitalisée au laser, d'une couleur différente de celle de votre épouse pour « personnaliser » ces textes, et d'expédier les messages aux militants ? J'ai rencontré de vrais amis dans cet organisme, des amis qui, eux aussi, vous ont quitté par dépit. C'est d'ailleurs lors des repas organisés par cette société à l'hôtel Intercontinental, au Lutetia, au Méridien ou au Grand Hôtel Intercontinental de la rue Scribe que j'ai fréquenté nombre de donateurs du mouvement, ceux-là même qui ne me connaissent plus depuis mes déboires. Je regrette encore d'y avoir entraîné certains de mes amis, dans l'espoir de leur faire connaître le « vrai Chirac ».

* * *

Dès 1992 et le début de mes problèmes judiciaires, j'étais pris au piège. Car, pour avoir une main sur moi, on me recommanda chaleureusement d'avoir une défense « politique ». À ce titre, je fis sans doute l'une des plus belles erreurs de ma vie en choisissant des avocats « parisiens » très proches de votre mouvement. Je fus en effet assisté au départ par Frédérique Pons, fille de Bernard Pons, député, ministre de tous les gouvernements Chirac, président du groupe RPR à l'Assemblée nationale, devenu patron d'une association destinée à mener la campagne de votre réélection : « Les amis de Jacques Chirac ». Or Bernard Pons, c'est, au sens politique du terme, votre « porte-flingue ». Je ne remets pas le talent de Frédérique Pons en cause, je me demande seulement aujourd'hui si l'idée d'une défense « politique » était destinée à me protéger ou à vous sauvegarder. Au-delà de ma défense, ne désirait-elle pas préserver le RPR ainsi que toute personnalité chiraquienne susceptible d'être mise en cause[5] ?

Au cours d'une perquisition réalisée dans la semaine qui précédait votre élection à l'Élysée, le magistrat chargé de mon dossier, un peu ennuyé, semblait chercher à mon bureau du boulevard Bessières des pièces vous concernant.

[5] Voir à ce sujet les relations que ma défense entretenait directement avec Jacques Toubon pendant mon incarcération.

Il me prévint d'emblée que votre élection « ne changerait rien pour moi ». Je peux confirmer aujourd'hui que celle-ci a été meilleure pour lui que pour moi. Durant une autre perquisition – j'en ai subi plus de quinze –, il avait été mis sur la piste de nos rapports par quelques documents précis comme un « minute à minute » du journal de 20 heures de Patrick Poivre d'Arvor en date du 30 août 1995. Ce jour-là vous étiez l'invité de TF1, or ce tableau vous permit, *a posteriori*, de connaître de façon précise votre courbe d'audience ainsi que les thèmes qui avaient retenu l'attention des téléspectateurs. À vrai dire, ce n'était pas la courbe Médiamétrie qui intriguait le magistrat, mais le fait qu'y figurait le numéro du fax auquel je l'avais faite parvenir. Numéro du bureau que votre fille Claude conservait à la mairie de Paris, tandis que des travaux d'aménagement se terminaient à l'Élysée.

Il fut aussi intéressé par toute une série de lettres que j'avais adressées à des ministres de la République et, notamment, au premier d'entre eux. Pour percevoir correctement le sens de ces courriers, il faut se rappeler qu'ils furent écrits en pleine campagne présidentielle. Les ministres balladuriens faisaient alors feu de tout bois pour vous dissuader de maintenir votre candidature et pour décourager les quelques fidèles qui vous soutenaient. C'était encore l'époque ou de multiples journaux évoquaient l'appartement que vous louiez rue du Bac ou la fortune de votre épouse. Que disaient ces lettres, toutes datées du 24 janvier 1995, dont la première est adressée à François Léotard, ministre de la Défense ?

« À l'attention de monsieur François Léotard :

Monsieur le Ministre,

La proche tenue du procès de l'affaire Noir, le 13 février 1995, perturbe grandement le « microcosme politico-médiatique ».

Dans ce contexte et afin de ne pas laisser courir les bruits les plus fous, j'envisage, compte tenu de nos excellentes relations présentes et passées, de vous permettre de vous exprimer vous-même devant le tribunal, et de clarifier :

Un déplacement en 1985, suite à la soirée Sakarov, de Lyon à Fréjus, à bord de l'avion FGEPE de la Pan Européenne Air Service.

La prise en compte d'une facture de déplacement de 35 000 francs pour le Parti Républicain.

Le déplacement d'Yves Mourousi en hélicoptère dans votre propriété de Fréjus avec monsieur Weber pour assister à une corrida.

Je reste bien entendu à votre entière disposition et vous prie de croire, Monsieur le Ministre, à l'expression de mon amitié respectueuse. »

Le message que j'expédie sur la recommandation de mes « bons amis » chiraquiens est alors plutôt limpide. Si on ouvre la boîte de Pandore de Chirac, si la campagne dérape sur un plan plus personnel, je dévoile les petits services rendus aux uns et aux autres, services qui peuvent les embarrasser et perturber la cote de popularité des balladuriens. Il fallait absolument arrêter l'hémorragie de révélations sur le candidat du RPR.

La deuxième lettre est adressée à André Rossinot, ministre de la Fonction publique :

« À l'attention de monsieur André Rossinot :

Monsieur le Ministre,

La proche tenue du procès de l'affaire Noir, le 13 février prochain, perturbe grandement le « microcosme politico-médiatique ».

Dans ce cadre et afin de ne pas laisser courir les bruits les plus fous, j'envisage de vous permettre de clarifier vous-même nos relations, devant le tribunal, ainsi que :

Votre présence au cours de l'été 1990 dans ma maison de Peymeinade.

— Un déplacement en hélicoptère de Peymeinade à Saint-Tropez dans la maison le Lys de la Plage en compagnie de plusieurs journalistes.

— Un déjeuner dans mon appartement de l'avenue Paul-Doumer en février 1992 dans le but de déplacer une émission télévisée à Nancy.

— Votre présence pendant l'été 1992 dans ma maison de Cannes.

— Un déjeuner avenue Paul-Doumer en compagnie de Dominique Cantien.

Compte tenu de nos excellentes relations présentes et passées, je reste bien entendu à votre disposition et vous prie de croire, Monsieur le Ministre, à l'assurance de toute ma considération. »

Et la troisième, à tout seigneur tout honneur, est destinée au Premier ministre et nouveau candidat déclaré, Édouard Balladur.

« À l'attention de monsieur le Premier ministre :

De source sûre, les défenseurs d'un mis en examen de l'affaire Noir semblent vouloir vous mettre en cause.

Cela consisterait à démontrer que vous n'ignoriez pas l'origine des fonds utilisés pour le règlement de la facture du « dîner débat » du 30 juin 1986.

Mon épouse et moi-même n'oublierons pas la délicatesse dont vous aviez fait preuve lors de notre mariage, et nous sommes toujours émus devant la coupe de fruits que vous nous aviez si gentiment offerte avec votre épouse.

C'est pourquoi je reste à votre totale disposition.

Je vous prie, Monsieur le Premier ministre, de croire en l'expression de ma haute considération.

PJ : Double de la facture. »

Aujourd'hui, relire ces courriers aux menaces à peine voilées me fait honte. Pris dans le système, dans l'engrenage d'un engagement militant, j'ai participé à des manœuvres mesquines typiques de la politique des coups bas, dont je ne suis pas fier. Ce que j'ignorais en me lançant dans cette campagne, c'est que j'allais, une fois de plus, remplir mon office et prendre tous les coups. Du reste, lorsque je considère cette période, je me demande si j'agissais ainsi par inconscience, volonté de reconnaissance ou militantisme, souhaitant, à mon échelle, assurer la victoire de mon candidat et démontrer à Michel Noir que j'avais eu raison dans mes pronostics politiques. À moins que ce ne fût par orgueil !

Toujours est-il que je me prêtai à cette manœuvre : si elle n'était pas dénuée de fondement quant aux dîners ou voyages que j'avais payés, elle manquait de grandeur et traduisait la panique des chiraquiens aux abois prêts à tout pour faire trébucher les balladuriens... quitte à me faire tomber avec eux.

Les réactions ne se firent évidemment pas attendre. Immédiatement Renaud Donnedieu de Vabre, le fidèle collaborateur de François Léotard, me rendit visite à mon domicile. Françoise Rossinot, épouse du ministre du Travail, demanda à me rencontrer pour comprendre le sens de mon message, et le Premier ministre, après m'avoir fait porter par un motard de Matignon la lettre reproduite ci-dessous, me fit contacter par Brice Hortefeux (fidèle collaborateur de Nicolas Sarkozy, ministre du Budget et principal soutien du candidat Premier ministre). La teneur de ces entretiens fut toujours la même : arrêtez de faire les poubelles, car nous sommes aussi capables de jouer au petit jeu des révélations personnelles, et même à puissance dix, puisque nous pouvons atteindre plusieurs personnes et disposons de la tribune d'un tribunal !

« Le Premier ministre,

Paris le 11 février 1995.

Monsieur,

J'ai reçu votre lettre.

Je ne comprends pas, je tiens à vous le dire, le sens qu'elle peut avoir.

Je vous prie d'agréer, Monsieur, l'expression de ma considération. »

[Signée de la main même du Premier ministre.]

Pour ma part, j'avais déjà eu droit à la Commission des infractions fiscales, à trois plaintes du fisc alors que celui-ci n'avait jusqu'à présent pas éprouvé le besoin de se porter partie civile dans mes procès… J'aurais mieux fait de me faire oublier et de les laisser se débrouiller entre eux!

Malgré tout, j'ai apporté modestement mes conseils, lorsque la mairie de Paris me demanda mon sentiment sur votre campagne par l'intermédiaire du président du groupe RPR à l'Assemblée nationale, Bernard Pons, que je fréquentais régulièrement et intimement. C'est d'ailleurs en sa compagnie et celle de sa famille que j'ai fêté votre victoire, dans le restaurant Le Père Claude, et avec sa fille Frédérique que j'ai descendu les Champs-Élysées à moto, tout klaxon hurlant. Mais ces moments se déroulaient avant ma condamnation définitive survenue le 10 janvier 1996, et avant mon arrestation à la barre du tribunal. Comment pouvais-je m'attendre à cette sentence qui allait au-delà des réquisitions du parquet? Et ce, alors que le ministre de l'Aménagement du territoire, Bernard Pons, m'avait donné rendez-vous à son cabinet le soir du jugement?

En fait, je le compris plus tard, on avait volontairement et savamment entretenu un décalage me berçant d'illusion et d'espoirs afin de mieux me gérer et, par là même, de préserver mon silence. Le matin, j'étais salué par les gendarmes du ministère habitués à mes visites, y compris le dimanche, et reçu avec les honneurs dans le bureau du ministre, mais le soir j'entrais en détention pour deux ans encadré par les mêmes gendarmes. Brutal retournement de situation. Hélas, je n'avais retenu de ma première incarcération que la leçon sur l'argent et les « relations », il me restait à apprendre, monsieur le Président, celle sur le pouvoir et la façon dont celui-ci se débarrasse des importuns et des compromettants, pouvoir qui avait bien compris comment éviter que j'assimile trop vite. Du jour au lendemain, Bernard Pons, avec qui pourtant je me retrouvais souvent, ne se manifesta plus auprès de moi !

* * *

Mais la vraie cassure, celle dont j'explique le processus plus loin, eut lieu le 20 décembre 1996 lorsqu'on repoussa ma libération conditionnelle alors que toutes les assurances m'avaient été transmises. Je pris alors le parti de rompre avec la mouvance chiraquienne en modifiant mon équipe de défense. La réplique ne se fit pas attendre, et la reprise en main de mon dossier fut immédiate. La chancellerie décida, contre tous les avis, de me rapatrier sous sa coupe à la prison de la Santé, à Paris.

Mais ce qui vous trahit Monsieur le président, comme tous les politiques, c'est l'emploi des mêmes méthodes. Moi au secret, il convenait encore de me tenir en main, et d'orchestrer de nouvelles manoeuvres. Je vous avais écrit de nombreuses lettres en prison. Dès ma sortie, du reste, alors que j'étais dans un état psychologique et physique pitoyable, vos hommes essayèrent d'entrer en contact avec moi pour renouer le fil de tant d'années de relations.

D'autres procès devaient arriver, et mes déclarations devant les magistrats devaient être contrôlées.

Seulement voilà, je n'avais plus la moindre envie de replonger, et, à mon tour, j'avais appris la leçon et compris que les règles du jeu exigent qu'il n'y ait aucune règle! J'avais alors deux guides : ma juge d'application des peines[6] et le médecin psychiatre de l'hôpital Sainte-Anne. Ce que je vais révéler dans ces lignes est consigné dans mon dossier de suivi de conditionnelle, car, cette fois-ci, j'avais décidé d'informer ma J.A.P. de toutes ces manœuvres. J'avais retenu que mes alliés n'étaient pas mes « chers amis politiques » et que ma réinsertion les dérangeait, alors que les magistrats voulaient, eux, faire leur travail. Je confiais donc régulièrement au juge la nature des « pressions et sollicitations amicales » qui m'arrivaient par des voies détournées et dans lesquelles on pouvait deviner des pièges. Bien entendu, je m'en ouvris également à mon médecin qui, après beaucoup de réflexion, me conseilla, comme une sorte de thérapie, d'affronter les lieux que je souhaitais fuir.

***

Un « ami » m'avait ainsi fait comprendre que je devais prendre contact avec l'Élysée à travers le conseiller technique à la présidence de la République chargé des affaires de justice, Olivier Échappé, magistrat estimé, réorienté aujourd'hui au Secrétariat général de la Légion d'Honneur, lequel pourrait suivre mes dossiers et m'aider. Son travail, tout du moins pour ce qui me concerne, consista à

[6] J.A.P.

connaître les tenants et les aboutissants des instructions en cours, des procès à venir, à deviner l'attitude qui serait la mienne et à savoir si j'allais mettre en cause Jérôme Monod et solliciter sa convocation ou celle d'autres de vos proches lors de mon procès. Malgré les paroles rassurantes, je compris que sa marge de manœuvre était nulle. Le but du Château[7] était de me faire parler, de connaître mon état d'esprit et surtout de maintenir le contact.

Après plusieurs conversations téléphoniques, je fus donc reçu une première fois à l'Élysée, un mercredi de 1997. Détail cocasse, les services avaient oublié que c'était le jour du Conseil des ministres, et on m'avait demandé de me présenter à l'entrée située avenue Marigny. « Bévue » source de possibles commentaires assassins : j'aurais en effet pu me trouver nez à nez avec l'ensemble des journalistes présents sur place. Afin d'éviter cette gaffe, on me téléphona pour me demander de venir plutôt rue de l'Élysée. Bizarrement, c'était sur le portable qui m'avait été confié par un de mes amis, dont je n'avais jamais donné le numéro ! J'obtempérai et quand j'arrivai à la porte, avec la Twingo noire de mon frère qui m'avait accompagné, m'attendait une jeune femme de petite taille, fort sympathique, Raphaëlle Epstein, aujourd'hui madame Richard depuis son mariage. J'avais son numéro de ligne directe à l'Élysée : 01 42 92 89 16, écrit de sa main sur un papier de récépissé de remise de pli à en-tête de la présidence de la République. Autre leçon retenue de mes mésaventures : essayer de conserver des traces de mes contacts avec mes « chers amis

[7] Terme employé dans le microcosme pour désigner le palais de l'Élysée.

politiques », histoire de pouvoir me justifier le moment venu. La prudence est devenue chez moi une seconde nature tant, au cours de mon procès, des évidences n'ont pas été prises en compte, voire niées par les intéressés. Sa présence me permit de « m'exfiltrer », pour reprendre le vocabulaire des professionnels, c'est-à-dire de passer tous les filtres sans que mon nom soit marqué où que ce soit et par qui que ce soit. En voyant mon guide et son badge, les gendarmes chargés de la protection des entrées ne posèrent aucune question. Les regards des représentants de l'ordre étaient d'ailleurs pleins de surprise, d'abord en me voyant en ces lieux, ensuite parce que j'étais venu habillé comme en prison pour ne pas oublier, sous les dorures de la République, ce que j'avais enduré, mais aussi pour le rappeler à ceux qui allaient encore une fois essayer de m'endormir. Craignant d'être à nouveau envoûté par les ors du pouvoir, je transformai mon survêtement, mes baskets, mon vieil anorak noir en armure me protégeant du chant des sirènes. Rien que par ma tenue, j'étais une provocation et un défi. On me fit longer tout un ensemble de couloirs, grimper de petits escaliers étroits et, enfin, patienter dans un espace au bout d'un corridor.

De mon poste d'attente, j'ai pu entendre la conversation téléphonique d'un conseiller que j'ai cru reconnaître, Roger Romani, lequel expliquait à son interlocutrice, une certaine Xavière, qu'il s'occupait de tout. Je compris que ladite Xavière avait besoin de s'épancher et des reproches à formuler. Une rencontre était même prévue le lendemain au Château. Les propos me rappelaient ceux déjà entendus, maintes fois répercutés par mes avocats préférés, par le garde des Sceaux lui-même, ou par les multiples conseillers de l'Élysée : « Tout va très bien, madame la marquise. »

Monsieur Échappé vint me chercher et m'introduisit dans un petit bureau bas de plafond. En chemise, entouré de multiples dossiers étalés partout, il prit la peine de venir s'installer à côté de moi, attention destinée à me montrer que j'étais un « privilégié ». La chose qui l'intéressait, à mots couverts, c'était de savoir quelle serait mon attitude dans le procès dit de la SDEI (filiale de la Lyonnaise des eaux), et plus précisément vérifier si j'avais toujours l'intention de demander la convocation de Jérôme Monod à titre de témoin. Rassuré par ma réponse, il me questionna sur mes souhaits – ma réponse fut simple : retrouver mes enfants aux États-Unis et m'éloigner de tout mon passé –, puis il s'ouvrit à moi de la campagne qu'il menait pour prendre une circonscription, à Nogent-sur-Marne, aidé en cela par son prédécesseur, Roland Nungesser. Par ces confidences, il tenait à me montrer que l'Élysée m'avait en considération, qu'on me recevait, qu'on m'écoutait, qu'on était attentif à mes questions. À mes remarques désabusées sur le comportement pitoyable des hommes politiques, il répondait par des acquiescements. Une attitude qui aurait sans doute marché avec le Botton d'avant sa deuxième incarcération, mais certainement pas avec celui qui venait de subir six cent deux jours de prison. Fini. Après cette entrevue, le conseiller dut rédiger une note pour décrire mon état, expliquer mes intentions et conclure sur la nature du « risque » que je représentais. Il me glissa en partant qu'il conservait dans son coffre la totalité des lettres manuscrites que j'avais envoyées au chef de l'État durant ma détention et les pièces qui, parfois, les accompagnaient. Dans le souci de sincérité qui m'anime pour ce livre, je produis la seule que j'aie pu conserver. Je laisse à l'Élysée le soin de publier les autres s'il le souhaite, ainsi que les documents les accompagnant, dont la plupart se trouvent dans la chapitre consacré à l'ancien garde des Sceaux.

« Monsieur le Président,

La Commission d'application des peines s'est réunie, hier 19 décembre ; le parquet a demandé l'ajournement après les résultats du procès du 16/01, la Juge d'application des peines a définitivement rejeté, tout le reste de la commission était très favorable.

À l'heure actuelle, je n'ai plus aucun espoir de libération avant la fin de ma peine. J'ai écrit aujourd'hui à monsieur Monod pour étudier une autre ligne de défense pour le 16/01.

À l'heure actuelle, en France, il y a deux pouvoirs : le vôtre, président de la République et celui des juges. Depuis dix ans, dans les moments les plus difficiles, j'ai toujours été à vos côtés, quel qu'en soit le prix.

Aujourd'hui, pour retrouver ma liberté, je dois obligatoirement trouver un allié franc, sincère et efficace qui ne peut être que vous ou le pouvoir judiciaire.

Vos collaborateurs, vos ministres doivent établir un contact permanent, franc et constructif pour trouver une réelle solution qui ne m'oblige pas à renier dix ans d'effort, de conviction, de fidélité et d'amitié.

J'attends, dans cette période très pénible et très difficile, un signal aussi fort que mes multiples preuves de fidélité, d'action concrète que j'ai menée à vos côtés sans jamais faillir.

Laisserez-vous le pouvoir judiciaire détruire le parti que vous avez créé, vos fidèles, et prendre la place du pouvoir politique?

Je vous prie de croire, Monsieur le Président, à ma fidélité et à l'expression de mon amitié. »

À la relecture de cette missive, je me rends compte, monsieur le Président, de mon incrédulité. Ayant trop longtemps baigné dans le monde politique et le mouvement gaulliste, je croyais que le pouvoir agissait sur les juges. C'était me bercer d'illusions. D'abord parce que beaucoup sont indépendants, ensuite parce que le pouvoir, et l'Élysée en particulier, n'intervient que lorsque le feu est vraiment aux portes de la maison, quand ceux qui sont en cause peuvent vraiment vous faire courir un danger direct. Je vous avais servi, mais je ne servais plus à rien. Il fallait me border mais non m'aider. Intervenir, pour moi, c'était un aveu de culpabilité des vôtres, et me laisser croupir, c'était me maintenir au silence. Toujours est-il que cette visite à l'Élysée avait fini de me dégoûter : que l'on puisse continuer à se comporter ainsi avec un homme cassé, détruit comme je l'étais me semblait affligeant. Je n'en veux pas à tel ou tel conseiller, mais au système, aux méthodes.

* * *

Mes contacts avec l'Élysée ne s'arrêtèrent pas là. Ils reprirent de plus belle à l'approche de mon procès. Je ne répondais pas aisément à ces sollicitations, écœuré par tout ce que l'on m'avait fait croire. Bien entendu, cette réunion ne m'apporta rien, mais j'espérais, ayant comblé les attentes du Château, qu'on me laisserait tranquille ensuite. Ce ne fut évidemment pas le cas ! En effet, comme je ne manquais jamais, au cours de conversations ou à travers des articles de presse, d'exprimer mon dégoût du monde politique et du comportement de ceux qui y nagent, les approches et convocations variées recommencèrent. Je rejetais de telles méthodes, mais, comme lors d'une rééducation après un accident de la route, il me fallait remonter dans la voiture, réapprendre à conduire, en somme revoir ces gens afin d'être définitivement guéri. J'eus donc droit à un nouvel entretien à l'Élysée. Mais cette fois, on me fit entrer par la grande porte ! On me précisa même que confirmation avait été donnée par la hiérarchie de me faire arriver par la rue du Faubourg-Saint-Honoré. Je passai donc sous un portique. On me remit un badge, je longeai à nouveau des couloirs pour me retrouver dans le même bureau que la fois précédente. Il n'y eut rien de nouveau dans la conversation, si ce n'est que mon « ange gardien » présidentiel souhaitait connaître les raisons de mes déclarations tonitruantes. Je lui expliquai que j'avais souffert, que j'avais aidé les hommes installés à de hauts postes à y accéder, et ce à une époque où lui-même devait être bien au chaud je ne sais où. Que, depuis des années, je n'avais cessé d'apporter mon soutien, et pas seulement financier, aux uns et aux autres, allant jusqu'à me présenter contre Michel Noir aux élections, que j'avais assumé ce choix à un moment où peu de personnes, notamment celles à l'Élysée aujourd'hui, trouvaient du charisme à Jacques Chirac, et que l'on aurait pu, au moins, s'occuper dignement de mes enfants ou m'envoyer un petit mot de soutien. Devant ce flot de récriminations, le brave conseiller perdait pied. Il semblait ne pas avoir été informé de mon degré d'intimité avec le chef de l'État et son proche entourage. On avait dû me présenter comme un mythomane, ou une grenade qu'il fallait dégoupiller en se servant des promesses habituelles. Peu familier d'un discours aussi direct et riche d'exemples concrets, il pataugea tellement qu'il avança l'idée, saugrenue, de faire venir mes enfants un samedi à l'Élysée pour un goûter, en m'assurant que le Président viendrait leur rendre visite. Je crus rêver. Ce pauvre homme n'était visiblement pas à l'aise. Il ne resta d'ailleurs pas longtemps à son poste... Ce qui ne m'empêche pas de vous livrer, monsieur le chef de l'État, si vous avez oublié jusqu'à son nom, son numéro à l'Élysée : 0142928451 et celui de son portable 06 08 57 0... [8]. Mais, comme on comprit en haut lieu qu'on ne me musellerait pas aussi aisément que prévu, les sollicitations redoublèrent. Toutefois, je refusai désormais d'y répondre.

Quelque temps plus tard, coïncidence ou non, alors que je marchais avec une amie à hauteur du 16, de l'avenue Paul-Doumer, une Peugeot cabriolet stoppa à notre hauteur. Une femme, se présentant comme ayant des connaissances communes, en descendit. Elle me déclara s'appeler Dieudonné-Foccart, être la fille de Jacques Foccart dont je connaissais le passé aux côtés du général de Gaulle et la longue présence au côté du chef de l'État. Sur ce, à ma grande surprise, elle m'affirma que je devais absolument prendre contact avec l'Élysée qui voulait m'aider et que je ne devais surtout pas couper les ponts. Brièvement, dans la rue, je lui fis comprendre que son

[8] Pour des raisons de protection de la vie privé que le lecteur comprendra, la loi oblige à ne pas divulguer ce type de numéros de téléphone en intégralité.

discours sur les personnalités RPR souhaitant me soutenir n'était pas neuf et, pire, que je savais ce que cela signifiait. Interloquée, elle me demanda ce que je voulais. Rien de spécial, répondis-je, ma famille étant installée aux USA, je désirais seulement la rejoindre et poursuivre le travail qui m'avait permis de sortir de prison sous contrôle de la justice. Alors elle m'affirma qu'il fallait que je donne à l'Élysée un double de mon dossier de demande de visa, parce que cela rentrait dans les compétences du Château. Elle me confia aussi son numéro de téléphone, 01 40 16 4…, et celui de son portable, 06 85 50 7…[9], en me disant que pour moi, elle était joignable 24 heures sur 24. Pour vérifier cette information surprenante, je téléphonais au secrétariat de monsieur Échappé, lequel avait alors quitté ses fonctions. On me passa le secrétariat général qui m'expliqua que mon cas était désormais suivi par madame Anne Duthilleul (01 42 92 84 11), bizarrement en charge de l'industrie, laquelle, contactée, ne parut pas surprise de m'entendre et me confirma qu'il lui fallait un double de mon dossier de demande de visa de travail L1, afin, selon ses termes, d'« éviter une catastrophe ».

Un nouvel espoir de rejoindre mes filles m'envahit. Peut-être allait-on enfin m'aider. Erreur, grossière erreur, monsieur le Président. Car mal m'en a pris. En effet, alors que l'administration américaine m'avait accordé ce visa, le consulat américain en France, après vingt-neuf jours de réflexion (délai pour le moins inhabituel), refusa ce dernier, assortissant son veto d'une interdiction de remettre les pieds sur le territoire américain. Une fois de plus je m'étais fait

[9] *Ibid.*

berner. La logique restait toujours la même : me garder sous contrôle. Or, aux États-Unis, je n'étais plus sous la férule des uns et des autres.

Le coup de grâce vint, monsieur Chirac, quand j'appris que le bulletin n° 1 de mon casier judiciaire, réservé normalement au parquet, aux magistrats ou au ministère de la Justice, avait été communiqué aux Américains[10]. Et ce en violation de toutes les lois françaises. La Ligue des Droits de l'Homme interpella d'ailleurs le garde des Sceaux à ce sujet en dénonçant ce geste indélicat qui ne facilitait pas ma réinsertion. Je reçus cette énième trahison comme une déclaration de guerre. On ne voulait pas que je parte pour me garder sous sa coupe, eh bien on allait regretter que je reste !

Habilement, soucieux d'appliquer la leçon retenue, je fis croire à mes adversaires que j'étais d'accord pour coopérer. Mais je voulais surtout utiliser leurs promesses pour les piéger et dénoncer leur ultime manipulation. C'est dans cet esprit que, sur suggestion d'un énième nouveau conseiller de l'Élysée, je fis une demande d'intervention, à laquelle il me fut répondu de la manière suivante :

« Présidence de la République.
Le Conseiller technique,

Paris, le 12 février 1999.

Monsieur,

Vous avez, par lettre en date du 28 janvier dernier, informé le président de la République du refus de visa notifié par l'ambassade des États-Unis.

[10] Voir lettre du service du casier judiciaire national.

Le souhait que vous aviez formulé de refaire votre vie aux USA se trouve donc malheureusement contrecarré par cette décision.

Cette situation est pour vous particulièrement éprouvante, toutefois elle résulte d'une décision prise par une administration relevant d'un État étranger.

Il vous incombe éventuellement de contester cette décision en saisissant à nouveau l'Office of Visa Services.

Je vous prie d'agréer, Monsieur, l'expression de mes sentiments les meilleurs. »

Cette lettre permettait de justifier les contacts précédents établis avec moi !

* * *

Parce que, dans ces quelques lignes consacrées au chef de l'État, je sais que ce sera parole contre parole, je me dois d'apporter des éléments tangibles, vérifiables et précis, qui attesteront que mes liens avec le président de la République ont bel et bien existé, qu'ils ne sont pas le fruit de mon imagination, et que c'est bien moi qui ai décidé de mettre un terme aux relations délétères que j'avais entretenues avec ce milieu politique qui pratique la trahison et la manipulation. Or ma parole aura bien peu de poids face à celle d'un chef d'État et d'une armée de conseillers, pris pourtant la main dans le sac, mais qui chercheront à se dédouaner.

Si tout ce que je dis est faux, si je n'ai jamais eu aucun contact avec l'Élysée, si l'on ne m'a jamais demandé de solder ces factures d'imprimerie, de payer ces repas, ces banquets, ces voyages, d'écrire ces lettres, de me présenter à une élection, d'organiser des déjeuners, des dîners, de livrer quelques conseils, alors que l'on m'explique pourquoi j'ai été contacté puis convoqué à deux reprises au palais présidentiel ? Pourquoi a-t-on pris le risque d'une telle rencontre ? Pourquoi trois conseillers ont-ils été successivement en charge de mon dossier ? Par grandeur d'âme ? Ce serait bien la première fois que cette qualité existe en politique ! À la publication de cet ouvrage, quelle sera d'ailleurs la réaction du Château ? Comme d'habitude, l'« entourage » testera les médias en laissant filtrer des informations diverses du type « tout cela n'est pas vrai, il est parano », « vous savez, ce n'est qu'un tissu de mensonges ». Ou bien on ne fera aucun commentaire, le Président refusant de s'abaisser à répondre aux « racontars » d'un ancien détenu. Et puis, si mes propos suscitent débat, on tentera des alliances pour me discréditer et on lancera des attaques personnelles. Un classique.

Mais ce qui m'importe, c'est le public. Aussi, pour crédibiliser la totalité de mon récit, de mes souvenirs, je veux lui présenter tout un ensemble d'informations qui ne datent pas de Mathusalem mais seulement de ma sortie de prison et, pour la dernière, de mars 1999. Afin de bloquer d'avance les éventuels démentis, je veux dévoiler ici le contenu d'une conversation téléphonique que j'ai eue avec le dernier des conseillers élyséens à m'avoir géré. Il s'agit de Jean-Claude Antonetti, magistrat, ancien chargé de mission au cabinet du garde des Sceaux (1986), ancien conseiller technique au cabinet d'Alain Juppé (1995-1997), et conseiller technique en charge des affaires de justice auprès de Jacques Chirac. Lui, comme les autres, s'est vu confier une tâche impossible.

Par avance, parce que je vais relater la teneur de cet entretien dans le détail, je lui présente toutes mes excuses car on ne manquera pas en haut lieu d'affirmer qu'« il a agi de sa seule autorité » et qu'il risque de sauter, comme tout bon fusible qui se respecte. Je sais de quoi je parle.

Après lui avoir expliqué que monsieur Moore, chef du département immigration du consulat des États-Unis, m'a informé que ma demande de visa « partait avec un avis défavorable » et que « c'était Washington qui avait la décision finale, alors que Washington avait déjà répondu non », j'interroge le conseiller sur ce que je dois faire.

Embarrassé, il me renvoie la balle en disant : « Moi, il y a un truc que je ne m'explique pas. Pourquoi ne veulent-ils pas vous délivrer un visa de touriste puisque c'est ce qu'on leur demandait. Où est le problème pour eux ? » Ce à quoi je réponds : « Le problème, c'est que j'ai coché la case prison. Qu'ayant coché la case prison, ils ne savent plus comment s'en sortir. Et qu'ils ont changé les motifs de rejet je ne sais combien de fois. » Et de lui conseiller d'intervenir sur Washington afin que ma demande soit étudiée avec bienveillance. Gêné, il m'explique : « Vous savez, ce doit être un fonctionnaire du département d'État qui doit regarder ça. » J'insiste : « Oui, mais si on lui suggère de regarder le dossier parce que le chef de l'État français demande de lui accorder attention dans la mesure où il s'agit d'un visa de tourisme d'une durée de trois semaines ? »

Le conseiller botte alors en touche : « Je ne m'explique pas pourquoi, dit-il, le consul vous demande, à vous, si vous voulez que l'on envoie ou non votre demande. C'est bizarre. » Il insiste : « Vous avez demandé pourquoi ce nouveau refus ? » Condamnations trop récentes, m'avait-on répondu. Ne sachant comment se sortir de ce cas complexe, il m'interroge : « Est-ce que vous n'auriez pas intérêt à ce que votre avocat vous tire un argumentaire appuyé en droit américain ? » Belle idée que je n'avais pas eue ! Et d'insister : « Votre avocat aux États-Unis connaît la procédure américaine sur l'admission des étrangers, il doit donc savoir qu'il existe des dérogations. Cette histoire de condamnation a déjà dû être évoquée. Je pense que le mieux serait de contester à partir d'un mémoire fondé en droit sur les motifs que vous avez à obtenir un visa de touriste. »

Trouvant que ce palabre vire à l'argutie juridique, je lui assène : « Tout cela, c'est de la défense, de la cuisine. Je ne vais pas vous faire perdre votre temps car ma question est simple : "Est-ce que l'Élysée intervient pour moi, oui ou non ?" Voilà, et vous êtes en train de me dire non.» Brusqué de la sorte, le conseiller a cette phrase superbe : « Attendez, l'Élysée n'intervient que quand la situation est désespérée, pour le moment, ce n'est pas le cas. » Autrement dit, le palais présidentiel se mêle bien des affaires particulières, mais seulement quand il y a péril en la demeure. Que je n'obtienne pas de visa ne semble pas les émouvoir plus que cela. Donc, pas d'intervention. Soit.

Je lui fais alors remarquer que la conseillère qui avait géré mon dossier avant lui me disait toujours : « Donnez-moi votre dossier avant qu'on ait une situation catastrophique. » Et lui de me sortir cette banalité : « Enfin tant qu'il y a de la vie, il y a de l'espoir. »

Un peu agacé de le voir louvoyer, je reviens à la charge. « Je ne sais pas quelle est votre fonction à l'Élysée, lui dis-je, je ne vois vraiment pas de quoi vous êtes chargé. » « Je m'occupe des problèmes de justice en général », répond-il. « C'est quand même signe que l'on vous a donné mon dossier ? », lui rétorqué-je. « Moi, je m'occupe des problèmes de justice, évidemment concernant l'application du droit américain aux USA pour des étrangers qui ont été condamnés. Bon, là, je dois vous dire que c'est la première fois que l'on a ce type de... »

La conversation s'enlise. Aussi, j'insiste et lui demande si dans mes démarches je vais avoir « l'Élysée à mes côtés ». Et je l'incite vivement, alors que tant de conseillers interviennent d'ordinaire pour les uns ou les autres, de donner un coup de fil au consulat afin de m'appuyer. Jean-Claude Antonetti prononce alors une nouvelle phrase qui me laisse pantois : « Écoutez, rien n'est neutre quand on intervient, il y a toujours une signification politique... Vous seriez Jean-Paul Durand, aucun problème, mais vous vous appelez Pierre Botton. » J'ai beau lui expliquer qu'il peut intervenir en ayant le soutien de la Ligue des Droits de l'Homme et de l'Observatoire international des prisons, rien n'y fait. Je ne suis pas quelqu'un comme les autres.

La conversation se poursuivit. Jean-Claude Antonetti m'assura que « le Président était informé ». Comme je lui expliquais qu'il était informé parce qu'il lisait les journaux, il me répondit : « Non, c'est moi qui l'informe personnellement. Je peux vous assurer qu'il suit votre dossier. »

Alors, vous suivez mon dossier, monsieur le Président, j'en suis bien aise!

Il y eut même une autre conversation alors que je me retrouvais avec mes enfants à l'étranger lors des vacances de Pâques 1999, discussion devant témoins. Chaque fois, l'origine de ces appels était la même : les fuites dans la presse relatives à mes relations avec Jacques Chirac, puis l'ouverture de mon site Internet[11]. J'avais décidé de parler, mais on aurait aimé que je me taise.

* * *

Comme beaucoup de militants, monsieur le Président, le 8 mai 1995 j'ai espéré en un nouveau départ pour la France. J'ai bêtement cru à votre discours sur l'administration toute-puissante, sur les énarques, sur la fracture sociale. Comme les autres, j'ai écouté vos promesses et j'ai été déçu. Déçu par l'homme, déçu par le politique, déçu par vos méthodes et celles des vôtres. Depuis, chaque jour, nous voyons les dégâts dans votre propre camp et chez vos amis. L'opposition n'existe plus, et vous « tuez » systématiquement toutes les têtes qui dépassent sans jamais vous salir les mains. Oui, je le reconnais, j'ai honte de m'être battu pour vous. J'ai honte d'avoir fait des fausses factures, d'avoir ainsi dépensé mon argent, mon temps et mes espoirs.

Pourquoi ce chapitre? Parce qu'il y a un moment où trop, c'est trop. J'aurais voulu quitter ce milieu, éviter de vous voir sur mon écran de télévision, éviter de vous entendre

[11] http//www. pierrebotton. com

dire n'importe quoi parce que cela vous arrange, éviter d'assister à la mise en pratique de cette stratégie de communication que vous dénigriez lorsque je la mettais en musique pour Michel Noir, mais qu'aujourd'hui vous avez poussée à son paroxysme. Je ricane en vous voyant faire des photos avec votre petit-fils, au mariage de vedettes du show-business qui pourtant ont exprimé publiquement leur déception, ou encore en chaussettes au fort de Brégançon…

Je ricane et je mets des éléments sur la table pour me laver du soutien que je vous ai apporté. Et puis, comme je suis l'actualité et que j'observe nombre de vos fidèles pris dans les mêmes pièges que ceux que vous avez utilisés à mon égard, j'ai envie de les avertir de ce qui va leur arriver. Parce que je ne partage pas les peurs et les recommandations de ceux qui estiment que « l'on ne s'attaque pas au président de la République », je peux parler. Non pour attaquer, mais pour me défendre.

Voilà, monsieur le président de la République, j'ai le cœur soulagé. Cela ne vous touchera pas puisque vous êtes au-dessus de tout, même des lois. Je vous souhaite une bonne carrière, une réélection dans un fauteuil. Pour ma part, pendant les deux dimanches consacrés à votre tant espérée réélection, je trouverai une autre occupation m'évitant de vous voir aller fièrement voter devant toutes les caméras de télévision…

COLUCCI VÉRONIQUE : LA DAME DE CŒUR

Présidente des Restos du cœur.
Mère de Marius et Romain, les fils de Michel Colucci, dit « Coluche ».

Je vis Véronique Colucci pour la première fois un sombre jour de juin 1986. Un « putain » de camion avait renversé son mari, mon ami, et c'est autour de son cercueil que nous nous rencontrâmes. Michel parlait peu d'elle et de ses enfants. Je savais seulement qu'ils étaient séparés et que son ex-femme vivait à proximité de chez lui. Très peu de mots furent échangés en ce triste jour. J'avais dû prendre des décisions horribles concernant la dépouille mortelle de Michel, obligations d'ordinaire réservées à la famille[1]. Par la soudaineté du décès, l'éloignement et l'effervescence ambiante, je m'étais retrouvé à décider pour les autres. Tout

[1] Voir le chapitre consacré à Paul Lederman, impresario de Coluche.

ce qui suivit fut insensé, réellement insensé. La remontée du corps seul dans le corbillard pendant tout le parcours Grasse-Paris, l'arrivée au domicile de la rue Gazan, le défilé des anonymes et du Tout Paris de la politique, la maman de Michel, Monette, le trajet pour aller à l'église, et enfin au cimetière de Montrouge où repose Coluche. De ces quelques jours, je me souviens d'images, mais non de rencontres. Dans ses vives discussions avec Paul Lederman, je découvris une femme, vraie, forte, sûre de son amour pour son ex-compagnon. Une mère aussi. Elle ne pensait qu'à préserver ses deux garçons et l'image de leur père. Je pense que Véronique avait une grande lucidité sur lui, connaissant mieux que personne ses défauts, sans doute nombreux, mais aussi ses immenses qualités.

Véronique a toujours trouvé suspecte mon amitié avec Michel. Sans doute parce qu'elle n'a jamais pu constater notre complicité, et parce que nos différences étaient tellement énormes qu'elle a mis un certain temps à admettre la sincérité de ma démarche et la place que tenait Michel dans ma vie. J'avais été contacté, après son décès, par un artiste souhaitant ériger une statue, à Montrouge je crois. De ce fait, je m'étais ouvert à elle de ce projet, elle qui après la disparition de Coluche était devenue la gardienne du temple. Je sais qu'elle détestera cette expression, mais c'est bien le rôle qu'elle joue depuis, avec autorité et passion. La succession de Michel n'était pas évidente, des dettes fiscales énormes, sans doute égales à celles que je laisserais moi-même à mes enfants si je décédais aujourd'hui. Une image immense, une personnalité hors du commun, des actions lancées tous azimuts de son vivant, des engagements dans tout, mais, finalement, une image brouillée. Il a fallu que Michel disparaisse pour que l'on reconnaisse son immense cœur, la place incroyable qu'il avait prise dans la société et l'élan qu'il avait pu donner à la solidarité. Ce que nous devons au patrimoine qu'il a laissé, à son talent, mais également à l'action de Véronique. Je lui tire vraiment mon chapeau, car rien n'était facile. Je le dis d'autant plus aisément que je me suis trouvé à plusieurs reprises en total désaccord avec elle, et reconnais volontiers qu'à une exception près, elle a toujours eu raison. Ainsi, lors de la découverte de la statue, qui représentait Michel à terre, un symbole qui sur l'instant me parut très fort, elle se métamorphosa en veuve pleine de passion qui opposa un veto catégorique à toute utilisation de l'œuvre en question. Elle refusa de voir figé dans l'éternité un Coluche représenté à terre.

* * *

Mais la scène la plus surprenante eut lieu dans un restaurant libanais de l'avenue François Ier qui n'existe plus aujourd'hui : El Amir. Comme j'y avais mes habitudes, Véronique me demanda d'y organiser un déjeuner en présence de tous ceux qui comptaient dans l'entourage des Restos du cœur. Je ne me souviens pas de tous les participants. Comme elle souhaitait évoquer l'avenir de l'association, la conversation fut vive, très vive même. Les Restos, depuis le décès de Michel, faisaient l'objet de l'attention de Paul Lederman, mais les rapports de Véronique avec l'imprésario n'étaient pas excellents. Le climat de suspicion se révélait particulièrement lourd depuis la parution dans *Paris-Match* d'une photo de Michel dans son cercueil, cliché que la majorité des personnes présentes à sa mise en bière avait refusé de laisser prendre. Lors de ce déjeuner, de multiples solutions furent avancées : certains suggérèrent la reprise de la présidence par Yves Montand ou Yves Mourousi, quand, moi, j'étais en faveur d'un abandon. Et ce parce que personne ne me paraissait avoir la carrure nécessaire pour reprendre l'héritage de Coluche, lui-même ayant toujours souhaité que son association serve simplement de coup de pouce, les pouvoirs publics étant censés prendre le relais. Par ailleurs, je pensais sincèrement qu'aucun successeur n'était capable d'avoir la même aura auprès des médias et des politiques afin de mener à bien l'opération. Véronique écouta les uns et les autres puis, avec détermination, défendit son point de vue : perpétuer, grâce à tous les bénévoles qui l'avait soutenue depuis le début, l'œuvre de Michel. Je n'étais pas de cet avis, mais cela ne m'empêcha pas de l'aider chaque fois qu'elle me le demanda. Aujourd'hui, lorsqu'on voit le résultat, je lui dis : « Chapeau Véronique ! »

Elle était sans doute, à la vérité, la mieux à même de préserver le patrimoine de Coluche face aux requins qui tournaient autour. Il est vrai qu'il y a chez elle une détermination, une volonté, une intelligence, une finesse rares. C'est aussi une femme qui peut devenir très dure, notamment dès que l'on touche à ses enfants. Toujours est-il que je garde le souvenir d'une personne en permanence sur le qui vive, prête à déceler la moindre récupération de la mémoire de son mari. Son intelligence est exceptionnelle, ce que je ne suis pas le seul à dire.

* * *

Mais venons à 1986, année où Michel Noir était ministre du gouvernement Chirac tandis qu'Alain Juppé dirigeait le Budget. Véronique militait alors pour que soit votée la « loi Coluche » permettant de déduire de ses impôts les sommes versées aux organisations humanitaires. Elle m'en parla avec ferveur et je pris l'engagement de faire tout ce qui était en mon pouvoir pour promouvoir cette idée auprès des ministres concernés. Mais je savais que cela ne serait pas aisé puisque nous étions en pleine cohabitation et que les rapports entre la gauche et la droite n'étaient pas au beau fixe. D'autant que c'était aussi l'époque où le gouvernement Chirac tentait de séduire les électeurs du Front national, alors que Michel Noir estimait qu'il valait mieux « perdre les élections que son âme ». Je sollicitai donc Alain Juppé qui me donna son aval, allant même jusqu'à enregistrer un message pour la première émission destinée à récolter des fonds au profit des Restos. Hélas, cette promesse ne fut pas suivie d'effet, Alain reconnaissant quelques années après devant Florence Belkacem qu'il s'agissait de sa plus grande erreur lors de son passage au Budget.

Cette première émission post-Coluche fut un grand moment. Tout le showbiz était venu aider Véronique. Le principe était simple : quelques tables rondes, des invités qui s'expriment, des chansons et des clips. La veuve de Coluche avait souhaité la présence de ministres du gouvernement Chirac, mais, vu le soutien affiché par Michel à François Mitterrand en 1981, puis des nombreux contacts existant avec l'Élysée, personne ne se bouscula au portillon. Tous eurent peur de se faire massacrer en direct par les artistes choyés par le chef de l'État. De plus, Coluche semblait de gauche plus que de droite. Juppé se contenta alors de son reportage. De mon côté, regrettant les défections, je décidai finalement Michel Noir, pourtant réticent, à être le seul représentant du gouvernement. Le pari était audacieux mais jouable : il devenait une cible privilégiée mais pouvait gagner la partie. Avec Véronique, je l'assurai que je servirais de garde-fou. Malheureusement, le direct ne respecta pas nos précautions. Guy Lux présenta l'émission, assisté de Patrick Sébastien et de Fanfan. Les tours de table se succédaient quand arriva le tour de Michel Noir : il fut immédiatement pris à parti par Miou-Miou. Avec virulence, l'actrice accusa le gouvernement de tout faire pour empêcher la loi Coluche. Le ministre du Commerce extérieur, furieux de ce qu'il interpréta comme un guet-apens, s'en prit à moi. Je lui assurai que sa présence servirait son image et donnerait un aspect populaire à sa démarche politique, ce qui se confirma. Malheureusement, la droite n'alla pas au bout du projet de loi. Comme tant d'autres promesses, celle-ci tomba aux oubliettes, augmentant le nombre d'électeurs déçus. Au final, à force d'engagements non tenus et de tiraillements de la majorité, Jacques Chirac perdit l'élection présidentielle de 1988, avec dix points de retard sur son concurrent. Pardonnez du peu!

La gauche fut, elle, fidèle à ses engagements. Ce qui fit entrer dans ma vie l'un des personnages les plus puissants et controversés de la République mitterrandienne : Michel Charasse. Je me suis déjà expliqué sur mes rapports avec cet homme dans le livre *Lettre ouverte d'un bouc émissaire à deux ministres intègres Tapie Bernard et Charasse Michel*, je n'y reviendrai donc pas, la page étant tournée. Je n'ai aucun attrait pour le personnage, mais force est de constater qu'il a, en la circonstance, été d'une loyauté extraordinaire envers Coluche et Véronique. J'admets que, plus intelligent que d'autres, il fit voter la loi Coluche et restera dans la mémoire collective associé au nom de l'artiste. Qu'il s'agisse de tactique politique ou de fidélité importe peu, je lui tire mon chapeau. Toujours est-il que, là encore, la volonté de Véronique a fait merveille.

* * *

Lorsque Michel est décédé, j'ai été amené à régler la totalité des frais de son enterrement, information que je n'avais jusqu'alors jamais révélée. Je puis en faire état aujourd'hui puisque cela ne m'apporte rien, mais surtout parce que cela me permet de narrer la force qui anime l'épouse de Michel. Car, quelques années après, alors que j'étais dans mon appartement de la rue de Berri, je la vis arriver après m'avoir donné un rendez-vous mystérieux ! De taille moyenne, les cheveux longs et frisés, châtains, elle débarqua en trombe, un chèque à la main. Comme je ne comprenais pas, elle m'expliqua que sa situation financière lui permettait enfin de rembourser les frais des obsèques. Je lui fis remarquer que jamais je ne lui avais demandé quoi que ce soit, mais j'en déduisis que, par ce geste, elle souhaitait ne rien devoir à personne. Je déchirai le chèque en lui expliquant que ce n'était certainement pas à elle de le faire. À partir de ce jour, une autre relation s'installa entre nous. Elle a entrouvert la porte de sa confiance. Je pense qu'avec le temps elle a compris que mon attachement à Michel, pour court qu'il fût, était fort et sincère.

Le premier signe de sa confiance est apparu lorsqu'elle dut vendre aux enchères les voitures de Coluche afin de faire face aux dettes fiscales qu'il avait laissées, puisque c'est au producteur et réalisateur de *Tchao Pantin*, Claude Berri, et à moi, qu'elle fit appel. Malheureusement, si j'ai acheté la Bel Air décapotable 1955 orange avec laquelle l'acteur tourna *La Vengeance du serpent à plumes*, je dus plus tard m'en séparer pour payer mes propres arriérés. Je le regrette encore car j'aurais aimé l'offrir à Romain et Marius pour leur majorité.

Par la suite, j'ai toujours répondu présent aux ventes au profit des Restos du cœur, comme celle qui eut lieu sous les caméras de TF1, durant laquelle le ministre du Budget d'alors, Michel Charasse, mit en vente ses bretelles pour deux cent mille francs. Pour ma part, je me portai acquéreur d'une moto et du trophée que Michel obtint en devenant recordman du monde de vitesse en Italie. Parfois, par inadvertance, j'ai participé à des manifestations au profit des Restos sans distinguer celles qui utilisaient le souvenir de Michel comme affaire commerciale. Alors, Véronique me tança chaque fois avec franchise. Elle souhaitait tout maîtriser, contrôler, afin de préserver la mémoire de Michel. Lorsqu'on voit le résultat, il n'y a rien à en redire.

Sa confiance se traduisit près de trois ans et demi après le décès de Coluche lorsqu'elle m'envoya une fantastique lettre pour la fin de l'année 1989 :

«Mon cher Pierre,

Les mots sont faibles pour te dire combien la constance de ton aide et de ta générosité m'est essentielle pour être debout, avancer, courir... vivre!

À présent que s'achève pour moi cette aventure des Restos, je peux te dire, débarrassée de toute ambiguïté, que du fond du cœur je te remercie et que cet hommage sans faille que tu rends à Michel, à travers ses fils, les Restos, ou moi, est la plus belle preuve de ton amitié pour lui ! Tout au long de ces années difficiles, ton attitude n'a fait que confirmer ce que j'avais pressenti – et écrit je crois –, et si l'expression de ta tendresse s'est parfois costumée des atours d'un jeune ours maladroit, c'était d'autant plus émouvant…

Alors, à mes intenses et sincères remerciements se joignent mes souhaits que l'année neuve confirme pour toi et ceux que tu aimes tous les espoirs dont elle est chargée ! Je t'embrasse. »

Cette lettre, lorsque je la relis, me fait du bien, car je sais que, si j'ai donné, parfois maladroitement, parfois trop, souvent pas aux bonnes personnes, c'est parce que j'ai été humain. J'aurais pu, dans la tourmente, produire ces courriers pour montrer aux autres qui j'étais vraiment, mais, à force de m'entendre dire que j'étais un démon, j'avais fini par le croire. Cependant, le plus émouvant message dans cette carte de vœux est écrit par Romain :

« *Ma chambre est pleine d'objets qui me font penser à toi, me dit-il, et c'est super-sympa de savoir qu'on peut toujours compter sur toi.* »

Les mots de Véronique arrivèrent toujours au bon moment. Pour me remonter les bretelles comme pour me soutenir. Lorsque je lui appris ma candidature aux élections législatives de Lyon en février 1991, elle m'écrivit ceci :

« Le 3 janvier 1991.

Mon cher Pierre,

N'en conçois aucune rancœur, je pense que tu vas perdre. C'est dommage pour ton idée, mais pas nécessairement pour ton ego. De toute façon, mon amitié ne souffrira pas de ce genre de pari stupide… Si jamais tu gagnes, puisse ce mot se référer à un certain déjeuner de l'automne 86 Al Amir.

Bézés, bézés, à un pourri-tique pas si-nique que ça ! »

Quelle lucidité ! Dix jours après mon incarcération en détention préventive, je reçus un autre courrier :

« Je t'écris ce mot, parce que, quelles qu'en soient les causes, je pense qu'il doit être très pénible d'être incarcéré. Sans doute ne m'accorderas-tu pas raison, mais à lire la presse, il ne m'apparaît pas que ce qui t'est reproché ait à voir de quelque façon que ce soit ni avec la politique, ni même avec la démocratie. Ainsi que, lorsque je ne croyais pas à ta candidature contre ton beau-père, sois sûr qu'ici encore je me suis fait mon avis toute seule. Je ne sais quoi faire pour t'aider, mais je suis là. Ne perds pas courage. Je t'embrasse. »

Quand tant de personnes m'abandonnaient, Véronique me disait : « Je suis là ». Des mots qui n'avaient pas de prix.

Elle n'oublia d'ailleurs pas de m'écrire dans les moments importants, comme lors de mon premier Noël en détention : « *Ce n'est pas un bon Noël que je peux te souhaiter, étant donné l'adresse où je t'envoie ce courrier… Sache pourtant que je pense à toi et que j'espère que 1993 sera meilleure pour toi et ceux que tu aimes.»* Au cœur du déchaînement médiatique qui m'a emporté, elle ajouta :

«Pierre, depuis un certain temps je veux t'écrire, mais des activités bicéphales partagées entre les Restos et la production en ont différé le jour. Sans oublier mes têtes blondes, bien sûr!

Si jamais tu as pu rêver un jour de notoriété, tes espoirs les plus fous sont sûrement anéantis par le déluge médiatique qui t'est réservé. Le problème est que tu n'avais sans doute pas envisagé cela d'une façon aussi noire, et que le Q. G. ne devait pas être une cellule à la prison de Lyon!... »

* * *

Quand j'entendis parler d'elle pour la dernière fois, ce fût le 1er mai 1996 lorsque les gardiens de la Santé me dirent : «Véronique Colucci est venue à la porte de la prison pour vous porter un livre et des gâteaux, elle n'avait pas de permis de visite, et la prison est fermée.» Un beau geste qui m'a touché!

* * *

Véronique, aujourd'hui je peux l'avouer, je t'admire d'avoir réussi. Je t'admire lorsque je te vois accueillir en pleine cohabitation et dans la même journée, sous les objectifs des caméras, le président de la République qui ne voulait pas entendre parler des Restos en 1986 et son actuel Premier ministre, Lionel Jospin. Je t'admire lorsque je vois le succès des émissions dédiées aux Restos, le nombre d'artistes qui y participent, le nombre de bénévoles et surtout le nombre de repas servis chaque hiver. Je t'admire, car cela existe grâce à ta force. Celle d'une femme pas comme les autres!

DECAUX JEAN-CLAUDE : AUX ABRIS

Industriel, créateur des Abribus.

Pendant la campagne des élections municipales de Lyon de 1989, Michel Noir, député de la Croix-Rousse, candidat à la mairie, m'appela de sa voiture pour m'informer que les panneaux publicitaires du métro, concédés par la ville au groupe Jean-Claude Decaux, assuraient la promotion du bilan de l'équipe municipale sortante UDF de Francisque Collomb. Le procédé, pour le moins critiquable, provoqua la colère du candidat et me permit de faire la connaissance, quelques jours après la victoire, du pape du mobilier urbain : Jean-Claude Decaux.

* * *

Il y a dix ans, les candidats étaient autorisés à utiliser les immenses panneaux qui défigurent nos villes pour leur affichage électoral. En langage publicitaire, on les appelle des

« 4 par 3 » parce qu'ils ont une dimension de quatre mètres de long sur trois mètres de haut. C'était, à l'époque, une des clés de la victoire : une bonne affiche pouvait faire basculer l'électorat ou le sensibiliser à un candidat, à son programme, à son image. Ces panneaux, propriété de grandes entreprises qui se partagent leurs emplacements et leur nombre, pour la plupart installés sur le domaine public municipal, font l'objet d'une convention ou d'une concession avec la mairie. Or, et je sais de quoi je parle, si certains dossiers sont facilement confiés à des collaborateurs, ceux relatifs à l'exploitation des panneaux publicitaires restent directement entre les mains du maire. Efficacité, propagande et avenir obligent.

Le plus complexe, pour un candidat, c'est tout d'abord de trouver des emplacements disponibles en période électorale. En effet, deux éléments se contrarient : il ne faut pas réserver trop tôt, sous peine de déclarer sa candidature par avance, mais il est nécessaire de trouver quand même des panneaux publicitaires[1]. Or les campagnes sont soit réservées par des acheteurs d'espaces, soit, très longtemps à l'avance, par des annonceurs.

Le second problème est, bien sûr, celui du financement, surtout en cas de défaite. Le vainqueur, lui, en revanche, n'a guère de soucis puisqu'il devient alors l'interlocuteur privilégié des entreprises d'espaces publicitaires. Voilà de quoi faciliter les discussions sur le solde des dépenses électorales !

* * *

[1] Michel Noir officialisa la sienne dans la première quinzaine de janvier 1989, alors que les élections étaient en mars.

Il y a cependant à Lyon, comme dans toutes les grandes villes de France, des panneaux qui ne sont soumis à aucune concurrence : ceux placés dans le métro ou au dos des Abribus. Pour mieux comprendre, je tiens à citer un extrait de la décision numéro 98-D-52 du 7 juillet 1998 du Conseil de la concurrence et du chapitre consacré à la communauté urbaine de Lyon : « La communauté urbaine de Lyon est liée par contrat avec le groupe Decaux depuis 1972 sans interruption et leurs relations contractuelles doivent se poursuivre au moins jusqu'en 2006. L'accroissement du nombre d'abris et mobilier d'information et leur remplacement progressif ont été réalisés sur la seule base d'accords au contrat initial d'octobre 1972 sans mise en concurrence préalable. » Un contrat pour 34 ans, cela crée des liens !

Contacté à plusieurs reprises, le représentant local nous fit savoir qu'il refusait l'affichage politique et qu'étant donné sa position de monopole il ne voulait pas participer à la foire d'empoigne à laquelle les candidats se livraient. Forts de ces discussions, nous étions persuadés de sa neutralité jusqu'à la fameuse découverte des panneaux vantant le bilan de la municipalité sortante à quinze jours du premier tour de scrutin.

La colère de Michel Noir fut terrible. L'affaire était sérieuse. Je fus, en temps que directeur de campagne, chargé d'expliquer au représentant local de Decaux ce que nous pensions de ce revirement. Celui-ci, vraisemblablement couvert par sa direction, ne fit aucun cas de mes remarques, persuadé d'avoir « joué le bon cheval » en misant sur le maire en place !

Mais, à la surprise général, Michel Noir arriva en tête au premier tour, puis au second enleva tous les arrondissements de la capitale des Gaules. De ce fait, il était assuré d'être élu premier magistrat de la ville : une vraie révolution. L'ampleur de la victoire fut telle que l'actuel maire, l'ancien Premier ministre Raymond Barre, se vit blackboulé dès le premier tour dans l'arrondissement de sa propre circonscription de député!

Panique à bord.

D'autant que Michel Noir, une fois intronisé, demanda au secrétaire général d'examiner les contrats signés entre la ville et les afficheurs qu'il estimait n'avoir pas été strictement neutres et d'étudier la possibilité de les rompre. Une démarche qui aboutit entre autres à une note du 31 mars 1989 à en-tête de la ville de Lyon, ayant pour but d'apprécier les conséquences de différentes ruptures de contrat.

«*Note à l'attention du maire.*

Objet : Résiliation des contrats d'affichage publicitaires sur le domaine privé de la Ville.

Trois contrats ont été signés les 7 et 9 mars 1989 entre la Ville, représentée par M. Mermet et MM. Ducray (Sté NOIRCLERC), Galula (Sté SAS) et Cognet (Sté RSA) qui se sont vu concéder respectivement 26, 10 et 10 emplacements (de 3 à 11 panneaux de 12 m² chacun) pour des redevances de 250 000, 90 000 et 90 000 F par an[2].

[2] Les contrats ont été signés en catastrophe par l'ancienne municipalité, quelques jours à peine avant les élections, alors qu'elle se savait condamnée.

La durée des conventions est fixée à 6 ans à compter du 1er juillet 1989.

En l'absence de tout vice de forme, le moyen juridique de dénonciation des contrats repose sur l'article 9, alinéa 5 des conventions qui stipule : « le présent contrat sera résilié dans les cas suivants par arrêté du maire notifié au preneur : au cas où l'administration municipale jugerait à propos de remplacer le système du contrat en vigueur par tout autre système ou de supprimer tout affichage ou publicité sur les emplacements faisant l'objet du présent cahier des charges. »

Le préavis est néanmoins de 6 mois.

Au cas où l'affaire serait portée au tribunal civil, il n'est pas exclu qu'une indemnisation soit accordée aux intéressés privés de leurs emplacements, à titre de compensation.

Il convient de rappeler que le contrat signé avec NOIRCLERC intéressant les emplacements publics (une quarantaine) a été dénoncé en décembre et viendra à expiration fin mars, la libération des espaces étant imposée fin juin.

Ces espaces peuvent donc faire l'objet d'une nouvelle concession librement consentie.

Signé le Secrétaire général : T. Kaeppelin. »

Comme tout se sait rapidement, la colère du nouveau maire de Lyon fut prise très au sérieux par l'ensemble de la profession, dont deux membres étaient plus particulièrement dans le collimateur : un afficheur et imprimeur local, monsieur Galula, et l'entreprise Decaux. Ce qui donna ainsi lieu à une deuxième note, toujours rédigée par monsieur Kaepplin, expliquant les liens entre la société SEDIP appartenant à Fernand Galula, et la mairie.

« Le 31 mars 1989.

Note à l'attention de monsieur le Maire.

Objet : Édition diffusion du journal Vivre à Lyon

Un marché de clientèle (marché public) a été passé entre la Ville et la société SEDIP le 9 février 1988 pour une durée de 5 ans à compter du 1er avril 1988, visant les travaux relatifs à l'édition et à la diffusion du périodique Vivre à Lyon *et aux prestations diverses commandées par la direction de l'Information de la ville de Lyon. Le contrat court pour 4 ans encore.*

La résiliation, en l'absence de vice de forme, pourrait être envisagée sur la base de l'argument suivant : la Ville ne désirant plus réaliser et diffuser ce journal considéré comme un produit spécifique, la commande cessant, le marché n'a plus d'objet ; l'argument juridique est fragile.

Compte tenu de la parution depuis longtemps de ce journal, de l'importance de l'activité, des personnels et des travaux en jeu (coût d'un numéro avec supplément d'arrondissement : 600 000 F), le risque d'un recours devant la juridiction administrative est très grand, et les indemnités pour rupture unilatérale pourraient être alors fort élevées (le bénéfice réalisable sur 4 ans).

Il convient toutefois de noter que la Sté SEDIP sous-traite une partie importante de son activité et que l'article 8 du marché dispose : « Le recours à une sous-traitance partielle n'est permis que sous réserve d'un accord préalable de la ville de Lyon. » Il importe de vérifier si cet accord a été réellement donné. Dans le cas contraire, la sous-traitance, non autorisée, pourrait devenir un élément important de négociation.

Le Secrétaire général T. Kaeppelin. »

Mais il n'y eut pas de négociation. Comme la rupture de ces contrats allait coûter cher au contribuable lyonnais, je m'efforçai de mon côté de jouer les messieurs bons offices. Je reçus ainsi monsieur Galula dans le bureau que j'occupais à côté du maire afin de trouver un accord préservant son image et les intérêts des administrés. Malheureusement, après avoir rapporté ma conversation au nouvel élu, son jugement fut sans appel. Il donnait à peu près ceci : « Je ne t'ai pas demandé de discuter mais de casser les contrats. » On ne discute pas les ordres du nouveau premier magistrat de la ville. Je fus donc chargé d'informer monsieur Galula de sa position. Elle lui fut confirmée une semaine après de vive voix par le maire et son chef de cabinet, lors d'un entretien à l'Hôtel de Ville. Les mots étaient moins crus mais le résultat identique : Fernand Galula ne devait plus avoir de contrat avec Lyon. Bien sûr ces propos firent immédiatement le tour des milieux d'affaires et les oreilles de monsieur Decaux se mirent à siffler. La facture, pour les Lyonnais, de la rupture avec Galula se monta à dix-huit millions de francs, la ville ayant perdu tous les procès engagés !

Jean-Claude Decaux eut plus de chance. Est-ce grâce à la dimension nationale de son entreprise, pour ne pas hypothéquer l'avenir, ou à la coloration RPR du chef d'entreprise ? Toujours est-il que l'entreprise Decaux fut sollicitée pour participer au financement de la campagne de Michel Noir. La demande était claire : un million de francs à créditer au compte de l'association « J'habite Lyon » dans les quinze jours. Comme avec monsieur Galula, en tant que directeur de campagne, c'est moi qui fus chargé de « boucler les comptes» et de transmettre le message à Jean-Claude Decaux.

* * *

Le premier entretien eut lieu à Paris, dans mon appartement. Jean-Claude Decaux, homme d'une cinquantaine d'années, très svelte, les cheveux blancs, les yeux bleus, portait ce jour-là un costume clair assorti à ses yeux. Il dégageait une forte énergie et affichait une franchise, dans le ton et les propos, qui lui permettait de tout affirmer avec aplomb. D'un débit rapide et d'une voix puissante, il essaya de se justifier par tous les moyens. D'abord, il nous plaça sur un pied d'égalité : je devais le comprendre, puisque j'étais un entrepreneur comme lui, puisque je savais moi aussi ce qu'imposait la conquête de parts de marché. Mais, une fois que je lui eus avoué mon impuissance à raisonner le nouveau maire, il changea de pied et se lança dans un discours sur ses rapports avec les hommes politiques, propos qui donnaient à peu près la chose suivante :

«Je n'ai jamais aidé un politique, je m'y refuse, c'est trop compliqué, vous comprenez. Moi, je travaille avec des mairies communistes, socialistes, de droite. Je ne peux pas me permettre d'afficher un engagement quel qu'il soit!»

Devant cette diatribe, je lui fis remarquer qu'il était «étiqueté» chiraquien et, que, à ce jour, peu de concurrents avaient pu prendre pied dans la capitale. Sa réponse fut d'un aplomb exceptionnel lorsque l'on sait que la durée du contrat signé avec la ville de Paris en 1976 a été prolongée par le jeu d'avenants jusqu'en... 2015, soit une durée de trente neuf ans!

« Mes amitiés avec Chirac sont bien inférieures à tout ce que l'on peut dire ; je ne l'ai jamais aidé. Aujourd'hui, Chirac ne sera jamais Président[3]. Tout au plus, je lui permets d'aller en Corrèze, de temps en temps, en lui prêtant mon avion. » Il poursuivit en m'assurant « se méfier des politiques depuis que Giscard d'Estaing, alors président de la République, avait essayé de « tuer » son entreprise en faisant voter je ne sais quelle loi contre l'affichage[4] ». Depuis, il jurait qu'il n'avait que « des rapports commerciaux et jamais politisés ». Tout cela afin de me montrer que, dans cette « malheureuse » campagne de Lyon, il n'avait pas suivi un instinct politique, mais les ordres de la municipalité. Il n'était, à l'entendre, qu'un modeste entrepreneur.

Pour bien appréhender le contexte, il faut comprendre que le mode de commercialisation des produits Decaux passe certes par le succès, mais surtout par l'élimination de la concurrence. La chambre syndicale française de l'affichage reproche en effet à ce groupe, comme le souligne le Conseil de la concurrence, « d'abuser de la position dominante qu'il occupe sur le marché du mobilier urbain utilisé comme support publicitaire ainsi que sur les marchés communaux en trompant la clientèle, en l'occurrence les collectivités locales, sur la valeur économique des prestations fournies et en s'efforçant d'imposer à ces collectivités l'adoption de contrat comportant des clauses qui ont pour

[3] Nous étions alors en mars 1989.
[4] Il s'agit en fait du décret n°76-148 du 11 février 1976 qui fixe dans l'intérêt de la sécurité routière les règles applicables à la publicité sur les voies ouvertes à la circulation publique et interdit d'une façon générale la publicité sur les voies ouvertes à la circulation publique.

objet et pour effet de fausser le jeu de la concurrence en empêchant les concurrents d'accéder au marché[5]. »

Voilà qui est plus clair. Ces méthodes aboutirent d'ailleurs à la condamnation par le conseil de la concurrence qui considérait : « Que les sociétés du groupe Decaux qui détiennent une position dominante sur le marché du mobilier urbain publicitaire, ont mis en œuvre des pratiques tendant à conforter artificiellement cette position, en empêchant l'émergence d'une concurrence effective dans ce secteur ».

Devant mon air dubitatif et l'inutilité de ses propos, ce grand chef d'entreprise tenta alors de pincer la corde des sentiments en m'expliquant que Lyon était son premier marché, qu'il avait lui-même, à l'aide d'une masse, planté sur l'un des ponts de cette ville son premier mobilier urbain. Il connaissait Francisque Collomb depuis sa rencontre avec Louis Pradel, le dernier maire de Lyon a avoir conservé son siège jusqu'à sa mort. Il disait « avoir su que nous allions gagner et qu'il aurait des ennuis par la suite, mais que nous ne devions pas mener de combats imbéciles », que d'« autres conquêtes » s'ouvraient devant nous et qu'il saurait, alors, se trouver à nos côtés.

Je retransmis fidèlement la conversation à Michel Noir.

Si la position du maire restait inflexible, je vis bien, cependant, que les propos de Decaux sur le parcours politique à venir et la nécessité d'avoir des alliés industriels de premier plan avaient fait mouche. Peut-être aussi le plaisir

[5] Décision n°98-D-52 du 7 juillet 1998 du Conseil de la concurrence.

de trouver un sponsor dans les rangs des fidèles du maire de Paris ne lui déplut-il pas.

Dès le lendemain, je rencontrai à nouveau l'industriel et lui rapportai l'intransigeance du maire. À ma grande surprise, la discussion n'eut pas trait au montant (1 million de francs), qu'il aurait pu trouver exorbitant, mais aux modalités opératoires. Visiblement, Jean-Claude Decaux était soulagé que ce financement prenne la forme de l'achat de pages publicitaires dans *J'habite Lyon*, le journal électoral de Michel Noir. D'autres élus devaient certainement avoir des exigences plus complexes ! Je lui rappelai le délai très court dans lequel tout devait être réalisé.

Dès la première semaine d'avril, soit quinze jours seulement après le second tour, les sociétés Direct Info Municipale, Colonnes Morris, SPEA et Trottoir Net, toutes filiales du groupe Decaux, versèrent, par quatre chèques datés du 7 avril 1989 d'un même montant de 296 500 francs, leur obole au candidat gagnant. Soit au total un million de francs, augmenté de la TVA, qui alimenta immédiatement le compte n° 781 968 T 001 ouvert au nom de l'association « J'habite Lyon » auprès de l'ex-Banque Vernes, agence des Cordeliers à Lyon.

* * *

Devant la facilité avec laquelle cette transaction avait eu lieu, je demandai à Jean-Claude Decaux si ces pratiques étaient courantes. Il m'expliqua qu'étant chef d'entreprise je devais comprendre son raisonnement : le marché de Lyon étant celui de la deuxième ville de France, le laisser à l'un de ses concurrents ne manquerait pas d'avoir pour sa société des conséquences commerciales considérables.

Il semble que ses relations avec le maire de Lyon et président de la communauté urbaine de Lyon ne se soient pas améliorées après mon départ de l'hôtel de ville. En effet, le conseil de la communauté urbaine du 26 septembre 1994 décida de mettre un terme au « système de glissement des durées de vie contractuelles des mobiliers et à fixer une date d'échéance unique pour l'ensemble des mobiliers installés dans le cadre de ce dernier avenant », afin que puisse être effectuée à cette date « un réexamen complet de ce dossier… sur des bases claires ».

La mainmise du groupe Decaux sur Lyon semble, aujourd'hui, se terminer puisqu'en lisant l'hebdomadaire Marianne du 11 au 17 octobre 1999, on apprend que : « ADSHEL, le concurrent américain de Decaux, a profité de l'occasion pour s'immiscer dans le marché français. Fort d'une première victoire à Rennes, ADSHEL a remporté à Lyon le marché de l'installation des Abribus du tramway pour un budget de 15 millions de francs. Cette nouvelle concurrence est plutôt bien accueillie par les communes. »

* * *

Reste que ces faits furent découverts par la justice lors des enquêtes menées sur les associations de financement de la campagne de Lyon. La cote D 429, procès-verbal en date du 28 mai 1993 ayant pour objet l'exploitation des relevés du compte ouvert au nom de « J'habite Lyon » auprès de l'ex-banque Vernes fait ainsi apparaître la liste des généreux donateurs[6]. L'entreprise Decaux s'y trouve en excellente compagnie, tout le gratin des sociétés de services liées aux collectivités locales y étant représenté.

Le Canard enchaîné, dans son édition du mercredi 13 octobre 1993, titrait d'ailleurs : «*Le Canard* a aidé Méhaignerie[7] à vaincre sa timidité dans le dossier Noir. Avec trois mois de retard, la justice songe à jeter un œil sur les chèques des généreux sponsors du maire de Lyon». Puis, sous la plume de Louis-Marie Horeau, expliquait : «Les plus grandes et prestigieuses entreprises françaises, qui ont généreusement subventionné les activités politiques de Michel Noir, seraient-elles saisies d'un doute, voire d'un remords ? Après avoir, la semaine dernière, salué – chiffre à l'appui – les mécènes qui ont, entre 1987 et 1992, soutenu le maire de Lyon, *Le Canard* leur a demandé à quoi correspondaient ces versements mis au jour par la justice lyonnaise. Les illustres bienfaiteurs distribuent plus facilement les chèques que les explications. [...]

« Quatre sociétés de Jean-Claude Decaux se sont distinguées en versant à l'association noiriste près de 1,2 million le même jour, en quatre chèques distincts. À la direction parisienne, un porte-parole, en ayant visiblement le sentiment d'en dire trop, bredouille un définitif «pas de commentaires». [...] Voilà l'explication toute bête, qui est protégée comme un secret militaire par tous ces vaillants capitaines d'industrie. Pour soutenir l'effort électoral de Noir, ils ont acheté, à des prix complète-

[6] Documents annexés : procès-verbal n° 3978/161/DF sur lequel figurent les remises de chèques et d'espèces supérieurs à 30 000 francs.
[7] Garde des Sceaux d'Édouard Balladur.

ment délirants, des pages de publicité dans le petit bulletin édité par l'association «J'habite Lyon». Des contrats à faire pâlir d'envie les magazines à fort tirage dont les tarifs sont nettement moins élevés que ceux de la gazette noiriste.

«Si d'aventure un juge est chargé de s'intéresser à ces mouvements d'argent, il découvrira probablement des factures en bonne et due forme. Payées à l'association de Noir par des entreprises qui toutes sont aujourd'hui en affaires, bien sûr, avec la mairie de Lyon. Et ces "factures" correspondront certainement à des pubs valant dix ou vingt fois moins, ou encore à pas de pub du tout. Dans d'autres cas, on a appelé cela des "fausses factures". Un bien vilain mot. "Sponsor" ou "mécène" serait tellement plus joli.»

Il semble en outre que la justice… belge se soit interrogée à plusieurs reprises sur les pratiques de la société Decaux. D'après un article paru dans *Les Affaires financières*, on peut lire que «le tribunal correctionnel d'Anvers vient d'entamer le procès d'une vaste affaire de fausses factures impliquant 49 personnes, dont Pierre Cauchie, directeur de Jean-Claude Decaux Belgique. […] La filiale belge de Jean-Claude Decaux a déjà eu maille à partir avec la justice belge. En 1992, son P-DG Pierre Cauchie, avait été condamné à 6 mois de prison avec sursis, côté wallon cette fois, pour une affaire similaire à Liège. Au cours du même procès, Jean-Claude Decaux lui-même, ainsi que le bourgmestre de Liège de l'époque, Édouard Close, avaient écopé respectivement d'un an et 28 mois de prison avec sursis.»

* * *

S'il fallait un exemple des « deux poids, deux mesures », il est bien dans cette affaire. Et ce parce qu'à ce jour tous les généreux donateurs dorment sur leurs deux oreilles, tandis que moi, de mon côté, j'ai été condamné pour fausses factures. Alors même qu'aucune de mes entreprises n'a jamais sollicité de marché avec la moindre municipalité, que ce soit à Lyon ou dans une autre ville.

C'est d'ailleurs peut-être pour cela…

Que cela serve de leçon à ceux qui, actuellement aux prises avec la justice, croient bon de ne pas ouvrir le parapluie !

DE CLOSETS FRANÇOIS ET JOSSIN JANICK : TOUJOURS PLUS

Journalistes, écrivains.

Monsieur « *Toujours plus* », titre de son ouvrage dénonçant les dysfonctionnements de la vie publique française, et son épouse sont des donneurs de leçons professionnels, habitués à pourfendre les bévues des uns ou des autres. Or François de Closets et Janick Jossin sont deux exemples frappants des métamorphoses de comportement à mon égard.

Si le nom de Janick Jossin est peu connu du grand public, bien qu'elle ait été responsable de la rubrique littéraire de plusieurs hebdomadaires nationaux, François de Closets, lui, présente une émission médicale sur France 2, a reçu le 7 d'Or du meilleur journaliste en 1985 et cumule les prix attribués par la profession. Comme le dit la sagesse populaire, voilà des gens « bien-pensants ».

* * *

J'ai rencontré François sur le plateau d'une émission à laquelle il avait invité le ministre du Commerce extérieur. Découverte sympathique vite renforcée par un réseau d'amis communs. Ainsi, lui-même est-il lié à des amis de Jacques Martin, tandis que Janick deviendra l'assistante de Patrick Poivre d'Arvor dans une de ses émissions littéraires.

Le couple de journalistes fut mon invité à plusieurs reprises. Nous nous sommes vus de nombreuses fois à Paris comme à Saint-Tropez où nous passions ensemble de belles journées sur mon bateau. Je me souviens notamment des précautions que nous prenions pour ne pas exposer François au soleil, celui-ci y étant fort sensible. Leurs deux enfants étaient de la partie. À ce stade-là, je pensais que nous n'étions plus dans le cadre d'une simple relation, mais bien dans le registre de l'amitié.

Dès 1990, les Closets-Jossin étaient mes invités et logeaient à la maison pendant le festival de Cannes. À de multiples reprises, j'écouterai les réflexions de Janick sur le présentateur du 20 heures avec lequel la collaboration n'était pas toujours facile. Soucieuse par nature, elle me sollicita maintes fois pour obtenir des informations sur l'avenir de cette émission littéraire et par conséquent du sien.

François de Closets m'assurait, de son côté, n'avoir aucun engagement politique, affirmant même avoir refusé d'être ministre du gouvernement Rocard. Il accepta cependant de m'accompagner dans l'opération des états généraux de l'opposition. Comme nous venions de perdre les élections de 1988 et qu'il fallait relancer la machine à droite, une plate-forme de travail commune UDF-RPR avait été ébauchée. C'est à ce titre que le présentateur accepta de préparer, en compagnie d'Alain Madelin, les propositions relatives à l'éducation. Il nous donna d'ailleurs de nombreux conseils afin de vulgariser et faire passer les idées du bouillant politique.

* * *

Dans le cadre de l'instruction de mon affaire, les recherches effectuées par la police, la justice et l'administration fiscale firent que les noms du journaliste de France 2 et de son épouse apparurent à plusieurs reprises. Comme on commençait à assister à un défilé de personnalités des médias dans le bureau du juge d'instruction, chacune de ces visites étant accompagnée d'une campagne de presse, je fus alerté par mes avocats de la prochaine convocation de François en tant que témoin. Le couple ayant eu un comportement exemplaire alors que j'étais en détention préventive, en invitant mes enfants et leur mère à diverses occasions, je me sentais redevable. François ne voulant à aucun moment subir l'opprobre, j'entrepris alors une démarche exceptionnelle que je ne fis que pour lui et Michel Colomès, un ami, directeur-adjoint de la rédaction du *Point* : j'écrivis au juge la lettre suivante, pièce intégrée au dossier d'instruction sous le numéro D574 :

«*Monsieur le juge,*

Mon épouse m'a appris l'audition de monsieur François de Closets [...]. J'assumerai seul la charge des quelques factures le concernant [...]. Pour ce qui concerne monsieur de Closets, il n'a jamais profité de quoi que ce soit. C'est un homme d'une grande intégrité, d'une qualité humaine exceptionnelle.

Puis-je solliciter de votre haute bienveillance de surseoir à son audition ? […]. »

Cette lettre, accompagnée des appels de Janick au juge d'instruction, évitera le déplacement au palais de justice de Lyon du lauréat du 7 d'Or.

* * *

Une fois ma détention préventive achevée, je pris contact avec le couple. Bizarrement, seule Janick répondit à mon invitation à déjeuner dans un petit restaurant du XVIème arrondissement de Paris, à proximité de leur domicile. La conversation fut compliquée. Elle ne pensa pas à me remercier de mon écrit judiciaire et ne posa aucune question sur l'épreuve que je venais de subir. Il lui apparaissait seulement incroyable que l'on aie pu imaginer entendre son époux et mettre au grand jour notre relation. Comme si j'en avais été à l'origine ! Je me permis, à la fin de ce réquisitoire, de lui rappeler que j'étais moi-même pris dans une spirale dont je ne maîtrisais pas le déroulement, que j'avais dû passer un Noël séparé de mes deux filles et effectuer quatre mois et vingt-sept jours de détention préventive sans pouvoir répondre à tous les « témoignages d'amitié parus dans la presse ». Mais elle n'écoutait rien, seul son cas et celui de son mari lui paraissait dignes de compassion. Oubliées les invitations, oubliés le vent du large sur le bateau, les séjours dans ma maison de Cannes, les gueuletons. Je sortis meurtri de ce déjeuner et mis une croix de plus sur une amitié évanouie.

* * *

Les choses se compliquèrent jusqu'à un point de non-retour lorsque, à l'occasion d'un numéro en date du 16 février 1995, *Paris-Match* consacra six pages à l'enterrement de Solenn Poivre d'Arvor, la fille du présentateur de TF1. Dans le même reportage, un article titrait : « Encore submergé par le chagrin, une nouvelle épreuve l'attend : le piège de l'affaire Botton ». Pour illustrer le papier signé Jean-Edern Hallier, figurait une photo prise en mai 1992 sur les marches du festival de Cannes où étaient réunis Michel Noir, Michel Mouillot, le couple de Closets et moi-même. La légende était la suivante : « Festival de Cannes 92, Anne-Valérie Botton, François de Closets et son épouse Janick Jossin, Michel Noir, le maire de Lyon, Michel Mouillot, le maire de Cannes et Pierre Botton. PPDA et Solenn les ont rejoints. C'est l'époque des temps heureux et de l'amitié sans soupçon. »

Quelques jours après cette parution, je reçus un appel téléphonique de *Paris-Match* m'informant que l'hebdomadaire allait être attaqué par le couple de Closets, lequel n'acceptait ni la publication de la photo ni l'article l'accompagnant. Je dois dire que j'avais déjà vu beaucoup de reniements, mais jamais quelqu'un n'avait osé attaquer un journal pour la publication d'une photo accompagnée d'une légende rappelant nos liens passés. J'ai d'abord cru à une blague. Car, s'il existe un lieu où il ne faut pas se montrer quand on redoute toute photo prise, c'est bien sur les fameuses marches du festival de Cannes ! Puis je me dis que la colère pouvait être la source d'une telle réaction « à chaud », mais que, les jours passant, celle-ci s'estomperait. Hélas, ce ne fut pas le cas. Voici le texte exact des demandes du couple de journalistes :

« Par acte du 17 février 1995, François de Closets et Jannick Jossin ont fait assigner en référé la Société COGEDIPRESSE, Société éditrice du magazine *Paris Match*, aux fins de voir :

– constater l'existence d'un trouble manifestement illicite et le préjudice qui leur est causé du fait de la publication dans Paris Match d'un article et d'une photographie les mettant en cause de façon préjudiciable ;

– condamner COGEDIPRESSE à faire paraître un communiqué ou le dispositif de cette ordonnance ;

– condamner COGEDIPRESSE à leur payer, à chacun, la somme de 50 000 francs à titre de provision à valoir sur les dommages-intérêts qui leur sont dûs ;

les demandeurs font valoir que la Société COGEDIPRESSE a commis une diffamation à leur égard en insinuant, grâce au rapprochement du texte de l'article et de la photographie, qu'ils auraient bénéficié eux-mêmes des avantages et invitations évoqués par l'article, lesquels ont valus à un autre journaliste, Patrick Poivre d'Arvor, une comparution devant le Tribunal correctionnel de Lyon pour recel d'abus de biens sociaux ;

ils soutiennent également que la publication d'une photographie concernant un événement totalement différent de celui de l'article constitue un détournement préjudiciable de l'objet de cette photographie et porte atteinte au droit qu'ils possèdent sur leur propre image. »

Belle amitié ! Non seulement ces journalistes ont profité de mes invitations, non seulement ils les renient mais en plus ils tentent de tirer profit de la situation en demandant une « indemnisation ».

Les choses ne s'arrêtent pas là. En effet, lors de l'appel relevé du référé par la société COGEDIPRESSE la cour d'appel de Paris première chambre section B rendit le 12 mai 1995 l'arrêt suivant :

« Dit que le communiqué sera ainsi complété : « Par arrêt du 12 mai 1995, confirmant une ordonnance du 13 mars 1995 rendue par le Président du Tribunal de Grande Instance de Paris statuant en référé, il nous est prescrit »... (le reste étant sans changement) ;

dit que la société COGEDIPRESSE devra publier ce communiqué dans l'hebdomadaire Paris Match selon les modalités prescrites par le premier juge dans les dix jours de la signification du présent arrêt, sous astreinte non définitive de 20 000 F (vingt mille francs) par semaine de retard et ce pendant trois mois ;

rejette le surplus des demandes.

Condamne la société COGEDIPRESSE à verser aux intimés la somme totale de 15 000 F (quinze mille francs) au titre de l'article 700 du Nouveau Code de la procédure civile ainsi que les entiers dépens. »

Le but était atteint : gagner de l'argent avec une amitié reniée.

Tout cela ne serait qu'anecdote si je ne faisais pas remarquer qu'une photo était parue dans *VSD* le 12 mai 1992 sous le titre : « En fanfare » et où nous apparaissons François de Closets et moi, au milieu d'un orchestre composé de Michel Mouillot à la batterie, Michel Noir au violoncelle, Jean-Claude Bourret à la clarinette, François

Siegel (alors directeur de VSD), Jacques Martin, Yvan Levaï et Vincent Perrot, battant la mesure.

Que s'était-il passé entre le 12 mai 1992, date de parution de *VSD* qui ne provoqua aucune réaction du couple, et le 16 février 1995, date de celle de *Paris-Match*? Un simple détail, j'avais été inculpé et incarcéré. De plus, mon procès s'ouvrait le 20 février 1995.

Bel exemple d'amitié à géométrie variable! Une attitude que je juge d'autant plus choquante que je n'avais jamais révélé ni l'existence d'une photo prise sur mon bateau ni d'un petit billet écrit sur une carte avec logo bleu, blanc, rouge, de la chaîne TF1 :

«*Juste un mot pour vous dire à quel point Janick et moi avons été heureux de ce week-end. Un vrai bonheur après ces mois de tension et de travail que ces instants privilégiés de détente, de découverte et d'amitiés partagées.*

Merci de tout cœur et à très bientôt.

P-S : Pas le temps de me retourner que tu étais encore là à la télé. À ce prix, je ne pourrai pas suivre. Mais ne va surtout pas te croire obligé de battre le record de Coluche.»

* * *

Cette anecdote, pitoyable en vérité, est l'une des raisons qui ont motivé la rédaction de ce livre. Voilà ce que j'ai eu à subir en plus de tout le reste : la mise au ban de la société par les bien-pensants qui, eux, continuent à parader. Combien ajouteront en effet aux condamnations judiciaires les sentences sournoises de leur mauvaise foi et de leur peur?

DE VIRIEU CLAUDE : LA FOI

Agent artistique, épouse de François-Henri de Virieu, ancien maire de Marly-le-Roi, ex-présentateur de L'Heure de vérité.

Comment évoquer mes amis sans prononcer le nom du seul journaliste qui m'a toujours soutenu tout au long de mes affaires judiciaires et vint même témoigner à la barre du tribunal de Lyon lors de mon procès en première instance.

Pourtant, François-Henri de Virieu, comme tellement d'autres, fut convoqué par la police, puis entendu comme témoin par le juge et, à ce titre, vilipendé par la presse. Comme tous les autres, on lui reprocha nos liens, on analysa, on chercha. Malgré tout, François-Henri et son épouse Claude m'ont gardé leur amitié. Je souhaitais donc rendre hommage à toute leur famille.

Car les lettres de Claude, pendant ces périodes difficiles, rythmèrent mes changements de lieu de détention. Devant toute la presse, François fut le seul à avoir l'« audace », alors que la justice l'avait blanchi et qu'il aurait pu, comme beaucoup, se terrer dans le silence ou se joindre à l'entreprise de destruction, de me donner une preuve publique d'amitié et de venir affirmer dans une cour pénale : « Pierre est mon ami. » Croyez-moi, comme on dit à Lyon, ce n'est pas de la « gnognotte ».

Combien d'autres, compte tenu de nos relations, auraient pu le faire, auraient dû le faire. Au lieu de se dédouaner, ils auraient pu expliquer que nos relations étaient amicales, qu'ils estimaient que rien ne leur paraissait particulièrement douteux dans nos rencontres. Ils n'auraient pas eu à se prononcer sur le mode de paiement de nos agapes que la justice condamnait à juste raison, mais auraient relevé le niveau et dévoilé la vérité. Il ne s'agissait pas de couvrir mes fautes, mais de mettre un terme par quelques phrases, par une présence, au procès en diabolisation qui m'était fait à l'époque. Mais peut-être n'étaient-ils pas à l'aise d'avoir accepté invitations et billets d'avion. En fait, par leur silence ou par leur participation à cette chasse aux sorcières, ils reconnaissaient l'existence d'un système qui les conduisait à se faire inviter par n'importe qui, contrepartie jugée, par eux, « légitime » de leur notoriété.

* * *

Un matin, alors que j'étais dans le petit studio que j'occupais depuis ma libération conditionnelle, le téléphone sonna. La conversation fut touchante : « Pierre, c'est Claude. Tu sais que François-Henri est décédé. Il est parti dans des souffrances terribles car il ne voulait pas mourir.

Voilà, je te demande de venir à nos côtés, aux côtés de notre famille, car je veux que tu sois avec nous, je veux que tu sois à mon bras lors de son enterrement. Je voulais que tu saches que c'est notre souhait. »

J'étais très ému. Claude me parla ensuite de la maladie. Je lui apportai quelques mots de réconfort, mais elle n'en avait nullement besoin. Je la sentais à la fois triste, gaie, très forte. J'ai une sainte horreur de la mort et je rejette totalement l'idée de la célébration de ce moment horrible, mais, compte tenu de l'amitié qui nous unissait, je ne pouvais refuser d'aller à ces obsèques.

Le jour dit, je me rendis dans la maison de Marly-le-Roi qu'ils aimaient tous les deux. J'arrivai en descendant la cour pavée à pas lents, me remettant à peine d'une opération, quand je fus accueilli par Claude, vêtue de noir, radieuse. Je ne souhaite pas livrer ici le contenu exact de cet entretien, souhaitant seulement en relater la force et raconter l'impression de joie qui se lisait sur son visage. Cette femme était heureuse, riche d'une béatitude et d'un calme apportés par sa foi. Son visage et ses yeux ne croulaient pas sous la douleur, mais affichaient de l'espoir, le regard illuminé par sa croyance. Je me remémorai alors les cartes que je recevais d'elle, les lectures qu'elle me conseillait et surtout la force avec laquelle elle n'avait jamais cessé de m'encourager, même lorsque mon état psychologique ne me permettait pas de lui répondre. Je me souvins de son écriture pleine de douleur, mais aussi de réflexion. Là, devant moi, je retrouvais la même certitude. Cette femme était persuadée du bien-être de son époux, sûre, elle-même, d'aller le retrouver un jour. Il y avait dans ses mots une énergie incroyable donnée par la passion, l'amour, la lumière. J'ai dû la laisser aux préparatifs de la cérémonie, mais j'ai retrouvé dans l'église une veuve qui n'était pas éplorée : Claude était habitée par le Seigneur, ne parlait pas doucement comme il est d'usage dans ce lieu, s'occupait des nombreux invités et de la famille avec chaleur et humanité.

Claude, ton visage plein de clarté, de joie, de foi en Dieu était tellement magnifique que jamais je ne l'oublierai.

Pour tout cela, merci.

DUBERNARD JEAN-MICHEL : MAX LA MENACE...

Éminent chirurgien ayant réalisé la première greffe mondiale d'une main, universitaire, député RPR et éternel candidat à la mairie de Lyon.

Au printemps 1984, Michel Noir m'avait convié pour la première fois chez lui, en compagnie d'intimes, afin de fêter son anniversaire. Jusqu'alors, je n'avais jamais été présenté à ses amis, n'avais pas plus participé à sa vie publique, si bien que seule sa stricte famille connaissait l'étroitesse de nos liens. Cette invitation constituait donc pour moi une première, non pas dans le lieu que je connaissais pour fréquenter la table familiale chaque dimanche, mais par la présence de tiers. Inquiet sur la tenue vestimentaire à adopter, je questionnai Danielle, l'épouse du député. Celle-ci me rassura sur la décontraction indispensable à ce repas et sur la seule présence de trois couples d'amis du futur maire de Lyon. Mais la maîtresse de maison aurait dû se rappeler les nombreux week-ends passés ensemble et le sens exact pour moi de l'expression « tenue décontractée » ! J'avais en effet, lors d'un séjour à New York avec eux, peu de jours avant l'anniversaire en question, fait l'acquisition d'une combinaison de mécanicien usagée rayée de noir et de jaune, couverte d'accrocs, ainsi que d'une paire de baskets rose vif à lacets blancs. En souvenir de ce voyage sympathique, je choisis de porter ces achats le fameux soir. J'avais malheureusement oublié que, Michel Noir étant député de la Croix-Rousse, il faisait partie de l'*establishment*. Aussi ses invités, un couple de publicitaires, Alain Mérieux et son épouse Chantal Berliet, sommités de la bonne société, comme les Dubernard, furent-ils pour le moins interloqués. Ma tenue ne facilita ni mon entrée ni mon intégration dans la haute bourgeoisie lyonnaise !

Si Alain Mérieux est élancé, réservé, plein de finesse de cœur et d'esprit, Jean-Michel Dubernard, dit « Max » pour les intimes, a tout du pilier de rugby : massif, très costaud, la mâchoire carrée, volontaire, le regard direct, sûr de lui et de ses compétences qui sont d'ailleurs grandes, c'est un bulldozer qui ne doute jamais de son jugement.

Le repas d'anniversaire se déroula sans chaleur. D'autant qu'une certaine distance apparut entre Chantal Mérieux et Danielle Noir. La conversation se languit puis tourna autour des personnalités de la région avant d'arriver à mon ami Paul Bocuse. Les Mérieux étaient des clients de longue date de l'auberge de Collonges, mais Jean-Michel Dubernard, lui, estimait que ce que l'on y dégustait se révélait « exécrable ». Je ne pus laisser passer ces critiques infondées et excessives contre le trois étoiles français, qui me semblait relever d'une jalousie provinciale et du besoin de contester celui que le monde entier consacre comme un leader de l'art culinaire. En fait, le chirurgien reprochait au cuisinier son goût pour la publicité et la provocation, ses origines modestes, le fait de remplir son restaurant à 70 % avec des étrangers. Peut-être la notoriété de Bocuse faisait-elle de l'ombre « médiatique » aux nombreuses premières médicales réalisées par le talentueux professeur ? Affectif et à fleur de peau, je ne fais déjà guère, à l'époque, de détail lorsqu'il s'agit de défendre quelqu'un que j'aime. Mais Max, n'étant pas habitué qu'on mette en doute ses jugements péremptoires, vit d'un mauvais œil qu'un original se permette de lui porter la contestation ! La conversation s'échauffa donc entre nous deux. Vive et tumultueuse, cette première rencontre préfigura notre relation.

* * *

Sous des abords directs et francs, la vraie nature de Jean-Michel Dubernard s'est exprimée pleinement au fil de sa carrière politique. Curieux revirement de situation et ironie du destin, les candidats à la tête de liste RPR pour la municipale lyonnaise de 1989 furent les participants de ce fameux dîner. Comme quoi, en politique et en cinq ans, les rapports « amicaux » évoluent beaucoup ! La bataille étant rude entre Mérieux et Noir pour décrocher cette tête de liste, Dubernard espérait tirer son épingle du jeu. D'où l'interview qu'il donna à *Lyon-Libération* en octobre 1988, dans laquelle il affirma ne jamais vouloir figurer sur une liste conduite par Michel Noir. De quoi faire monter les enchères puisque sa présence dans un camp était censée attirer plus de suffrages. Noir, nullement surpris, se retrouvait donc à frayer dans un marigot d'« amis » qui ne cessaient de lui tirer dessus.

Les négociations furent ouvertes pour conduire Dubernard à revenir sur sa décision. Ne disant pas non, il émit plusieurs exigences : certaines purement politiques, d'autres financières. En effet, son indépendance d'opinion l'avait conduit à assurer seul ses dépenses politiques. Certes, il en avait les moyens, mais il ne souhaitait pas pour autant engager sa fortune personnelle afin d'assurer sa carrière. Conséquence immédiate, il avait un découvert sur le compte de sa permanence électorale ! Pour ma part, j'étais sceptique sur l'intérêt de l'apport du chirurgien à la liste de Michel Noir, la dimension nationale de l'ancien ministre me semblant suffire largement à le hisser vers la victoire. Mais il pensait différemment et entama les négociations avec celui qui lui avait pourtant fait un croc-en-jambe. En fait, ce fut une capitulation, et le futur maire de Lyon accepta tout : six personnes en position éligible, la tête de liste dans le VIe arrondissement, l'un des plus faciles de la ville, avec la certitude pour le chirurgien de peser quoi qu'il arrive sur la vie municipale. Mais aussi, beaucoup plus surprenant, le comblement du découvert du compte de sa permanence de député ouvert à la Banque Vernes, agence des Cordeliers. Sur ordre de l'ancien ministre, j'enclenchai donc le processus conduisant à la couverture de ce débit en effectuant plusieurs versements : le premier eut lieu entre la publication des résultats et l'élection proprement dite par le conseil municipal. Compte tenu de mon départ de l'hôtel de ville, je ne pus remettre que le premier chèque n° 5040 d'un montant de 19 498,87 francs émis le 19 mars 1989 sur le compte de l'association « J'aime Lyon » ouvert à l'agence BNP de la rue Grenette.

* * *

Je retrouverai Jean-Michel Dubernard en 1991. Michel Noir souhaitant se désolidariser du RPR et de son chef pour créer son parti, Nouvelle démocratie, démissionna de l'Assemblée nationale afin de se faire réélire sous sa propre bannière. En pleine perte des réalités, j'acceptai la proposition de Claude Chirac et de son père, président du RPR, de me présenter aux élections législatives partielles qui suivirent. En effet, le maire de Lyon avait emmené avec lui dans son épopée deux « fidèles » de l'ancien Premier ministre, Michèle Barzach, qui y perdra sa carrière, et l'incontournable chirurgien. Outre les encouragements de Jacques Chirac et de sa fille, je ne pouvais laisser passer l'occasion d'affronter ce dernier, Noir choisissant celui-là même qui n'avait cessé de lui faire défection. Je sais qu'en politique tout est possible, mais je pensais, à tort, qu'existaient certaines limites. Eh bien, non. Il suffit, pour en juger, de signaler, à défaut de la suivre, l'évolution des convictions politiques du député Jean-Michel Dubernard.

1986 : élu à la proportionnelle sur la liste RPR conduite dans le Rhône par Michel Noir, qui est pour beaucoup dans sa carrière politique.

1988 : suite à la dissolution provoquée consécutivement à l'élection de François Mitterrand, il est élu député RPR de Lyon. Jusque-là, tout va bien. La même année, durant la précampagne des municipales, il s'oppose à Noir, pour finalement être élu avec lui sur la liste RPR. C'est déjà moins clair.

1991 : élu à Lyon, contre le candidat RPR que j'étais. Premier abandon du RPR et de Jacques Chirac.

1993 : élu député mais, cette fois-ci, avec l'étiquette RPR et le soutien de Jacques Chirac qu'il retrouve en s'opposant à Noir, son ancien mentor.

1995 : il abandonne de nouveau Jacques Chirac pour soutenir la candidature d'Édouard Balladur à la présidentielle.

1997 : réélu député RPR, avec le soutien de Jacques Chirac.

1999 : à ce jour, il s'oppose de nouveau au RPR pour les élections municipales de 2001.

Pas de doute, Jean-Michel est un très grand chirurgien, mais en politique sa ligne est vraiment difficile à suivre. À moins que, pour lui, ce soit le fait d'être élu qui importe!

Donc, en 1991, bêtement, je ne voulais pas laisser croire que Dubernard était un fidèle du maire de Lyon car il m'apparaissait évident qu'il se fixait difficilement. Je m'ouvris à Noir des raisons de ma candidature, espérant qu'il remplacerait « Max » par quelqu'un lui permettant son retour dans le RPR, mais son refus fut net et violent. La bataille fut donc terrible. Car ce n'est pas le professeur de médecine que j'affrontai, mais bien le premier magistrat de la ville qui gérait la campagne de son protégé. Tous les coups furent permis. Je n'avais aucune chance d'être élu, mais je pouvais figurer au second tour. Le cambriolage de ma permanence et l'obtention des listes de mes sympathisants furent d'une efficacité redoutable pour me déstabiliser. Ceux-ci furent appelés à 11 heures du soir pour leur demander de confirmer leur choix. Une démarche d'intimidation assassine dont bénéficia politiquement mon adversaire. Peu importe si ma candidature à la députation en janvier 1991 était une erreur politique, elle avait un sens affectif : c'était un message à mon opposant et un combat pour celui qui m'avait demandé de me porter candidat. Il n'y a vraiment aucune place en politique pour de tels sentiments puisque, aujourd'hui, Jean-Michel Dubernard est encore député RPR!

* * *

Ce qui me rappelle une réunion du groupe de travail des «élites» de la mairie de Lyon, groupe baptisé «G6» constitué de Michel Noir, Jean-Michel Dubernard, Serge Guinchard, Henry Chabert, Bernard Sarocca, chef de cabinet du maire de Lyon, et de moi-même. Nous allions abattre des montagnes, après la conquête de la ville, celle du RPR, puis du pays... ne doutant pas de notre bonne étoile. Un déjeuner nous réunit entre le deuxième tour des élections municipales et l'élection du maire par le conseil municipal, le 24 mars 1989, à 19 heures. Je l'avais improvisé pour régler les problèmes d'intendance, de structure, d'organigramme et de locaux auxquels le nouveau maire et son équipe allaient devoir faire face sitôt en place. Je me souviens d'avoir alors assisté à l'un des repas les plus fous qu'il m'ait été donné de voir. *Le Figaro Magazine* venait de faire sa une avec une photo de Michel Noir et un sondage où il figurait en tête des personnalités politiques du pays. Les élections européennes approchaient. Chacun rêvait et choisissait son poste. Une pure folie. Le premier se voyait à l'Élysée. Henry Chabert réclama un mandat européen, car il allait devoir quitter sa situation pour s'occuper de l'urbanisme, puis, lorsque Noir serait président de la République, reprendre la mairie. Le chirurgien Dubernard voulait être ministre de la Santé et de la Recherche, Sarocca souhaitait rester à Lyon. Guinchard fut le seul à garder les pieds sur terre : il refusa un poste de député européen, désirant modestement se consacrer à sa fonction de doyen de la faculté !

Dix ans après, il est toujours à la faculté, tandis que Chabert a récupéré le fauteuil de député de Michel Noir et se place dans la course pour la mairie. Dubernard est également député et, une fois encore, s'oppose à ses amis d'hier. Noir est désormais inéligible. Sarocca et moi avons connu la détention. Quels « chers amis ! »

ELKABBACH JEAN-PIERRE : UNE AFFAIRE DE TÉLÉVISION

Journaliste, ancien président-directeur général de France Télévision.

La dernière fois que j'ai rencontré Jean-Pierre Elkabbach, c'était en septembre 1999. Je me trouvais dans une salle de sport parisienne. Il pénétra dans les lieux mais, m'apercevant, fit sur-le-champ demi-tour et retourna dans les vestiaires. Puis, se ravisant, il réfléchit un instant à la conduite à tenir et revint pour s'installer juste à côté de moi, espérant sans doute une réaction de ma part. J'ai appris à prendre sur moi et à ne pas m'emporter en croisant ce genre de personnage. Il commença alors à me tourner autour. Devant ma passivité, il se décida enfin à rompre la glace et me lança : « Puisque je viens de voir que tu es là, on peut quand même se dire bonjour. » Une des personnes assistant à l'entretien prit cette phrase pour elle et, se retournant vers le journaliste vedette, lui dit : « Je ne crois pas que nous nous connaissions ! » Elkabbach précisa alors bien haut : «Ce n'est pas à vous que je m'adresse, c'est à monsieur Botton.» Mais, jugeant son aplomb incroyable et m'étant, depuis ma libération, juré de ne plus m'encombrer l'esprit avec les personnalités du microcosme, je préférai rester muet. Dépité, il fit de même.

* * *

Pour comprendre mon attitude, il me faut revenir en arrière et citer quelques extraits de son audition chez le juge d'instruction, le 14 juin 1993 à 14 heures.

«Le témoin a répondu :

«Je me nomme : Jean-Pierre Elkabbach.
«Je suis né le 29 septembre 1937 à Oran (Algérie).
«Je demeure à Paris [...] 75007.
Je ne suis ni parent, ni allié des parties, ni à leur service.»

Après lui avoir fait prêter serment de dire toute la vérité, rien que la vérité, nous avons reçu ainsi qu'il suit sa déclaration :

«Je suis directeur général adjoint d'Europe 1. Je suis également créateur et animateur depuis un an de l'émission *Repères* sur France 3. Je perçois 80000 francs par mois à Europe 1 et 30 000 francs par émission sur France 3.»

LE JUGE : Dans quelles circonstances avez-vous connu Pierre Botton?

M. J.-P. ELKABBACH : J'ai rencontré Pierre Botton en 1985, je crois, par l'intermédiaire de Michel Noir. Je crois que la première fois que je l'ai rencontré, c'était à un dîner au domicile de Pierre Botton, rue de Berri, auquel Michel Noir m'avait convié. J'étais seul en compagnie de Michel Noir et de Pierre Botton. Je pense que l'objet de ce dîner était de bavarder pour mieux se connaître. Je ne sais pas pour quelles raisons Michel Noir m'avait convié à un dîner au domicile de Pierre Botton. Peut-être n'avait-il pas de logement fixe à Paris à cette époque. J'animais l'émission *Découvertes* que j'avais créée sur Europe 1 en 1982, 1983. Par la suite, j'ai dû croiser Pierre Botton à Paris, mais je ne me souviens pas exactement dans quelles circonstances. Je me souviens en revanche d'avoir vu Pierre Botton à Cannes. À deux ou trois reprises, il m'avait contacté pour que je le rejoigne à des déjeuners ou à des dîners avec des amis. Je ne me suis jamais rendu à ces invitations. Cependant, il est venu nous chercher un jour en bateau, ma femme et moi, alors que nous nous trouvions sur la plage du Gray d'Albion à Cannes. Nous avons rejoint d'autres personnes pour déjeuner. Il y avait notamment des confrères, dont Patrick Poivre d'Arvor, Gérard Carreyrou, Charles Villeneuve, Michel Mouillot et Paul Benmoussa, le patron du restaurant Edgard à Paris. Je pense que ce déjeuner doit se situer en 1991. À l'époque, j'étais directeur général adjoint sur Europe 1.

J'ai retrouvé Botton deux années de suite, par hasard à l'île Maurice en décembre 1990 et décembre 1991. Pierre Botton se trouvait avec sa famille. En 1990, nous avons discuté sur la plage de nos métiers, de la situation politique, de ses rapports avec son beau-père. Je ne sais pas exactement quelle était la cause du différend qui opposait Pierre Botton à Michel Noir, mais j'ai eu l'impression à cette époque que leur rupture n'était pas irrémédiable et ce d'autant plus que je savais qu'ils se revoyaient à l'occasion des fêtes de Noël. J'ai d'ailleurs dîné une fois chez Pierre Botton dans le courant du dernier trimestre 1988 avec Michel Noir et sa femme, avenue Paul-Doumer. Lors de ce dîner, je n'ai perçu aucune agressivité entre eux. C'est Pierre Botton qui m'avait convié à ce dîner. À part ces moments, je n'ai jamais revu de façon suivie Pierre Botton.

Concernant ses activités, je ne savais rien de précis. Il m'avait expliqué qu'il était installateur de pharmacies. Il ne m'a jamais cité de noms de sociétés qu'il contrôlait. Il m'a parlé du marché européen qui constituait pour lui un enjeu important. J'avais constaté que Pierre Botton avait un important train de vie et qu'apparemment ses affaires marchaient assez bien. Il utilisait quelquefois l'hélicoptère. [...]

LE JUGE : Je vous présente la facture à en-tête CEDEV datée du 19 avril 1989 extraite du scellé 104 [...].

M. J.-P. ELKABBACH : Lors du dîner au domicile de Pierre Botton, fin 1988 début 1989, j'avais constaté que son appartement était bourré de télévisions et d'instruments électroniques. J'ai notamment remarqué un gros téléviseur à grand écran que je n'avais pas vu dans le commerce, de marque Grundig. Ma femme et moi nous lui avons demandé les références exactes. Pierre Botton a dit qu'il s'en chargerait. Nous l'avons rappelé un peu plus tard pour lui redemander les références de ces téléviseurs. Pierre Botton nous a à nouveau confirmé qu'il allait s'en occuper. Quelque temps plus tard un téléviseur de ce type (qui n'était pas commercialisé) a été livré à notre domicile. Ma femme a rappelé plusieurs fois Pierre Botton pour lui réclamer le bon de garantie et la facture. Botton a dit qu'il allait lui faire parvenir cela. Je l'ai également appelé personnellement sans résultat. Puis les choses sont restées en l'état et nous n'avons jamais eu de facture, ni de bon de garantie pour ce téléviseur. Nous en avons déduit qu'il s'agissait d'un geste amical de la part de Botton. Je pensais également qu'il commercialisait des téléviseurs. »

Sur interrogation du Juge : « J'ai dû reparler une fois à Pierre Botton de ce téléviseur en lui faisant observer qu'il ne fallait pas. Il a fait un geste évasif en me faisant comprendre qu'il avait pris ça à sa charge. »

Sur interrogation du Juge : « Il est exact que nous n'étions pas suffisamment amis pour qu'il ait des raisons de nous donner un téléviseur. À aucun moment, je n'ai pensé que Pierre Botton allait facturer l'achat de ce téléviseur à l'une de ses sociétés. Je ne connaissais pas la société Télésanté.

« J'ai toujours ce téléviseur à mon domicile. Je n'ai pas eu l'idée de renvoyer ce téléviseur à Pierre Botton une fois qu'il était installé à notre domicile. Cependant, je suis prêt à en régler le coût soit à la société Télésanté, soit à un mandataire liquidateur. »

Sur interrogation du Juge : « Je ne me suis jamais interrogé sur le prix de ce téléviseur. J'imaginais qu'un téléviseur de ce type coûtait autour de 20 000 francs.

« À part ce téléviseur, je n'ai jamais bénéficié d'autres gestes de la part de Pierre Botton. Il ne m'a jamais offert des voyages ou des séjours, que je n'aurais jamais acceptés. »

LE JUGE : Je vous présente la facture datée du 12 mai 1990 à en-tête de l'hôtel Martinez extraite du scellé 71.

M. J.-P. ELKABBACH : Je me souviens effectivement d'avoir dîné à l'hôtel Martinez au mois de mai 1990. J'étais au festival de Cannes dans le cadre de mes fonctions d'Europe 1 et je logeais à l'hôtel Martinez, les frais étant payés par mon employeur. Je m'étais rendu à ce dîner, invité par la municipalité de Cannes. Il s'agissait d'un dîner de festival où il y avait beaucoup de personnes. Je ne comprends pas pour quelles raisons mon nom figure sur cette note facturée à la société Enfin que je ne connais pas. Il est possible que Pierre Botton ait été présent à ce dîner. Pour moi, ce dîner était pris en charge par la mairie de Cannes, et d'ailleurs Michel Mouillot était présent. Il est exact que François de Closets et Patrick Poivre d'Arvor étaient présents lors de ce dîner. Il s'agissait d'une réception courante organisée dans le cadre du festival.

Sur interrogation du Juge : «J'ai dû interviewer à deux reprises Michel Mouillot sur Europe 1. Je pense que mes collaboratrices avaient contacté les siennes pour procéder à ces interview.»

Lecture faite, persiste et signe avec nous et le greffier.»

* * *

En somme, Jean-Pierre Elkabbach ne m'aurait vu que par hasard, sans que cela implique quoi que ce soit, ne profitant de mes largesses qu'à son corps défendant. Soit.

Reprenons le cours de sa déclaration et détaillons-la. D'emblée, Jean-Pierre Elkabbach essaya de se dédouaner. Sa phrase : «À deux ou trois reprises, il m'avait contacté pour que je le rejoigne à des déjeuners ou à des dîners avec des amis. Je ne me suis jamais rendu à ses invitations» m'a toujours interloqué. Je me dois de la rapprocher des propos rapportés lors d'un dîner tenu au moment de l'annonce de mes ennuis judiciaires, repas au cours duquel l'animateur d'Europe 1 aurait déclaré : «Pierre Botton, il n'est pas fréquentable!» Était-ce «pas fréquentable» ou «plus fréquentable» qu'il voulait dire?

Vraisemblablement peu à l'aise dans l'ambiance austère du bureau du palais de justice de Lyon, le journaliste citera, sans qu'on le lui demande, le nom des confrères ayant eux aussi répondu à mes invitations, comme une caution, une excuse. Je le connaissais plus fier devant son micro, plus sûr de lui, plus courageux, à la limite de l'arrogance même. Imaginait-il que quelque chose pouvait lui être reproché? De m'avoir rencontré?

Comment pourrait-il en être autrement lorsque l'on connaît les postes à responsabilités occupés par Jean-Pierre Elkabbach ? N'est-il pas un grand professionnel accoutumé à fréquenter ce milieu, qui interroge chaque matin les plus grands hommes politiques, les connaît depuis des années et, à ce titre, sait qu'il doit faire attention à son entourage ? Il est habitué aux sollicitations et, depuis le temps, a appris à distinguer ce qu'il peut accepter et ce qu'il doit refuser, mais il est venu se joindre à ma table. Si, à plusieurs reprises, j'ai pu expliquer que j'invitais tous ces journalistes pour faciliter l'ascension politique de Michel Noir, et même utilisé les services de certains par l'intermédiaire de l'agence Plateforme, 4, rue de la Pyramide à Boulogne, 94400 cedex, pour réaliser des trainings rémunérés de personnalités politiques. Je me demande toujours, en relisant certaines dénégations maladroites et médiocres, pourquoi ils avaient accepté mes invitations pour ensuite me juger « pas fréquentable » ? J'attends avec impatience leurs réponses.

En suivant cette logique, comment monsieur Elkabbach pouvait-il, en séjour à l'île Maurice, accepter de dîner avec un personnage comme moi puis le dénigrer en public ? Est-ce la présence de mon frère, qui lui donnait des cours de ski nautique tous les soirs, qui me rendait alors plus fréquentable, au point de faire ensemble une photo de vacances ? Mais c'est vrai, il s'agissait d'un hasard, n'est-ce pas ?

* * *

Passons. J'en ai lu, vu et entendu d'autres. En revanche, il me paraît utile de revenir sur « l'affaire » du téléviseur.

Comme l'atteste sa déclaration devant le magistrat, ses revenus lui permettaient largement de s'offrir cet appareil qui, en réalité, était commercialisé depuis longtemps. Il est exact, comme il l'affirme, qu'il m'a appelé à plusieurs reprises, ainsi que son épouse, après réception du poste en question. Mais je ne me souviens pas que ce fut pour me proposer de régler la facture ! L'un comme l'autre pestaient parce que les livreurs avaient laissé l'appareil sans régler les chaînes ! Devant leur désarroi, et surtout leur insistance, je demandai à ces derniers de retourner chez eux afin de programmer les canaux. Et une fois les techniciens intervenus, je n'eus plus de leurs nouvelles. Voilà une attitude qui ne cadre guère avec l'armure de chevalier blanc qu'il endosse lorsqu'il reçoit dans ses émissions des invités aux prises avec la justice ou englués dans la tourmente politique.

À propos, si l'un de mes lecteurs le croise, merci de lui rappeler les engagements pris dans le bureau du magistrat en affirmant : « J'ai toujours ce téléviseur à mon domicile. [...] Cependant, je suis prêt à en régler le coût soit à la société Télésanté, soit à un mandataire liquidateur. »

Comme j'ai tout remboursé, il conviendra de lui demander d'établir le chèque à l'ordre du Trésor public.

Depuis avril 1989, le délai de règlement est, je pense, suffisant...

FOUCAULT JEAN-PIERRE : SACRÉ FIDÈLE

Présentateur vedette de shows télévisés sur TF1.

Comment faire le dictionnaire de mes chers amis sans évoquer le présentateur de *Sacrée soirée*, d'*Intervilles*, des *Années tubes* et de tant d'émissions entrées dans notre mémoire collective ? Car c'est sans doute l'homme du milieu si particulier de la télévision qui m'épate le plus par son naturel et sa gentillesse. Certains tendent à confondre ses qualités humaines avec de la bêtise, mais cette confusion provient essentiellement du fait qu'il évolue dans un monde où la lumière déforme les jugements. Je dirais seulement à ses détracteurs que, pour rester plus de trente ans sur le devant de la scène, il faut être un dinosaure résistant et riche de talent, un vrai professionnel et, surtout, avoir la confiance des téléspectateurs. Bien sûr, j'ai dans ma mémoire mille anecdotes sur mon amitié avec Jean-Pierre. Certaines de bonheur, d'autres de tristesse, quelques-unes qui relèvent des confidences, des joies et aussi des espoirs. Il a toujours été présent quoi qu'il m'arrive, avec son bon sens, ses valeurs simples mais tellement proches de la réalité.

* * *

Je ne me souviens absolument pas des circonstances de notre première rencontre, me rappelant juste l'époque où j'évoluais de temps à autre sur les plateaux de télévision afin d'assister aux enregistrements de mes amis chanteurs. C'est sans doute là que nous avons échangé quelques mots. Avec les mois, nous avons appris à nous connaître, nous comprendre, nous apprécier et à nous voir régulièrement. Nous partageons en effet le goût pour la bonne chère et les problèmes de poids qui vont avec, ce qui, pour lui, est ennuyeux puisqu'il est toujours devant les caméras. Peu de gens du show-business m'ont invité chez eux, dans leur tanière, à l'abri des regards, mais lui l'a fait, me permettant de découvrir son existence de monsieur Tout-le-monde. Lorsque je suis à sa table et à celle d'Évelyne, son épouse, il n'y a pas de cérémonial, de réflexions déplacées : on est chez ce que j'appelle aujourd'hui un ami. Avant d'évoquer ces souvenirs de repas, je dois dire quelques mots d'Évelyne qui incarne la stabilité de Jean-Pierre, vit dans son ombre en lui offrant un amour infini. Elle surveille tout comme une observatrice de qualité, analyse les comportements de tous ceux qui approchent sa star et scrute les éventuels dangers dans les méandres des conversations. Son regard bleu électrique ne laisse le soin à personne d'exprimer ce qu'elle à envie de dire. Je souhaite à tous les animateurs, tous les hommes publics, la même compagne, la même complice.

Il faut également évoquer à mots couverts Virginie, la fille de Jean-Pierre, et Sandrine, celle d'Évelyne. L'une ressemble à son père : elle dispense la même générosité. Vivant aux USA, elle y trouve son équilibre, loin des difficultés de porter le nom d'un homme soumis aux regards et critiques quotidiennes du public et de la « profession ». La seconde est décoratrice et évolue parfois aux frontières des métiers de la télévision, comme lorsqu'elle décore la salle des étoiles pour le gala de la Croix-Rouge à Monaco. Contrairement à tout un ensemble de personnalités citées dans cet ouvrage, Jean-Pierre est un père plein de pudeur et de simplicité. N'est-il pas allé lui-même faire refaire le passeport de sa fille pour que le consulat puisse y apposer le visa de travail qu'elle avait obtenu aux États-Unis ? N'est-ce pas lui qui l'accompagna pour le retirer, attendant patiemment dans la voiture, prenant du temps à son agenda bien chargé afin d'être sûr que tout se déroule bien ? J'admire ce geste car c'est tout ce que je n'ai pas eu le temps et l'intelligence de faire avec mes filles à l'époque folle de ma « gloire ». Malheureusement, le temps passé est perdu.

* * *

Sa maison de Carry-le-Rouet traduit bien sa personnalité. Malgré des explications très précises, l'itinéraire d'accès à ce havre de paix est impossible à trouver. En désespoir de cause, on doit téléphoner et avouer son désarroi. Alors, au bout de quelques minutes, on voit arriver Jean-Pierre Foucault, au guidon d'un vieux scooter, couvert d'un gros casque. À Carry, son accent marseillais se fait plus fort, plus pointu. Sa tenue : le short et les claquettes. Dès que l'on pénètre dans la maison, on se retrouve plongé dans le milieu marin : tout est offert à la mer, tout est simple, de qualité, mais sobre. Le plus surprenant, c'est que dans le voisinage n'habitent presque que ses copains d'enfance, lesquels se comportent avec lui comme des boucliers de bon sens le protégeant des autres. Un coup de téléphone, et, en un rien de temps, débarquent des Méridionaux d'origine, jamais d'accord sur rien, sauf sur le pastis et la camaraderie, qui parlent boules, politique mais jamais télévision. Pas de différence sociale, pas de différence d'âge : seulement l'amitié.

Dans cette ville natale de Fernandel, le meilleur restaurant de poisson s'appelle L'Escale. Avant mon incarcération, Jean-Pierre m'y a convié pour déguster des rougets de roche. Car, autre spécificité du présentateur, lui m'a invité ! C'était un vrai moment de détente parce que avec un ami sincère on a toujours quelque chose à dire. En outre, lorsque je fus placé en détention préventive, je reçus régulièrement des lettres à l'en-tête de sa société Parasol contenant des invitations à retourner partager les rougets de L'Escale. *« Pierre, je pense à toi et souhaite de tout cœur que très vite, ensemble, nous puissions déguster quelques petits rougets pêchés devant la maison ! »* me dit-il en ajoutant : *« Je t'embrasse. »* Ainsi, non seulement il m'écrivait mais il osait signer de son nom, n'ayant rien à craindre de nos relations. Pour les vœux, il me dit :

« Il est une tradition dans le monde… celle des vœux. Alors sacrifions à la tradition, et bonne année ! De tout cœur. Je souhaite que, très rapidement, tu puisses recouvrer la liberté. Quelles que soient les erreurs, les fautes (fussent-elles graves),

rien n'est pire que d'être éloigné de sa famille, de ceux qu'on aime. Je souhaite que, très vite, tu puisses serrer dans tes bras tes filles. Et que je puisse partir à la pêche pour te préparer des rougets ! (J'ai rejeté les précédents qui commençaient à pourrir !) Mais, au fait ? La plus grande des souffrances n'est-elle pas d'être quasiment obligé de regarder la télé ? Tiens le coup ! Amitiés. »

Cette amitié-là, contrairement à beaucoup d'autres, était sincère, et j'ai pu, depuis, le vérifier à plusieurs reprises.

* * *

À ma sortie de prison, aller chez lui fut une des rares invitations que j'acceptai. Là, je devinais que je serais bien, qu'il ne parlerait jamais de ce qu'il ne faut pas, étant humain et sensible. Lorsque Jean-Pierre évoque son enfance, son père disparu dans des circonstances tragiques, il témoigne d'une sensibilité et d'une vérité exceptionnelles. Si bien que, si je ne regrette pas complètement d'être entré dans le monde des paillettes et des strass qu'est le show-business, c'est parce que j'ai eu la chance d'y rencontrer deux ou trois personnes de sa trempe.

* * *

Pour finir, je souhaite raconter le geste exceptionnel de toute l'équipe d'*Intervilles*, de Gilles Amado le réalisateur, et, bien sûr, de son célèbre présentateur, geste qui ne quittera jamais ni mon cœur ni celui de mes filles. J'étais incarcéré et j'avais décidé de ne pas leur faire connaître l'univers de la prison en leur imposant le parloir. Ne pas les voir grandir, bouger, dans la solitude de l'isolement qui m'était imposé, s'avérait une immense souffrance, mais imaginer le choc que ces visites pourraient leur laisser était pire. Une fois, à l'occasion d'un parloir, j'appris qu'elles feraient partie du public d'*Intervilles* et que toute l'équipe travaillant sur le jeu allait me permettre de les voir en réalisant un gros plan. Le soir, je me plantai donc devant la télévision, à l'envers sur le lit pour être plus près de l'écran. Je les vis alors apparaître, terrorisées par tout ce qui se passait autour d'elles et par la pensée que, de l'autre côté du poste, leur père les regardait. Elles ne bougeaient pas. Ce fut l'une des plus grandes émotions de ma vie. J'ai pu découvrir que mes deux poupées étaient belles, en bonne santé, qu'elles portaient toutes deux des lunettes. Cette vision fut une oasis d'espoir au milieu de mes ténèbres, un rayon de soleil dans ma cellule. Il me fallut plusieurs heures pour arrêter de pleurer, mais combien c'était bon.

J'ai eu l'occasion, de façon fortuite, de remercier Nathalie Simon pour la façon dont, en ces circonstances, elle s'occupa de mes enfants, mais jamais je ne pourrai exprimer l'intensité des émotions que me procurèrent ces quelques secondes de télé. Merci aux techniciens, cadreurs, réalisateur, d'avoir brisé une partie de ma douleur d'alors. Sorti de cet enfer, j'ai aussi remercié Jean-Pierre et retrouvé, dans sa magique maison de Carry, la fine équipe de ses protecteurs soldats à l'occasion d'un dîner fait de vérité et de plaisir. Je ne me rappelle plus les noms de tous les convives, mais je tiens à les saluer ici, à souligner leur chaleur, leur humour et leur discrétion. Autant de traits qui sont ceux de Jean-Pierre Foucault, un homme avec qui j'ai partagé d'intenses moments d'émotion.

LEDERMAN PAUL : IMPRESARIO QUOI QU'IL ARRIVE

Imprésario de Claude François, de Thierry Le Luron, de Coluche et des Inconnus, producteur audiovisuel.

J'ai croisé Paul Lederman par le biais de mon amitié avec Coluche, dans la maison que ce dernier avait louée à Roquefort-les-Pins peu de temps avant son décès.

Mon arrivée en ces lieux avait été houleuse. J'avais atterri en hélicoptère dans la propriété, facile à reconnaître du ciel grâce au tapis rouge long de trente mètres que Michel avait fait poser pour aller à la piscine et éviter à Thuthur, le chien, de s'abîmer les pattes sur le gravier. En outre, à cette époque, cet hélicoptère étant régulièrement utilisé pour le déplacement de certains ministres, son immatriculation était connue de la police de l'air et des frontières.

Partant de Mandelieu, j'avais indiqué ma direction et déclaré mon intention de me poser dans une propriété privée. Mais le bruit que faisait l'hélicoptère était tel que des voisins s'étaient plaints auprès de la gendarmerie locale. Le responsable de la maréchaussée, qui d'ordinaire ne se déplace pas au premier coup de fil, avait toutefois, vu l'immatriculation de l'aéronef, pensé que des membres du gouvernement étaient en déplacement. Comme il souhaitait montrer à ces « importants » visiteurs qu'il veillait au grain, il voulut entrer chez Coluche. Ce qui était sans compter sur le rejet de ce dernier pour tout ce qui représente l'autorité. Les propos pourtant courtois du représentant des forces de l'ordre furent accueillis par un tonitruant : « Tout ce qui a un képi, je le brûle. »

Nous étions en mai 1986. Chaque week-end, je descendais à Roquefort-les-Pins, dans la maison que l'humoriste louait pour préparer, au calme, sa rentrée au Zénith. Nous passions le plus clair de notre temps à table, dévorant à belles dents les produits lyonnais que j'avais apportés, tout en prenant un malin plaisir à nous moquer les uns des autres. Tout y passait. Nous disions même à Michel qu'il n'était plus bon à rien, que l'on ne parlait plus de lui, qu'il ne faisait plus rire personne. On verra, par la suite, les conséquences de ces propos.

La première fois que j'ai vu Paul Lederman, il était venu pour la journée et s'était isolé avec l'artiste afin d'écouter la cassette sur laquelle Michel enregistrait ses nouveaux sketches. Ludo, Erick et moi écoutions les histoires à tour de rôle, mais, visiblement, nous n'étions pas des références suffisantes. Seul importait l'avis de l'imprésario. Paul était très nerveux, toujours inquiet, toujours en sueur, s'essuyant continuellement le front avec un mouchoir. Il avait d'ailleurs souffert lorsque son protégé avait tenu à faire une promenade en bateau en plein midi. Nous étions en effet partis du ponton de l'hôtel Martinez à Cannes, en direction des îles de Lérins. Pendant la traversée, les deux compères discutaient à l'avant, conversation apparemment orageuse puisque Paul me prit à témoin. Il estimait les demandes de son artiste pour le spectacle du Zénith démesurées et lui répliquait en listant tout ce qu'il avait fait pour lui, notamment sa remise en selle grâce à une émission bien payée sur Europe 1. Ce qui poussa Michel à lui répondre, par une pirouette : « Si je meurs, je veux que ce soit Lederman qui organise mes obsèques, comme ça, je suis sûr d'avoir du monde. » Incroyable prémonition.

* * *

Le week-end terminé, je regagnai Lyon. Quand, quelques jours plus tard, j'appris par la radio la nouvelle du décès de Coluche. Sur le coup, je n'y crus pas, n'ayant cessé de le « chambrer » sur son incapacité à faire parler de lui, à nous surprendre. J'imaginais donc qu'il s'agissait d'une des blagues dont il avait le secret, lui qui affirmait qu'« on peut déconner sur tout ». Un jour, par exemple, à l'occasion d'un banquet où l'on mangeait de la choucroute dans une ambiance surchauffée et où quelques saucisses volaient de table en table, il prit la parole pour calmer l'assistance : « Arrêtez, on ne déconne pas avec la bouffe ! » Puis il attaqua son assiette et la lança vers la table voisine sous les regards ébahis du député et des notables locaux.

Les flashes se succédèrent sur les ondes jusqu'au moment où l'on me prévint qu'un avion m'attendait à l'aéroport pour m'emmener sur les lieux de l'accident. Juste après, un proche de Coluche m'appela et me confirma la nouvelle en des termes à jamais gravés dans ma mémoire : « Pierre, Michel est mort… Bon courage. » Pour moi c'était impensable ! Les provocations constantes de Coluche, la proximité du spectacle, le climat délirant régnant dans la maison, m'empêchaient d'y croire. Une parcelle de mon esprit me susurra que Michel avait monté son dernier coup de bluff. Mais, hélas, il n'en fut rien.

Je pris donc l'avion pour me rendre à Roquefort-les-Pins. J'arrivai sur place et trouvai Didier, un ami de Michel, à l'entrée de la maison, ainsi que Ludo, celui qui l'accompagnait partout depuis des années, assis sur les marches avec les autres copains figés dans un silence terrible. Tout le monde était hagard. Je me rendis sur-le-champ au funérarium de Grasse et demandai à voir Coluche. Ne voulant pas laisser le corps de mon ami seul, je désirais le veiller. Malheureusement, en raison de l'heure tardive, je trouvai portes closes. En revanche, à mon retour le lendemain matin, le personnel m'assaillit de questions insensées. Fallait-il masquer les conséquences de l'accident ? Pour les employés, ce n'était qu'une question de coût. Choix atroce, aussi grotesque qu'irréaliste. Je donnai évidemment mon accord, avec on ne sait quel droit, on ne sait quel pouvoir, puis revins à la maison. Satisfaits d'avoir trouvé un interlocuteur, l'après-midi, les employés des pompes funèbres m'assaillirent de nouvelles questions : qualité du cercueil, ornements extérieurs, intérieurs ? La profusion d'interrogations aussi sordides me donna le tournis. Trois jours auparavant, j'étais avec mon ami en train de choisir, sur un catalogue, le bateau que nous allions réserver pour notre prochaine journée en mer, et là je me retrouvais à décider quel serait son dernier navire !

Comme ils m'expliquèrent que les vêtements de Michel étaient endommagés et qu'il convenait d'en apporter d'autres pour la mise en bière, je retournai à la maison retrouver Erick et Ludo, dans la chambre même où je dormais sur un lit de camp à côté de Michel. Ludo choisit sa salopette noire, une chemise blanche constellée de cœurs et des chaussures rouges. À ce moment, Paul Lederman pénétra dans la pièce. Il ne vint pas nous aider, mais fouilla désespérément le bureau, enleva l'ardoise sur laquelle Michel inscrivait les noms des sketches qu'il lui restait à écrire ou à modifier. Il cherchait. Notre désarroi nous fit le regarder sans réagir. Que voulait-il ?

Tout à coup, le producteur saisit une cassette, prit la pile de cahiers sur lesquels Coluche écrivait et jeta le tout dans un carton. Plus tard, nous comprîmes que la bande tant convoitée était le support audio que Michel lui avait fait écouter quelques jours auparavant, cassette qui fut la base du dernier disque de Michel produit par Paul Lederman, quelques semaines à peine après le décès de notre clown national.

Mais nous nous détournâmes de lui. Je pris les dernières affaires de mon pote et retournai dans ce « putain » de funérarium. Alors qu'il fallait fermer le cercueil, beaucoup de questions se posèrent encore, dont celle du lieu des obsèques : je préconisai Notre-Dame, mais l'imprésario s'y opposa. Me remémorant alors la phrase de Michel : « Je veux que ce soit Paul qui organise mes obsèques », je laissai faire. Puis vint le problème de la remontée du corps vers Paris.

Comme il était impossible de prendre l'avion et que Paul avait besoin de temps pour organiser la réception du cercueil, on décida de le rapatrier en voiture. Je demandai qui voulait accompagner Coluche, mais personne ne répondit. J'expliquai alors que je souhaitais rester à côté de la dépouille de mon ami dans ce voyage de mille kilomètres. Ces derniers moments d'intimité avec mon ami ne relevaient pas pour moi de l'effort. Je voulais l'accompagner et me fis le vœu de ne pas abandonner un instant le cercueil jusqu'au cimetière de Montrouge. Je trouvais néanmoins surprenant que cet homme, que tout le monde souhaitait approcher lorsqu'il était en vie, se retrouvât en ma seule compagnie sans qu'aucun proche n'ait souhaité partager cette ultime route.

Incroyable leçon. La mort tue à la fois la vie et l'intérêt que les autres vous portent.

* * *

Ces résolutions prises, il restait à fermer le cercueil. Un nouvel affrontement survint avec Paul Lederman qui souhaitait, pour le souvenir, que fut prise une photo de Michel dans son linceul. Nous étions six dans la petite pièce : Monette sa maman, sa sœur, Paul Lederman, Claude Martinez, associé de l'imprésario, Didier qui était à ses côtés lors de l'accident, et moi-même. Chacun donna son avis. Nous nous sommes tous opposés à cette idée déplacée, à l'exception de Paul ainsi que de Claude, plus nuancé. Ces palabres ne servirent hélas à rien : une photo fut publiée par *Paris-Match* la semaine suivante.

Je remontai donc dans le corbillard par l'autoroute, questionnant régulièrement Paul, par téléphone, sur le lieu où nous devions arriver à Paris. Comme les préparatifs prenaient du temps, il me demanda de me débrouiller pour trouver un endroit où héberger Michel une nuit durant. Il avait envie de le ramener chez lui, mais rien n'était prêt. Grâce à la complicité du concierge de nuit du Plazza Athénée, je me cachai donc avec mon pote dans le parking de l'hôtel. Au petit matin, j'amenai le véhicule et son triste passager rue Gazan, où j'ai assisté au défilé des fans de Coluche venus lui rendre un dernier hommage, marques de sympathie émouvantes des multiples anonymes se recueillant devant sa dépouille.

Avec le recul, je comprends que Michel avait raison : il fallait bien que ce soit Paul Lederman, ce requin du show-business, qui organise les obsèques. Pour le reste, je laisse le lecteur juge.

MARTIN JACQUES : SOUS VOS APPLAUDISSEMENTS

Producteur et présentateur de Dimanche Martin *sur France 2.*

Tous deux Lyonnais d'origine, c'est Paul Bocuse qui nous a donné l'occasion de nous rencontrer. Une rencontre que je ne regrette pas tant la connaissance que j'ai de ce grand présentateur ne correspond pas du tout à l'image que lui collent tous les représentants de l'intelligentsia parisienne. Il est vrai qu'il a la dent dure et que cela ne plaît pas toujours. Jacques Martin est en effet le fidèle héritier du Guignol lyonnais qui, sur scène, donne des coups de tavelle à ses ennemis. Il aurait d'ailleurs beaucoup plus de talent que moi pour renvoyer dans leurs buts tous les marquis du microcosme audiovisuel. Partageant les mêmes fournisseurs aux halles de Lyon, nos premières discussions se sont donc tenues autour de la bonne bouffe. N'est-il pas cousin avec la mère Richard, cette fromagère au caractère trempé pleine de rugosité et de tendresse dont les Parisiens commencent à voir apparaître les produits sur leurs tables ? Nous nous amusions beaucoup, avec le présentateur, à commander dans des restaurants de la capitale des saint-marcellin que l'on nous assurait venir de Lyon. Et lorsqu'ils arrivaient, nous râlions et nous lancions dans une tirade sur ce que doit être un bon saint-marcellin.

De son éducation chez les jésuites de la Croix-Rousse, Jacques a conservé une bonne dose d'anticléricalisme et une grande culture. En bon clown il doit, avant que de railler les uns ou les autres, parfaitement les connaître. D'une fidélité exceptionnelle et d'une gentillesse à toute épreuve, ce passionné de musique classique déteste la lâcheté. Malheur à qui le trahira car il aura alors contre lui l'un des esprits les plus vifs qui puissent être. Loin des calculs et du machiavélisme du microcosme parisien, il a animé nos dimanches télévisuels pendant des années en parvenant à rallier toute la famille autour de sa géniale *École des fans*. Tous les téléspectateurs connaissent sa verve, son physique imposant et son respect du public. Mais seuls ceux qui l'ont approché de près ont pu apprécier ses qualités humaines. Sa gentillesse et la complicité qu'il entretenait avec les enfants de *L'École des fans* n'étaient pas feintes. Il possède un grand sens psychologique et ne porte ni la haine ni la revanche en lui, qualités rares dans le milieu dans lequel il évolue depuis plus de trente ans. Le public, lui, ne s'y trompait pas car le talent et la créativité ne trompent pas.

* * *

Avant de devenir amis, nous avions eu l'occasion de nous rencontrer à plusieurs reprises lors de repas chez Eddie

Barclay ou Paul Bocuse. Je me souviens d'avoir fêté l'un de mes anniversaire en sa présence. La coutume chez les gens bien élevés et attentionnés étant d'apporter un cadeau, j'aurais dû déjà avoir la puce à l'oreille en notant le peu de présents apportés par mes convives du monde médiatique tandis que Jacques, lui, connaissant ma passion pour l'aviateur et ses exploits, m'offrit une lettre originale de Roland Garros. J'avais aussi, ce jour-là, invité Michel Legrand et fait venir un piano, avec le secret espoir qu'il veuille bien nous interpréter quelques morceaux. Je n'osai lui demander mais Jacques sut entraîner le compositeur et déclencher l'une des soirées les plus mémorables que j'aie eu à connaître. Michel Legrand s'installa au piano et Jacques, qui adore chanter, le suivit. Leur grande complicité les poussa jusqu'à une heure avancée de la nuit, moment où ils se mirent à fredonner du « yaourt », ce qui consiste à suivre la musique avec des paroles qui collent à la mélodie, mais n'ont strictement aucun sens. Nous eûmes droit d'abord à du yaourt français, puis, sur des airs d'opéra, à du yaourt italien, ensuite à de l'allemand. De sorte que toute l'Europe musicale défila chez moi. Nous avions en somme constitué un petit groupe que chacun était heureux de retrouver à la moindre occasion. Ainsi, lors d'une des soirées données durant le festival de Cannes, qu'elle ne fut pas la surprise des invités de voir notre joyeuse équipe en smoking trouver ses marques en un instant pour mieux les divertir.

Jacques était le moteur de ces moments d'exception, car il aime la vie. De plus, il porte un regard sans complaisance sur son monde. De nombreuses fois, avec délicatesse, intelligence et des mots choisis, il me fit part des travers connus de telle ou telle figure de son métier. Jamais il ne m'a refusé quoi que ce soit, tout en sachant se préserver de mes foucades politiques. Il n'avait guère de respect pour les hommes de ce milieu qui se méfiaient de lui à cause de son passé de brocardeur d'élus dans de nombreuses émissions télévisées comme *Le Petit Rapporteur*.

* * *

Lors de ma détention préventive, de nombreux journaux n'hésitèrent pas, comme c'est le jeu, à imprimer des dessins satiriques. À tout seigneur tout honneur, le plus répétitif fut *Le Canard enchaîné*. Je me souviens d'un croquis où l'on me voyait dans ma cellule en train de regarder Patrick Poivre d'Arvor à la télévision. Le dessinateur me faisait dire : « Je le plains dans sa prison dorée de TF1 ». L'hebdomadaire satirique du 25 novembre 1992 publia aussi, en encadré de dernière page, un poème parodiant une chanson de Charles Trenet :

« Dans les pharmacies,
Dans les pharmacies,
Dans les pharmacies,
Botton que voit-on ? Ben c'est pas coton
Des pistons et des gueuletons
On trouv'tout, mais si,
Des avions-taxis
Pour gentill's vedettes Parlez d'une fête
C'est fou ce que c'est chouette
Y a des chers confrèr's et consœurs
Médiatiques et consorts

Ils ne renvoient pas d'ascenseur
Mais ne modèr'nt leurs transports
Dans les pharmacies
De Lyon merci
Le gendarme parl'comme à Guignol
De la pluie et du Botton parole
Dans les pharmacies si si si bémol
Casta del Sol... »

Si aujourd'hui je peux en rire, quoique encore jaune, je reconnais que je trouvai cet humour injuste. Mais il est vrai qu'en détention le sens de l'humour disparaît souvent. Chaque dimanche, Jacques Martin, de son côté, abordait mon affaire avec causticité mais tendresse et répondait à sa manière aux accusateurs de circonstance qui se dédouanaient un peu trop facilement. Son acolyte Stéphane Collaro faisait de même dans *Le Bébête Show* de TF1. À l'occasion des fêtes de Noël, je vis Jacques interpréter une parodie de *Petit Papa Noël* dont j'étais le sujet :

« *Le Père Noël habite Lyon*
Sa hotte était toujours bourrée
Mais cette année c'est en prison
Qu'il prépare les festivités
Et les journalistes s'inquiètent :
Comment vont-ils passer les fêtes ?
Petit Papa Botton,
Quand tu sortiras de prison
N'oublie pas de faire des cadeaux
À tous ceux qui te tournent le dos.

Car tu peux leur offrir
Ce qui leur faisait plaisir
Prends garde de ne rien oublier
Et note-le sur ton petit carnet
Offre des voitures ou un beau voyage
À ceux qui voudraient se balader
Un hélicoptère entre deux nuages
À ceux qui veulent t'oublier.
Petit Papa Botton
Quand tu sortiras de prison
Tu sais que la vie a son prix
Quand on peut compter ses amis.
Tous ceux qui en ont profité
Aujourd'hui ne sont plus très sûrs
De leurs anciennes amitiés
Le Père Noël est une ordure
Et de toute la presse assainie
N'entre plus dans les pharmacies.
Petit Papa Botton
Quand tu sortiras de prison
Reprends pour les petits veinards
Tes soirées champagne et caviar
Comme au temps révolu
Où pour ton beau-père élu
Tu allais chercher quelques stars
Qui faisaient du travail au noir
Ah quelle est jolie notre République
Qu'on se tourne des deux côtés
À droite et à gauche il y a des pratiques
Que l'on voudrait oublier.

Petit Papa Botton
Merci pour Tahiti
Quand tu sortiras de prison
Merci pour Miami
Allez, offre-toi un billet
Merci pour Tokyo
Et prends l'air pour mieux respirer
Merci pour New York
Petit Papa Botton
Merci pour les Seychelles
Merci, merci, merci. »

Chaque dimanche, à sa façon, Jacques Martin m'envoyait donc un petit signe en rappelant à tous ceux qu'il avait vus à ma table que leur attitude n'était pas correcte.

Ce qui n'empêcha pas le destin de lui faire, à son tour, des signes cocasses. Ainsi, malgré son rejet du monde politique, deux de ses anciennes épouses se sont remariées avec des ministres, l'une à gauche, l'autre à droite. Jacques aime les femmes. Il les séduit par l'étendue de ses connaissances, son charme, sa délicatesse, sa générosité et son humour.

* * *

Malgré l'air du temps qui consisterait à l'oublier parce qu'il n'est plus à l'antenne et à omettre ce qu'il nous a apporté, que ce soit par sa volonté de faire connaître la musique classique, par ses émissions satiriques ou par son côté bon père de famille nous attendrissant avec *L'École des fans*, je voulais l'assurer de mon affection. Jacques, qui n'a plus rien à prouver, ne juge pas. Nos rapports sont exemplaires de ce qu'auraient dû être ceux que j'ai entretenus avec l'ensemble des personnalités des médias.

MÉRIEUX CHARLES : UN EXEMPLE

Fondateur des laboratoires pharmaceutiques Mérieux.

Ma rencontre avec Charles Mérieux, figure emblématique de la région lyonnaise, est due au destin.

À la fin des années 1970, je parcourais les routes de France au volant d'une Renault 20 pour essayer de vendre des installations de pharmacie. Afin de développer mon entreprise, je me levais très tôt pour couvrir les kilomètres qui me séparaient de mes clients du sud de la France. J'étais même amené parfois à quitter mon domicile vers 4 heures du matin pour rejoindre ma zone de prospection, ce qui me permettait de faire penser aux pharmaciens qui me trouvaient à 8 ou 9 heures devant chez eux que j'avais une succursale à proximité, capable d'assurer le service après-vente aussi bien que mes concurrents locaux. Ces journées de dix-huit heures effectives ne pouvaient pas ne pas laisser de traces. C'est ainsi qu'un matin, sur l'autoroute, à proximité de Marseille, ma Renault 20 finit sous les essieux d'un camion. Conscient de la nécessité de me reposer, je pris, sur un coup de tête, un billet pour Rio de Janeiro.

Comme tous les Européens au Brésil, je subissais les effets du décalage horaire et me retrouvais éveillé à 4 heures du matin, attendant patiemment l'ouverture du restaurant de l'hôtel Méridien de Copacabana pour le petit déjeuner. Patientant dès 6 h 30 devant les portes closes, je vis alors un homme qui, déjà à cette heure matinale, était en costume cravate. La conversation s'engagea, et nous découvrîmes nos origines lyonnaises. Tout à coup, je compris que je me trouvais devant le docteur Charles Mérieux.

Je lui fis le récit des événements m'ayant amené à prendre ces vacances forcées. Le docteur Charles, amusé, me proposa de partager sa table. Avec gentillesse, il dressa une liste de tout ce que je ne devais pas rater au Brésil et me donna rendez-vous plus tard pour faire le point. Comme un élève studieux, je visitai la plupart des lieux indiqués par mon « guide » providentiel et me rendis à notre rendez-vous. Très déçu par ma narration, le docteur Charles considéra que je ne savais pas tirer profit des conseils qu'il m'avait donnés et décida de m'accompagner le lendemain. Dans ces moments, j'étais admiratif de la simplicité de ce grand homme qui, pour le tout jeune chef d'entreprise lyonnais que j'étais, incarnait un véritable mythe. Sa gentillesse, sa disponibilité, sa façon d'observer, de raconter, avec une voix parfois difficilement audible, étaient pour moi un rêve. Grâce à lui, je découvrais Rio. Cette journée passée, il retourna à ses occupations professionnelles – mener à bien la grande opération de sa vie, vacciner cent millions de Brésiliens contre la méningite africaine – et moi à mon repos.

* * *

Je rentrai à Lyon préparer l'exposition la plus importante de mon métier : Ipharmex. De dimension européenne, elle réunit tous les professionnels de la pharmacie et les laboratoires, dont tous les leaders du marché de l'installation de pharmacie. Difficile pour ma petite entreprise régionale de faire bonne figure devant les géants qui exposaient. N'ayant pas les moyens de m'acheter un grand stand comme certains de mes concurrents, je décidai d'appliquer une règle simple : dans une exposition, tous les visiteurs vont soit manger, soit aux toilettes. Pour avoir la chance d'attirer le plus de congressistes possibles devant mon stand, il me fallait être installé à cet endroit peu enviable mais d'une redoutable efficacité : la proximité du restaurant et des toilettes. Je me distinguai aussi par la reconstitution, avec l'aide d'un de mes amis, du symbole des professions médicales. Dans une cage de verre étaient en effet placés un mortier et un serpent qui se lovait autour de l'objet métallique pour former un caducée. En fait, l'animal, fainéant, préféra sommeiller au fond de la cage. Plus tard, nous améliorâmes le système en plaçant des fils chauffants autour de l'axe vertical métallique afin que le serpent, attiré par la température plus clémente, vienne, de temps en temps, s'enrouler sur la source de chaleur. Toujours est-il que ce fut une des attractions du salon.

Le jour de l'inauguration de l'exposition arriva. Tous les patrons de l'industrie pharmaceutique étaient là, accompagnés des responsables économiques du secteur et de la presse. Le docteur Charles Mérieux était présent aussi, mais je n'osai aller le voir. Après avoir fait le tour des principaux stands, il déambulait dans les allées et s'arrêta devant la cage de verre renfermant mon serpent. J'en profitai pour l'aborder.

Il ne se souvint absolument pas de mon visage, mais, au rappel des faits, se remémora notre rencontre à Rio. Très intéressé par mon entreprise, il regarda le serpent et trouva l'idée un peu farfelue. Le départ de la procession de la délégation qui inaugurait le salon ne commençant que dans un bon quart d'heure, il me prit par le bras et me conduisit, sous le regard surpris de mes concurrents et de la plupart des exposants, jusqu'à son stand, toujours l'un des mieux situés. Il me parlait de ses projets, du ministre qu'il connaissait bien, de toutes les sommités du salon. De temps en temps, un industriel ou une personnalité venait le saluer et je m'écartais pour préserver la confidentialité de leur conversation, mais, chaque fois, il me reprenait le bras et m'emmenait poursuivre notre promenade. Je tentai de lui expliquer mon métier. Il se montrait intéressé par les innovations que j'apportais dans l'installation des pharmacies.

Je lui demandai s'il pensait possible d'amener toute la délégation, là-bas, au loin, voir le serpent. Sans l'ombre d'une hésitation, il m'assura que c'était une très bonne idée, l'attraction valant le détour.

L'inauguration officielle commença, suivant le trajet fixé qui, on s'en doute, ne passait que par les principaux stands. Pourtant, dans un brouhaha terrible, je vis arriver, comme tiré par le docteur Charles, le ministre de la Santé suivi à contrecœur par le reste des personnalités. Devant le ministre et avec l'aide de Charles Mérieux, nous sortîmes le serpent de sa cage, ce qui nous valut de figurer en première page des journaux locaux.

À chaque exposition, comme un rituel, j'allais dès lors saluer le docteur Charles, voyant chaque fois dans ses yeux malicieux emplis d'intelligence le constat du développement de mon entreprise, couronné à deux reprises par l'Oscar européen de l'innovation. Passant comme un examen à chaque exposition, je ne cessais de me battre pour avoir toujours le plus beau stand, le plus bel emplacement, la plus grande originalité jusqu'à avoir deux stands dont un au beau milieu de l'entrée. Je souhaitais réussir, heureux de noter qu'une figure aussi importante du ghotta lyonnais suivait mon ascension.

* * *

Une ascension qui me conduisit même, quelques années plus tard, à acquérir un hôtel particulier boulevard des Belges, l'avenue la plus prisée à Lyon, à quelques encablures de son domicile. Au faîte de ma gloire éphémère, je n'ai en effet eu de cesse de prendre pied sur cette avenue, comme un aboutissement qui, pour moi, sera une fin. Peu de gens ont pu comprendre ma volonté de vouloir habiter sur cette avenue ; en fait, je voulais placer mon nom à côté de celui de Charles Mérieux, mon modèle. J'y parvins. Un jour, il vint même prendre le petit déjeuner chez moi et j'eus le plaisir de voir arriver dans la cour de l'hôtel particulier la Mercedes grise du grand industriel, immatriculée uniquement avec des 7. J'avais l'impression que l'élève s'était hissé au niveau du maître.

Nous nous revîmes de nombreuses fois, pour rien, comme au temps du Brésil. Mais, au moment même où je m'installais boulevard des Belges, Charles Mérieux quittait son hôtel pour un appartement de la place Bellecour, nos Invalides à nous, les Gônes. De cela, je tirerais plus tard un enseignement : les leaders ne font pas les choses pour les autres, mais pour eux. En avance sur leur temps, leurs décisions deviennent par la suite un exemple, une mode, une façon de faire. Mais à ce moment là, eux sont déjà partis.

MONOD JÉRÔME : DÉGÂTS DES EAUX

Ancien Président-directeur général de la Lyonnaise des eaux.

Qui est Jérôme Monod? Éminence grise, homme de pouvoir, ancien membre éminent du mouvement gaulliste, il est de ces individus à qui les commentateurs prêtent un rôle d'influence. Cet homme aujourd'hui âgé de soixante-neuf ans a surtout été pendant plus de vingt ans le patron de la Lyonnaise des eaux. Cheveux blancs, regard perçant, ce ponte des affaires eut des fonctions au sein du Rassemblement pour la République (RPR), dont il fut le premier secrétaire général, et se trouve encore aujourd'hui l'un des invités privilégiés des voyages officiels du chef de l'État. Voilà qui fait chic sur une carte de visite! Moins chic fut la façon dont cet homme se comporta avec moi. Car, bien qu'il s'en défende désormais, je connais Jérôme Monod, son caractère et sa façon d'agir. Disons-le d'emblée, je ne considère pas, contrairement à beaucoup d'autres, l'ex-patron de la plus grande entreprise française de traitement des eaux comme le grand seigneur à l'âme sereine qu'il prétend être. Qu'on en juge.

On n'a pas assez rappelé que la société qu'il présidait a participé, par l'intermédiaire de ses cadres, à bon nombre d'affaires politico-financières des quinze dernières années. Lui-même n'a jamais été inquiété. Certains s'en étonneront peut-être. En revanche, des intermédiaires, une partie de son entourage, certains hommes politiques qu'il avait soutenus pour conquérir des villes qui échappaient encore à son entreprise, auront l'occasion de commettre des fautes qui leur feront tâter la paille humide des cachots. Jean-Jacques Prompsy (ancien directeur commercial de la Lyonnaise des eaux), Marc-Michel Merlin (président de la SDEI, société rachetée par la Lyonnaise des eaux), André Kamel (directeur de Dumez-International, puis conseiller du président), Bernard Prades (aux côtés de Jérôme Monod depuis 1974, directeur général délégué de la Lyonnaise des eaux), ont ainsi été aux prises avec la justice, soit condamnés, soit en attente de jugement, pour des faits impliquants la Lyonnaise des Eaux à un très haut niveau. Jérôme Monod, lui, n'a jamais été pris dans la tourmente. Son explication? Il n'était «pas au courant» de ce qui se passait dans son entreprise!

Aussi, en préambule et pour replacer les événements dans leur contexte, voici le texte intégral du procès-verbal d'interrogatoire de ce président de société au-dessus de tout soupçon. Un procès-verbal qui me concerne puisque ce «géant» du liquide a été entendu... à mon propos.

* * *

« Procès-verbal de déposition de témoin :

Le 23 février 1994 à 9 heures.

Devant nous P. Courroye, juge d'instruction au tribunal de grande instance de Lyon.

Assisté d'É. Thévenet, greffier,

Étant en notre cabinet, au palais de justice,

Instruisant sur les faits de chefs de faux en écriture de commerce et de banque et usage, abus de biens sociaux et autres, infraction(s) prévue(s) et réprimée(s) par les articles 147, 150 et 151, 402 du Code pénal, 196, 197 de la loi du 25 janvier 1985, 425 et 437 de la loi du 24 juillet 1966 et autres reprochés à :

Botton et autres.

A comparu, séparément et hors la présence des personnes mises en examen, le témoin ci-après nommé, lequel nous a remis l'avertissement qui le convoque.

Nous lui avons demandé ses noms, prénoms, âge, état, profession, demeure, s'il est parent ou allié des parties et à quel degré, ou s'il est à leur service.

Le témoin a répondu :

« Je me nomme : Monod Jérôme.

« Je suis né le 7 septembre 1930.

« Je demeure [...] 75007 Paris.

« Je ne suis ni parent, ni allié des parties, ni à leur service. »

Après lui avoir fait prêter serment de dire toute la vérité, rien que la vérité, nous avons reçu ainsi qu'il suit sa déclaration :

M. MONOD : Je suis titulaire diplômé de l'Institut d'études politiques de Paris en 1951 et ancien élève de l'École nationale d'administration promotion « France-Afrique » en 1954. Après avoir effectué mon service national en Afrique j'ai intégré à ma sortie de l'ENA la Cour des comptes comme auditeur. Puis, j'ai rejoint en 1959 le cabinet de Michel Debré, Premier ministre, où je suis resté jusqu'en 1962. J'étais chargé de mission spécialisé dans l'aménagement du territoire. À mon départ de l'hôtel Matignon, je suis retourné à la Cour des comptes avant de rejoindre brièvement le cabinet de Maurice Schuman qui, à l'époque, était ministre du Plan et de l'Aménagement du territoire. En mars 1964, je suis devenu directeur financier de la Datar qui était dirigée par monsieur Olivier Guichard. En 1967, je suis devenu délégué adjoint à l'aménagement du territoire, puis délégué à la Datar en décembre 1968. J'ai exercé cette responsabilité durant treize ans jusqu'au 1er septembre 1975 où je suis devenu directeur du cabinet du Premier ministre qui à l'époque était Jacques Chirac. J'avais précédemment rencontré monsieur Chirac à plusieurs reprises à l'époque où j'étais délégué à la Datar. J'ai quitté le cabinet du Premier ministre au départ de celui-ci le 25 août 1976. Je suis retourné quelques mois à la Cour des comptes avant de devenir le 5 décembre 1976, à la demande de Jacques Chirac, secrétaire général du RPR qui était le nouveau mouvement qu'il venait de constituer. J'ai exercé cette responsabilité jusqu'aux élections législatives de 1978, date à laquelle j'ai souhaité cesser mes fonctions pour revenir à la Cour des comptes comme nous étions convenus avec Jacques Chirac. Mes fonctions en tant que secrétaire général du RPR consistaient dans l'animation générale du mouvement, le règlement des conflits, les contacts avec les différents membres du parti, etc. Jacques Chirac était président du RPR.

Je suis resté à la Cour des comptes pendant un an. Puis en mars 1979 je suis devenu chargé de mission auprès du président de la Lyonnaise des eaux, Pierre Chaussade, qui avait été mon ancien préfet de stage à l'ENA et qui dirigeait la Lyonnaise depuis une dizaine d'années. Puis je suis devenu vice-président et je suis entré au conseil d'administration avant de devenir président de la société Lyonnaise des eaux en octobre 1980. Depuis septembre 1990, je suis président de la Lyonnaise des eaux – Dumez. Outre ces responsabilités, je suis administrateur de diverses sociétés : Total, la Compagnie financière de Suez, Havas, Dumez et GTM, diverses sociétés étrangères filiales de la société Lyonnaise. Je suis également membre du conseil consultatif de la Banque de France et membre du conseil international consultatif de la banque Westminster.

Je vous remets différents organigrammes de la Société lyonnaise. Avant la fusion, notre groupe comptait environ 25 000 personnes, depuis, la société Lyonnaise des eaux-Dumez gère environ 115 000 personnes. Les activités du groupe se divisent en deux pôles : un pôle service et un pôle aménagement et construction.

Le pôle service regroupe notamment le secteur de l'eau, l'énergie, la chaleur, le traitement des déchets, le funéraire, et des activités diverses dont la communication.

Le pôle aménagement et construction regroupe les sociétés Dumez et GTM. Le chiffre d'affaires est de 145 milliards de francs.

Le groupe Lyonnaise des eaux-Dumez, tous pôles confondus, effectue 45 % de son chiffre d'affaires et de son résultat à l'étranger.

Le groupe est composé, ainsi que le révèlent les organigrammes que je vous remets, d'une multitude de sociétés. L'existence de ces sociétés se justifie pour différentes raisons : d'une part pour des contrats qui sont à l'origine de leur création, pour des raisons statutaires notamment vis-à-vis du personnel, pour des implantations locales notamment vis-à-vis des collectivités qui ont traité de façon *intuitu personae* avec ces sociétés et enfin pour des raisons boursières.

Dans notre groupe, la décentralisation est indispensable et vitale, notamment pour le traitement et la remontée de l'information. Il est capital de déléguer un certain nombre d'attributions à des responsables hiérarchiques qui sont chargés de trier des informations qu'ils me répercutent suivant des règles précises.

Je vous remets également un organigramme des différentes directions du groupe Lyonnaise des eaux et Lyonnaise des eaux-Dumez entre 1989 et 1993.

Sur les versements effectués par la société Lyonnaise des eaux ou ses filiales à Pierre Botton ou aux sociétés qu'il contrôlait.

LE JUGE : je vous présente le tableau récapitulatif des versements effectués par les sociétés Lyonnaise des eaux, Cofreth, et Sita à monsieur Pierre Botton ou aux sociétés 3B Holding et Enfin.

Je vous présente les factures totalisant 2 194 000 francs supportés par votre groupe.

Avez-vous été informé de ces opérations ?

Comment justifiez-vous ces honoraires ?

M. MONOD : Je ne connais pas ces contrats. Je ne connais pas monsieur Botton. Je n'ai eu connaissance de ces prestations que dans le courant de l'année 1993 lorsque mes collaborateurs ont été entendus d'abord par la police judiciaire puis ensuite par vous-même. Je sais que Michel Noir a téléphoné à monsieur Prades pour lui recommander son gendre qui disposait de réseaux de relations publiques et qui avait des capacités dans la communication. Monsieur Prades a dû aviser les directions commerciales concernées qui ensuite ont rencontré Pierre Botton.

J'ai demandé des explications à mes différents collaborateurs sur les travaux effectués. C'est ainsi que j'ai su que la société Cofreth s'était adressée à la société Enfin pour des conseils et l'organisation de journées cadres qui se sont déroulées en septembre 1989. J'ai su également par monsieur Prompsy que la Sita avait commandé à cette société Enfin une étude sur la montée du mouvement écologiste et la nécessité d'orienter les stratégies de notre filiale en conséquence. L'étude que vous me présentez (côte D1392) me paraît une étude normale. Son prix me paraît dans la norme du coût d'une étude de ce genre. Je tiens à préciser que le groupe dispose d'une enveloppe de trente millions de francs environ destinée à ses études, consultations et honoraires divers. Ce budget est réparti entre les différentes directions.

SUR INTERROGATION M. MONOD :

« Je ne sais pas non plus quelles étaient les compétences de la société Enfin en matière de communication, ni quelle personne était susceptible de réaliser de tels travaux au sein de cette société. Il n'est pas exclu cependant que monsieur Botton ait en quelque sorte sous-traité les travaux qui étaient demandés à sa société.

« Concernant les études et les démarches effectuées au niveau international, cela s'inscrivait tout à fait parmi les stratégies majeures du groupe à cette époque. Ainsi, la Turquie et les pays de l'Est correspondent à des enjeux et à des contrats qui ont été signés dans ces pays depuis trois ans environ. Je ne sais pas du tout quel a été l'impact des travaux qu'a pu réaliser monsieur Botton sur la Turquie et les pays de l'Est.

« D'une façon générale je pense que messieurs Prompsy, d'Ouince et Cabaret ont cherché à respecter la politique du groupe, peut-être ont-ils été abusés et illusionnés par la capacité de communicateur de Pierre Botton dont on faisait largement l'écho à l'époque. Il est possible également que sa qualité de gendre de Michel

Noir, ancien ministre du Commerce extérieur, ait convaincu mes collaborateurs de son entregent et de ses capacités relationnelles dans certains pays. »

LE JUGE : Je vous présente les documents figurant à la côte 58 contenant différents documents remis par monsieur d'Ouince.

M. MONOD : Il faut comprendre que la concurrence et la guerre commerciale exigent pour un grand groupe d'utiliser des réseaux et des intermédiaires qui facilitent sa pénétration. Il est exact que nous pouvons nous adresser à des institutions comme des ambassades qui peuvent favoriser des contacts avec l'étranger. En outre, une ambassade ne peut pas favoriser une entreprise. De plus, la qualité du relationnel n'est pas la même. Il nous faut parfois passer par ce type d'intermédiaire.

Je ne sais pas quelle a été la nature des contacts pris par monsieur Botton en Turquie. Il est exact que la note d'honoraires du 5 mars 1990 est lapidaire. Quant à la note d'honoraires du 8 avril 1991, monsieur d'Ouince m'a expliqué qu'il avait commandé à Botton un travail relationnel pour valoriser l'image de la Société lyonnaise dans la région Rhône-Alpes après la fusion avec Dumez. Je ne sais pas quelle a été la nature du travail effectué par monsieur Botton.

LE JUGE : Il résulte des auditions de monsieur d'Ouince côtes D803 et D1133 que, dès la mi-90, le travail réalisé par Pierre Botton, notamment au titre de l'étude sur les pays de l'Est pour un montant de 500 000 francs, s'est révélé décevant. Dans ces conditions, comment expliquez-vous que monsieur d'Ouince ait à nouveau confié à monsieur Botton un travail de relations publiques ayant donné lieu à la note d'honoraires du 8 avril 1991 pour un montant de 250 000 francs hors taxes ?

M. MONOD : Je ne défends pas la prestation que Pierre Botton a pu réaliser. Je pense simplement que Dominique d'Ouince n'a pas agi contre les intérêts de la société. Je pense qu'il s'est adressé à Pierre Botton pour ce dernier travail car il s'agissait d'une opération de communication, ce qui était son terrain d'élection.

LE JUGE : À quoi correspondent les versements effectués par les sociétés Lyonnaise des eaux, Cofreth et Sita à l'association « J'habite Lyon » le 17 avril 1989 ?

M. MONOD : Je ne connais pas l'association « J'habite Lyon ». J'ai dû en entendre parler au moment de la campagne des élections municipales de 1989. Michel Noir ne m'a jamais sollicité pour cette association. Je ne vois pas à quoi correspondent ces versements, mais je ferai des recherches et je vous en communiquerai les résultats.

Je connais Michel Noir depuis 1977, à l'époque où j'étais secrétaire général du RPR. Je crois qu'il a exercé les fonctions de secrétaire général adjoint pour les problèmes de communication. Je l'ai revu quand il était ministre du Commerce extérieur. J'ai effectué un voyage avec lui au Québec en tant que président de l'association chambre du commerce France/Canada. Je l'ai revu également lorsqu'il est devenu maire de Lyon. J'ai accepté de présider une fondation pour la « réussite scolaire » créée en 1990. Je me suis toujours intéressé aux problèmes d'exclusion et c'est la raison pour laquelle, je pense, Michel Noir m'a demandé de présider cette fondation dont il est le président d'honneur. Une quinzaine d'industriels financent cette fondation dont le groupe Lyonnaise des eaux.

Par conséquent, Michel Noir est une relation que je rencontre quatre à cinq fois par an. Cependant, je n'ai pas de liens personnels avec lui.

LE JUGE : Je vous donne connaissance de la note remise par monsieur Prompsy au SRPJ à la côte D1260. Dans ce document, monsieur Prompsy justifie le salaire de monsieur Mougeolle dans SEREPI par un travail d'étude sur les diverses publications *L.E.D*, *Eaux vives*, *La Lettre du groupe*, et de réflexion sur la communication de la SDEI.

Je vous fais cependant observer qu'en février et mars 1990, la société Enfin a facturé la société Lyonnaise des eaux pour 500 000 francs au titre de l'évaluation de l'impact du journal interne *Eaux vives* et pour étudier la lettre externe de la Lyonnaise.

En outre, je vous rappelle que le cabinet Merlin et la SDEI ont, à la même époque, réglé 5,4 millions de francs d'honoraires à Pierre Botton pour des travaux de communication et de relations publiques.

Ne pensez-vous pas que ces factures font double emploi et que les prestations censées avoir été réalisées par monsieur Botton et les sociétés qu'il contrôlait recoupent le travail de monsieur Mougeolle ?

M. MONOD : Je ne pense pas que ces travaux se soient recoupés, encore que je n'en aie pas connu personnellement le contenu.

D'après ce que monsieur Prompsy m'a indiqué, il avait demandé à monsieur Mougeolle de réfléchir sur des publications et sur la communication locale au niveau des régions grenobloises et Rhône-Alpes. La mission confiée à Pierre Botton doit porter sur la communication au niveau national et sur l'impact du journal *Eaux vives* auprès des salariés de la Lyonnaise.

LE JUGE : L'ensemble des investigations diligentées dans les dossiers n° 94/92, 1/93, 2/94 révèle que votre groupe a investi :

– plus de 5 730 000 francs dans l'opération de reprise du groupe Dauphiné News par les sociétés Serepi-Serecom.

– 2 194 000 francs au titre d'honoraires bénéficiant à Pierre Botton ou aux sociétés Enfin et 3B Holding qu'il contrôlait.

– 474 000 francs au profit de l'association « J'habite Lyon ».

Outre ces sommes, il convient de rappeler les dépenses engagées par la SDEI (rachetée fin 1990 par la société Lyonnaise des eaux) et par la société Dumez, ayant fusionné avec votre société en 1991, au titre d'études et de prestations en relations publiques s'étant révélées décevantes :

– 5 485 250 francs réglés par le cabinet Merlin et la SDEI à monsieur Pierre Botton.

– 1 750 000 francs réglés en avril et juin 1990 par la société Dumez (côte D1260) à monsieur Pierre Botton.

Le récapitulatif de ces engagements très élevés totalisant plus de 15 500 000 francs ne révèle-t-il pas, selon vous, une série de fautes de gestion dans l'ordonnancement de certaines dépenses ? N'est-il pas permis d'y lire une volonté délibérée de soutenir financièrement certaines personnes ou certaines structures ?

M. MONOD : Je ne pense pas que l'on puisse parler d'une série de fautes de gestion. Dans les différents versements examinés, il faut exclure les factures adressées aux sociétés Cofreth, Sita, et la facture concernant Istanbul. Les factures communications sont plus contestables.

Selon moi, il n'y a pas eu d'opérations politiques de la part de notre groupe. Il n'y a pas de support financier d'un homme ou de deux hommes dans la région. D'ailleurs, nous n'avons pas obtenu de contrat à ma connaissance avec la municipalité lyonnaise.

D'une façon générale, je tiens à dire que je couvre mes hommes. Il s'agit de bons professionnels qui, selon moi, ont toujours agi dans l'intérêt de la société et qui ont toujours été parfaitement honnêtes sans s'être enrichis personnellement.

Lecture faite, persiste et signe avec nous et le greffier. »

* * *

Ce grand chef d'entreprise, pressenti par *Paris-Match* comme Premier ministre pendant l'hiver 1996-1997, « couvre ses hommes ». Soit, mais pas jusqu'à dire que tout le travail effectué par eux a permis au groupe qu'il dirige de devenir de plus en plus puissant, de plus en plus influent. Des procès pour diverses malversations mettant en cause le groupe Lyonnaise des eaux, il y en a aux quatre coins de la France, chacun le sait. Pourtant, le président de cette société, toujours drapé dans sa dignité, n'a jamais été inquiété; ce alors même que le tribunal de grande instance de Lyon conclut à l'existence d'un «pacte de corruption» à Grenoble dans l'affaire Carignon. Rappelez-vous : cet accord avait été démontré grâce aux révélations de Patrick Thull, secrétaire général de la mairie de Grenoble affirmant avoir assisté à un déjeuner à l'Hôtel de Ville, au cours duquel fut décidé un échange de bons procédés entre le comblement du passif du journal *Dauphiné-News* d'une part et l'attribution du marché de privatisation de l'eau de la ville d'autre part. Mais pour mieux comprendre voici l'extrait d'une interview donnée au journal *Les Affaire financières* par Patrick Thull :

«Comment la Lyonnaise des eaux arrive à Lyon?

- Elle vient par la personne de son président, Jérôme Monod, qui vient à déjeuner au Conseil général de l'Isère en octobre 1987. Dans la salle à manger du président du Conseil général. Il y avait eu des entretiens préalables auxquels je n'ai pas assisté. Mais j'ai assisté à ce déjeuner.

- Qui était présent à ce déjeuner?

- M. Monod, M. Merlin, M. Prompsy, M. Carignon, M. Dutaret[1].

- Vous souvenez-vous du contenu?

- Pas précisément. Sauf que le pacte SDEI a été scellé ce jour-là (La SDEI est la société de Marc-Michel

[1] Tous ont connu la prison à l'exception de Jérôme Monod.

Merlin qui, en association avec la Lyonnaise, va obtenir le marché de l'eau de la ville).

- Il n'y a pas eu de document écrit ?
- Non, c'était un rapport de confiance.
- Quelle part a prise Jérôme Monod dans ce repas ?
- Une part active. »

Tous les participants à ce repas ont été condamnés, certains mêmes emprisonnés. Tous, sauf Jérôme Monod. Quelle baraka !

Mais revenons à ce que je connais.

Le 12 octobre 1989, Michel Noir, dans une note manuscrite, demanda à son directeur de cabinet de donner ordre aux entreprises de ne plus verser un centime à son gendre. Malgré ces instructions, la Lyonnaise des eaux continua à me verser des sommes considérables, celles-ci me remboursant des fonds que j'avais dépensés afin de permettre l'ascension politique de Michel Noir. Jérôme Monod, sur procès-verbal, reconnut avoir rencontré à l'époque l'ancien ministre, quatre ou cinq fois par an. La justice a condamné Marc-Michel Merlin et divers cadres de la Lyonnaise lors de deux procès (SDEI et Eaux de Grenoble). Pourtant, à aucun moment, la Lyonnaise des eaux ne s'est portée partie civile ou n'a licencié ces collaborateurs.

Mais Jérôme Monod affirme n'avoir pas été au courant. Tout se serait fait dans son dos. Pourtant, il n'y a que deux solutions : soit il était informé et il a participé à un système (n'oublions pas son passé politique), soit il ignorait tout et il aurait dû quitter la direction de son entreprise car la situation le dépassait.

Informé ou pas ? Sa personnalité peut-elle nous aider à y voir plus clair ?

* * *

De taille moyenne, toujours serré dans un costume trois-pièces, issu d'une grande famille et habitué de longue date des négociations difficiles, Jérôme Monod sait que le silence est une méthode de discussion, un moyen de prendre le temps de juger et d'analyser son interlocuteur, qu'il considère souvent comme un adversaire. Habile à naviguer dans les eaux troubles du milieu politique, il a adopté de celui-ci le mode de raisonnement, mais n'en a jamais acquis cette chaleur qui permet d'aller sur les marchés à la pêche aux électeurs. Il est persuadé d'être un homme supérieur, d'avoir le sens de l'État, de toujours œuvrer pour l'avenir. Il ne commet, à l'en croire, aucune erreur et seules des circonstances extérieures sont responsables quand ses prévisions ne se réalisent pas. Lui reste infaillible.

L'homme ne desserre ses petites lèvres minces que pour trancher. Comme il le faisait si bien lors du comité exécutif de la Lyonnaise des eaux qu'il dirigeait tous les mercredi. À tel point que certains cadres de l'entreprise disaient que ce comité portait bien son nom puisqu'il « exécutait une personne chaque mercredi ». Personne n'a de valeur à ses yeux perçants, si ce n'est marchande. Sa démarche est toujours lente, histoire que l'on comprenne bien qu'il est important. Car là réside l'ambiguïté du personnage : il aime ne pas être reconnu, mais en situation de vie normale, souffre de ce manque de reconnaissance publique. Voici pourquoi il s'attache à préserver autour de lui tous les apparats du pouvoir, histoire de montrer aux manants qu'il est quelqu'un d'important. Ne défend-il pas une règle diffusée auprès de ses cadres : « L'information, c'est le pouvoir », vieil héritage de la politique des années 1970, quand la justice pliait devant les autorités et que beaucoup de choses étaient possibles.

* * *

Le lecteur se demande sans doute pourquoi j'éprouve tellement d'amertume envers ce patron qui fut l'un des plus puissants de France, et s'interroge sur le fait qu'un « repris de justice » de mon espèce ose donner son avis sur un homme d'une telle qualité. La réponse est des plus simples : je suis en quête de vérité. Très nombreux sont ceux qui ont dépassé les bornes de l'arrogance, de l'opportunisme et de la lâcheté.

Bien sûr, aujourd'hui, les mêmes dirigeants, les mêmes responsables, créent des comités d'éthique, signent des chartes anticorruption, s'entourent de magistrats et lancent des campagnes publicitaires plus pures que l'eau qu'ils sont censés nous faire boire. Mais avant cette période où chacun prétend avoir les mains plus propres que celles de son voisin, les mêmes sociétés employaient les mêmes méthodes entraînant dans leur sillage toute une cohorte de cadres d'entreprise, de conseillers en communication, d'agences de publicité, de membres de parti, d'hommes politiques de tous âges, de toute catégorie, de toutes opinions. Les affaires étaient les affaires ! Or si j'en crois la presse, le système a perduré bien après les premières condamnations et les premières incarcérations. Qui supporte l'orage ? Ce ne sont jamais les donneurs d'ordre, jamais ceux qui demandent des résultats, jamais ceux qui ont le pouvoir de licencier, de sanctionner la perte de tel ou tel marché, de telle ou telle élection. Et pourquoi en est-il ainsi ? Non pas à cause des magistrats, mais parce que ceux qui sont impliqués dans le processus endossent systématiquement la responsabilité pour espérer, les pauvres naïfs, préserver une situation, une entreprise, un élu, un système.

La clé de la perpétuation de ces pratiques est là. Si nous n'avons pas assisté en France à une « opération mains propres » comme en Italie, c'est parce que jamais nos élus, qui seuls peuvent modifier le Code pénal, n'ont voté de loi permettant à un subalterne de diminuer sa peine en décrivant les rouages et en désignant les vrais responsables. Dès lors, personne n'a quoi que ce soit à gagner en avouant la vérité. Il ne s'agit pas de transformer tous ceux qui participent au système en délateurs afin de minimiser leurs responsabilités, mais de donner aux juges les moyens d'atteindre le cœur du système afin d'éradiquer définitivement le mal.

* * *

On l'a compris, au cours de l'instruction de ces affaires et de toutes les autres, les Prompsy, Kamel, Prades, Béra, Merlin, Botton et autres, jamais nous n'avons ouvert le parapluie. Une seule version est sortie de nos bouches : « Oui ces factures sont bien réelles ; oui elles correspondent à des prestations réellement exécutées. » Et si, d'aventure, elles pouvaient être jugées comme fausses, alors nous expliquions, reprenant la litanie qu'au dessus de nous, personne n'était « au courant de rien ». La justice ne s'y est pas trompée : espérant que nous cracherions le morceau, elle a sanctionné au prix fort notre silence, cette omerta du financement politique.

Mais aujourd'hui les choses changent. Car l'omerta, qui fonctionne soit par la peur, soit par le respect du chef, ne m'est plus applicable. La peur, après six cent deux jours de prison, la détresse totale, une séparation d'avec mes enfants et une situation professionnelle incertaine, je ne la ressens plus. Ou plutôt, elle ne me quitte plus. Quant au respect, je l'ai perdu à la fin de 1996 lorsque Jérôme Monod a écrit la lettre suivante au président du tribunal qui allait me juger dans le dossier de la SDEI, dans lequel j'étais mis en cause pour le remboursement de la campagne municipale de Lyon par une filiale de la Lyonnaise des eaux :

« *Monsieur le président,*

Je viens de recevoir une citation à comparaître à la demande de monsieur Pierre Botton pour être entendu à votre audience du 16 janvier 1997 à 14 heures.

Cette citation ne me paraît pas dictée par le souci de la manifestation de la vérité.

En effet, je ne connais pas monsieur Pierre Botton, et je n'ai jamais eu avec lui aucune relation, ni par rencontre, ni par échange de correspondance, ni par entretien téléphonique.

Je suis d'autant moins enclin à répondre à cette citation que monsieur Pierre Botton m'a adressé au cours de ces dernières semaines quatre lettres dont vous trouverez ci-joint les originaux. Ces documents tendent manifestement, et de manière totalement artificielle, à créer l'illusion d'une relation, alors que celle-ci est inexistante.

Je n'ai, bien entendu, jamais donné à monsieur Pierre Botton le moindre conseil. Je ne me connais avec lui aucun ami commun, et jamais personne ne s'est prévalu auprès de moi de cette qualité.

Dans ces conditions, et sauf si vous en jugiez autrement, je ne me présenterai pas à l'audience du 16 janvier prochain.

[Mention manuscrite :] *Je vous prie d'agréer, Monsieur le président, l'assurance de toute ma considération.* »

Si Jérôme Monod expédie ce courrier, puis d'autres lettres[2] au président du tribunal, c'est parce qu'il savait que, depuis le 20 décembre 1996, je n'étais plus le même homme. En effet, alors que l'on m'avait certifié que ma libération conditionnelle interviendrait avant la fin de l'année, alors que Jacques Toubon et Bernard Pons, ce dernier par l'intermédiaire de sa fille qui était mon avocate, m'avaient laissé croire « que je serrerais mes enfants dans mes bras pour Noël », la juge d'application des peines de Grasse, seule à même de signer ma libération, la refusa avec l'accord du procureur. Ce jour-là, et seulement ce jour-là, je compris que la justice était indépendante et que les politiques étaient des menteurs. Or leurs mensonges ne pouvaient agir que sur quelqu'un qui fonctionnait avec le même système de pensée qu'eux.

Ce 20 décembre 1996, pour la première fois, j'ai regardé le monde autrement que par ce prisme déformant, évasion d'un carcan intellectuel dont mes « amis » comprirent vite

[2] Lettres jointes en annexe.

les répercussions possibles. Il ne leur était dès lors plus loisible de me gérer ou de me manipuler par des attentions mal comprises envers ma famille qui, totalement perdue, se raccrochait à leurs propos. Le lendemain de cette décision, une erreur administrative me fit recevoir une ordonnance du J.A.P. me privant de mes droits familiaux. J'ai cru que, dans sa volonté de prouver son indépendance, la magistrate souhaitait en « rajouter une couche ». Si ce n'était qu'une bévue, elle eut des conséquences dramatiques puisque, le soir même, de façon très réfléchie, je décidai de mettre fin à mes jours parce qu'on me privait de mon seul espoir : mes enfants. À partir de ce moment, je partis dans une spirale psychologique terrible, sur laquelle je travaille encore aujourd'hui grâce à ce livre, afin de couper définitivement tout lien avec ces messieurs de la politique.

Tout fut fait par mes ex-amis gaullistes pour que le procès de la SDEI se déroule hors de ma présence à l'audience. Mais le président du tribunal de grande instance de Lyon, conscient de ce qui se tramait, fit reporter le procès, prévu pour le 16 janvier 1997, de neuf mois, et ne fit jamais allusion aux lettres envoyées par Jérôme Monod. Par ce délai, il savait qu'il permettait ma libération conditionnelle, et je l'en remercie. Je regrette toutefois encore aujourd'hui de ne pas avoir demandé la comparution de Jérôme Monod comme témoin lors de cette audience, qui s'est finalement tenue en septembre 1997. Malheureusement, mon état de santé physique et moral ne me permettait plus de livrer ce combat. Je devais affronter d'autres épreuves, survivre, préserver mes enfants, réparer les dégâts que ces années d'épreuve avaient produits sur mon entourage et retrouver la santé. De toute façon, qu'aurait donné la confrontation entre la loque que j'étais devenu et l'un des premiers chefs d'entreprise français ?

Mais voilà, je me suis requinqué, et il est temps, enfin, d'aller au fond des choses, de démonter point par point les dénégations du président de la Lyonnaise des eaux, et de poser quelques questions embarrassantes.

* * *

Dans un premier temps, monsieur Jérôme Monod, pouvez-vous expliquer pourquoi vous n'expédiez pas à la justice les lettres que je vous envoie, ces lettres qui vous choquent, au fur et à mesure de leur réception ? Pourquoi, une fois la première reçue, ne la communiquez-vous pas au président du tribunal ? Et la deuxième ? Et la troisième ? Pourquoi les retourner uniquement lorsque vous savez que l'on va vous convoquer comme témoin, et lorsque vous savez que je ne sortirai pas de prison ? La manifestation de la vérité aurait-elle une date choisie, des circonstances précises à respecter ?

« Vous ne me connaissez pas et nous ne nous connaissons aucune relation commune », dites-vous ! Comment expliquez-vous alors mes visites régulières dans l'ancien siège de la Lyonnaise rue de Lisbonne, à côté du parc Monceau, bureaux vétustes où je rencontrais vos cadres les plus hauts placés ? À savoir monsieur Bernard Prades, directeur général délégué de la Lyonnaise des eaux, dont je connais le numéro privé[3] ; monsieur André Kamel, qui restera

[3] 01 45 77.. .. : je ne peux malheureusement pas citer ici les quatre derniers chiffres car je violerais alors notre législation sur la protection de la vie privée.

conseiller du président jusqu'en 1993; monsieur Jean-Jacques Prompsy, directeur commercial France de la société Lyonnaise des eaux, puis président de la société Sita, filiale de la Lyonnaise des eaux-Dumez, branche déchets; monsieur Dominique d'Ouince, directeur international de la Lyonnaise des eaux jusqu'en 1989, puis directeur commercial et directeur général adjoint, dont je peux indiquer la ligne directe[4]; monsieur Roux, directeur général d'Ufiner et directeur général de la Cofreth, branche énergie et chaleur de la Lyonnaise; messieurs Brogniard, Maliver (directeur commercial France de Degrémont, branche traitement de l'eau de la Lyonnaise), Cabaret (directeur général de la Lyonnaise Dumez, directeur de l'eau) ?

Comment expliquez-vous encore que j'aie eu accès au nouveau siège de votre société, à Nanterre, après le rachat par la Lyonnaise de la société Dumez en 1990 et que l'on vienne alors m'y accueillir à la réception (mes passages ne sont donc pas indiqués dans les registres) ? Que pouvais-je bien raconter à vos collaborateurs pour qu'ils me reçoivent tous ? Et eux-mêmes ne vous retransmettaient-ils rien ?

* * *

Pourtant, le système fructifiait et il a fonctionné longtemps à la satisfaction de tous. Il faut le décrypter pour le lecteur ?

Pour tous, quand une société telle que la vôtre, par exemple, investit sur un homme politique durant des

[4] 01 46 95.. .. : pour les raisons précitées, je ne peux reproduire dans cet ouvrage les quatre derniers chiffres du numéro.

années, ce de manière quasi systématique et bien avant que des hommes comme moi arrivent dans leur entourage, ce n'est pas sans retour d'ascenseur. Elle l'aide « généreusement » dans le financement de sa carrière ou dans la réalisation de différents sondages (qui servent par ailleurs au généreux donateur à suivre l'évolution de la « cote » du poulain). Quelquefois, on prend aussi en charge, par l'intermédiaire d'une filiale, le salaire fictif d'un de ses proches ou d'un de ses indispensables collaborateurs. Dès lors, les dirigeants de l'entreprise « mécène » gagnent sur tous les tableaux : une fois élu, un lien indestructible s'est noué entre le nouveau maire, ministre ou président de conseil général, son entourage et les représentants du généreux « donateur ». Ils sont désormais informés en direct des nouveaux marchés, de leurs conditions, des noms des bureaux d'études choisis pour préparer les cahiers des charges de « mise en concurrence », ainsi que des candidats déclarés avec lesquels ils peuvent passer des accords et se partager le gâteau (car les loups ne se mangent pas entre eux). Voilà pourquoi, en France, sur le marché de l'eau et des déchets, aucune nouvelle entreprise n'a pu s'installer. Seules deux mastodontes, la Lyonnaise des Eaux et la Compagnie générale des eaux (récemment rebaptisée Vivendi), se partagent le tout, ce qui permit à l'ex-juge Thierry Jean-Pierre de présenter ces deux grands groupes de service urbain français comme les « premiers corrupteurs de France ». Une illustration des méthodes employées est assez bien résumée par la lettre manuscrite que m'a adressée monsieur Philippe Maliver, à l'époque directeur commercial France de la société Degrémont, l'une des filiales de la Lyonnaise des eaux et aujourd'hui Président de la société des eaux du Nord, le 23 mars 1989, soit quelques jours à peine après l'élection de Michel Noir à la mairie de Lyon. On ne perdait pas de temps dans votre société, monsieur Monod!

« Cher Pierre,

Voici copie d'une lettre « édifiante » sur les intentions de la précédente Commission assainissement de la Courly[5].

J'ose espérer que cette noble assemblée ne sera pas reconduite en l'état, encore moins dans l'« esprit » car ce serait pour nous catastrophique et la certitude que le déséquilibre déjà important entre OTV (CGE[6]*) et Degrémont (Lyonnaise) sera préservé, voire accentué.*

Actuellement OTV et Degrémont gèrent la station d'épuration de Saint-Fons dans la proportion de 70 % OTV 30 % Degrémont, ce qui est déjà fort désagréable... mais c'est le passé!

Que cela soit étendu à Pierre-Bénite est insupportable.

J'ajoute que cette décision pour le moins curieuse a été prise par le vice-président Tournissoux poussé par son directeur de service monsieur Bué, sans concertation ni même information à la Commission normalement seule habilitée après vote *entériné par la Courly.*

Merci de votre compréhension puis de votre aide pour transmettre ce dossier, sachant que je ne sollicite que le rétablissement d'un équilibre.

[5] Communauté urbaine de Lyon.
[6] Compagnie générale des eaux, devenue Vivendi.

Excusez-moi de cette intervention, mais il y a urgence.

Je reste bien évidemment à votre disposition pour tout autre renseignement.

Fidèlement à vous»

Le système était en place. Michel Noir venait de remporter la mairie et avait été soutenu par la Lyonnaise. Presque instantanément une filiale intéressée se manifestait. Ayant quitté la mairie de Lyon quelques semaines après les élections, je ne suivrais pas pour ma part l'évolution de ce dossier, mais je notai les premières demandes de retour sur investissement.

Monsieur Monod, n'est-ce pas là la justification des financements effectués par votre groupe : ne jamais subir la concurrence? Hélas, depuis peu, vous devez affronter un nouveau problème, bien plus ennuyeux, avec des adversaires bien moins souples : les usagers. Ceux-ci prennent conscience de l'existence du système et commencent à comprendre que, dans le prix de l'eau, il peut arriver qu'il n'y ait pas que l'eau à payer, mais aussi la campagne du maire, les emplois fictifs des partis politiques, les déplacements en avions privés des uns et des autres, les enquêtes d'opinion, les agences de communication, les associations souhaitées par tel ou tel élu. Lorsque l'on connaît le système, tout devient transparent, clair comme de l'eau pure, oserais-je dire. Mais, hélas, il n'y pas que le prix de l'eau. Il y a aussi les tuyaux à changer, le réseau qui malheureusement vieillit souvent bien mal. Combien de fois les électeurs se demandent-ils pourquoi on ne cesse d'ouvrir le revêtement de la même rue à quelques mois d'intervalles? Mais parce que chaque fois, il s'agit d'un marché de plus. Et que dire des stations d'épuration, des déchetteries, du ramassage des ordures? C'est moins médiatique que l'eau, cela permet de ne pas être sous les feux de la rampe, mais c'est tout aussi lucratif. Et je ne parle pas de la nouvelle mâne de la télévision locale ou du traitement coûteux des déchets, sur lesquels vous avez mis la main.

* * *

« Illusion d'une relation », suggérez-vous? Soit. Mais comment expliquez-vous que des factures me concernant aient été émises sur trois de vos filiales toutes datées de la même semaine? 28 février 1990 sur Cofreth, 5 mars 1990 sur la Lyonnaise des eaux par monsieur d'Ouince, 9 mars 1990 sur la Lyonnaise des eaux, service de monsieur Prompsy. Or, par pur hasard, on retrouve le même procédé le 17 avril 1989 pour l'association « J'habite Lyon » du nouveau maire de cette ville. À quel montant de factures commence « une relation » d'après vous?

* * *

« Aucun ami commun », dites-vous? Et Bernard Pons, vous ne connaissez pas? Il me semble pourtant que le « hasard », bien instrumentalisé, nous a fait nous rencontrer de façon « fortuite » dans son bureau en 1995, alors qu'il était ministre de l'Aménagement du territoire. À Lons-le-Saunier, fief de Jacques Pélissard, mon ancien avocat et ami, n'est-ce pas Marc-Michel Merlin, président de l'une de vos filiales (condamné dans le dossier de l'eau de

Grenoble), qui a présenté un projet de privatisation de l'eau ? Ignoriez-vous aussi l'invitation écrite, lancée par André Kamel le 3 septembre 1990, à une soirée en présence de Jacques Chirac, envoyée au nouveau maire de Cannes Michel Mouillot, dans le but de faciliter le renouvellement du contrat de concession de l'eau de la ville, tout en permettant au nouvel élu de reprendre des contacts politiques stratégiques ? D'ailleurs, si mes informations sont exactes, ce contrat avec la ville de Cannes fut le premier que la Lyonnaise ait signé avec une municipalité, le 21 août 1866, contrat renouvelé régulièrement par des avenants pour l'entretien du réseau par la ville, ce sous l'autorité du préfet ainsi que, cas unique en France, du ministère de l'Agriculture, les 11 octobre 1902, 29 décembre 1936, 11 mars et 3 avril 1944, 8 septembre 1962 et le 31 août 1972 ? Il est vrai que séduire le nouveau maire Michel Mouillot, après le soutien que vous aviez apporté à son prédécesseur ainsi qu'avec votre passé au RPR auprès de Jacques Chirac, qui soit dit en passant, n'apprécie guère Michel Mouillot, n'allait pas être aisé !

Quant à Bernard Prades, votre fidèle lieutenant depuis 1974, date à laquelle il était déjà votre chargé de mission à la Datar, vous ne devez pas le connaître non plus ? Voilà vingt-cinq ans qu'il travaille à vos côtés et il ne vous a jamais parlé de nos rendez-vous mensuels ? Pourtant, n'est-il pas mis en examen pour abus de biens sociaux dans un dossier de fausses factures à Lyon aux côtés de l'ancien chef de cabinet du maire de cette ville ?

* * *

« Illusion d'une relation » et « aucun ami commun », dites-vous ? Mais, André Kamel n'était-il pas, lors de la reprise de Dumez par la Lyonnaise des eaux, en relation quotidienne avec vous ? N'était-il pas votre conseiller personnel lors de la fusion entre les deux sociétés ? Ne vous a-t-il jamais parlé des relations que nous entretenions et qui me permettaient de posséder son numéro personnel dans toutes ses résidences ? Agissait-il sans votre accord ? Décidément, il s'en passe des choses dans votre dos ! Ne vous êtes-vous pourtant pas déplacé à plusieurs reprises avec lui pour visiter des chantiers en Amérique du Sud ? Ne lui écriviez-vous pas, à la main, de longues lettres lui expliquant quelle allait être sa position dans le futur groupe et combien ses résultats y seraient importants ? Il est vrai que c'était avant de vous en séparer... sans la moindre élégance.

Et alors, les versements sur les comptes en Suisse des sociétés Belette et Toves, gérés par la fiduciaire de Daniel Delay à Genève, ouverts pour faciliter l'ascension politique de Michel Noir, il ne vous en a jamais parlé ? À ce propos monsieur d'Ouince (votre Directeur international) ne vous a-t-il jamais informé des rapports qu'il entretenait avec cette fiduciaire genevoise bien avant qu'une information judiciaire révèle ces virements de la société Dumez ?

Les retraits en espèces qu'effectuait monsieur Kamel sur les comptes de la société Dumez Nigeria Limited Co, 345, avenue Georges-Clemenceau, 92022 Nanterre, auprès de la banque Barclay à Paris, n° 17336843.01.86, 17336843.01.87, 175.204625.25.00.171, 175.204625. 25.35.0171, pour un montant de 26 060 012,39 francs entre le 5 août 1990 et le 27 décembre 1995, il ne vous en a jamais parlé non plus? C'est pourtant beaucoup d'espèces. À qui était destiné cet argent? Pas un comptable de la société, pas un commissaire aux comptes, pas un de vos collaborateurs ne vous a alerté? Avez-vous déposé plainte pour détournement de fonds? Vous devriez vous dépêcher car ces faits risquent d'être prescrits!

Devant vous, monsieur Kamel n'a-t-il pas évoqué nos conversations? Au cours de celles-ci, n'avez-vous jamais été informé de tout ce que je viens d'énoncer? Dites-moi, monsieur Monod, je vous repose ma question : à partir de quelle somme devient-on une « connaissance » pour vous? Dois-je reproduire les déclarations de monsieur Kamel faites le 9 février 1996 à 9 h 35, devant le juge d'instruction (côte D511), lequel magistrat lui pose cette question :

LE JUGE : *Comment expliquez-vous la note que vous adressez à Jérôme Monod le 14 octobre 1992 au sujet d'une remontée de provision de 250 millions de francs sollicitée par le président du groupe Lyonnaise-Dumez?*

ANDRÉ KAMEL : *Monsieur Monod m'avait réclamé la totalité de sa part de provision du résultat de Dumez-Nigeria Limited pour l'année. Je lui ai dit que cela ne relevait pas d'une bonne gestion. […] Nous nous sommes disputés à ce sujet…*

* * *

Nous ne nous connaissons pas? Et les « Dîners pour la France », organisés pour défendre la candidature de Jacques Chirac à l'élection présidentielle de 1988 à l'hôtel Intercontinental à Paris, puis dans toute la France, vous ne connaissez pas non plus? Et vous ne m'y avez jamais vu?

Vous ne vous souvenez plus de m'y avoir rencontré à plusieurs reprises ? Votre mémoire a de tristes défaillances.

* * *

Mais voilà qui suffit, il n'y a pas de place pour l'humour devant une telle amnésie. Vous ne savez pas ce que c'est que d'être incarcéré, placé à l'isolement, interdit de voir sa famille et de vivre la manipulation psychologique dont j'ai été l'objet.

Arrêtons là ! Je souhaite prévenir tous les cadres de la société Lyonnaise des eaux-Dumez qu'en cas de coup dur ils seront seuls. Qu'ils ont intérêt à se couvrir par des ordres écrits de leurs supérieurs. Qui sait, peut-être, que dans le cas d'une information judiciaire, devant des évidences, ceux-ci auraient le culot de dire qu'ils ne les connaissent pas et ignorent tout ! C'est d'ailleurs un message que je veux envoyer à tous ceux qui sont pris dans les filets des affaires et qui ne sont pas encore jugés : n'hésitez pas à dire la vérité sur ces « oies blanches » et leurs méthodes. Qu'ils assument et connaissent eux aussi la crainte de la prison !

PIVOT MONIQUE ET BERNARD : CARTON JAUNE

Journaliste, directrice de la rédaction du Gault-Millau.
Journaliste, producteur et présentateur de l'émission Bouillon de culture.

Le comportement de Monique et Bernard Pivot est symptomatique d'une attitude habituelle dans l'univers des personnalités médiatiques.

J'ai rencontré la famille Pivot lors de la remise de Légion d'honneur faite par le Premier ministre Jacques Chirac à Paul Bocuse, en février 1987. La discussion engagée, nous nous sommes trouvés des passions communes : les bonnes tables, le sport et la ville de Lyon dont Bernard et moi sommes originaires. C'est donc sur des fondations particulièrement festives que notre relation s'est établie.

Tout naturellement, quelques semaines après, Monique me fît part de sa passion pour les voitures de formule 1. Or l'un de mes copains d'enfance, Patrick Tambay, était devenu pilote chez Renault après être passé chez Ferrari. Dans son sillage, je fréquentais donc tous les Grands Prix et m'étais lié avec nombre de pilotes. Michel Noir, alors ministre du Commerce extérieur, était aux premières loges : une victoire de Renault étant importante pour l'image de la France à l'exportation. C'est ainsi que nous décidâmes, le week-end du 1er Mai 1987, de louer le circuit du Castellet afin de nous essayer au pilotage des F1. D'un commun accord avec le ministre, nous avions convenu de médiatiser quelques tours de roues au volant des bolides par un reportage dans le journal de 13 heures d'Yves Mourousi sur TF1. Étant donné que deux voitures étaient mises à notre disposition par l'entreprise Sport Auto Location de Monaco, nous avions demandé à Monique si nous accompagner et conduire lui ferait plaisir. Elle accepta et vécut une expérience rare, « luxe » généralement réservé aux hommes. Ce fût d'ailleurs un plaisir de la voir se débrouiller très convenablement au volant d'un des monstres noirs de plus de 600 chevaux. Sous le casque intégral beige, revêtue d'une combinaison ignifugée rouge, il était impossible d'imaginer l'épouse du présentateur d'*Apostrophes*, elle-même à l'époque directrice d'un magazine féminin. Là encore, les moyens mis en place avaient été conséquents puisque nous étions descendus dans le midi à bord d'un petit avion privé et étions remontés de la même façon sur le Bourget.

Comme une telle journée permet de mieux se connaître, je découvris que Monique Pivot écrivait un livre sur les Verts, l'équipe de foot de Saint-Étienne. Bien entendu, nous avons alors évoqué avec passion les fantastiques derbys Lyon (Olympique lyonnais) – Association sportive de Saint-

Étienne (ASSE) du championnat et l'ambiance incroyable du stade Geoffroy-Guichard à juste titre surnommé le « chaudron ». L'idée me vint donc d'organiser un dîner fin 1987, avec pour invité principal notre idole commune : Michel Platini. Je le connaissais peu, mais j'avais à plusieurs reprises participé à des parties de boules endiablées sur la place des Lices de Saint-Tropez avec monsieur Genestar, son manager de l'époque. Le dîner fut donc mis sur pied, les invitations lancées, et le grand footballeur accepta de supporter quelques heures notre admiration. Autour de la table n'étaient regroupés que des passionnés : François-Henri de Virieu, Monique et Bernard Pivot et un néophyte, qui préférait nettement les échecs au football, le ministre du Commerce extérieur. Michel Platini était assailli de questions et de souvenirs. Je découvris à cette occasion la gentillesse et la patience de cette vedette qui garde en mémoire chacun de ses buts. La soirée fut exceptionnelle.

Nous nous quittâmes fort tard, amis et heureux. Je côtoyais donc de plus en plus le couple Pivot. À l'occasion du passage de la star d'*Apostrophes* dans le Beaujolais et de ma présence dans ma ville de naissance, nous partageâmes même le repas chez notre trois étoiles préféré, Paul Bocuse.

Bernard Pivot me proposa une autre fois de l'accompagner à Saint Étienne pour assister à un match de foot. Là encore, nous étions descendus seuls dans l'un des appareils que j'utilisais. Anecdote savoureuse, tout le personnel du petit aéroport qui nous accueillait étant au match et ayant pris soin de fermer à clef l'enceinte grillagée qui protégeait la piste d'atterrissage, il nous fallut escalader l'enclos pour rejoindre le mythique Chaudron de Geoffroy-Guichard. Le présentateur avait quand même eu la délicatesse de s'occuper des places pour la rencontre et nous étions revenus sur Paris dès la partie terminée.

Par la suite, nous nous sommes retrouvés à plusieurs reprises lors de manifestations culinaires. Ainsi, le 28 juin 1989, lors d'une commémoration au château de Vizille, dans la banlieue de Grenoble, à l'invitation de la Chambre de Commerce de cette ville et en présence de nombreux trois étoiles Michelin, j'avais organisé le transport, dans un avion à réaction Citation 2, d'une équipe de bons vivants. Le voyage fût particulièrement gai. Je n'étais pas, pour une fois, la puissance invitante, m'étant borné à proposer la mise à disposition de mes moyens de locomotion aux nombreux invités parisiens que je connaissais. C'est ainsi que m'accompagnaient Yves Mourousi, Jacques Martin, les Pivot et quelques autres dont j'ai oublié les noms. Nous sommes partis de l'aéroport du Bourget pour Chambéry, puis un hélicoptère nous a conduit dans ce magnifique château. Le soir même, retour sur Paris, un peu plus gai et détendu qu'à l'aller.

Comme on le voit, sans que nous soyons des amis proches et de longue date, nous avions, le couple Pivot et moi, dépassé le niveau de la simple « connaissance », rencontres détendues pleines de souvenirs qui nous permettaient de nous connaître et de nous apprécier. Tout du moins, je le pensais.

* * *

Eh bien, c'est là que je me trompais ! Ce qui me permet, à travers cet exemple, de décortiquer un système qui perdure. Certains ont essayé de le mettre en évidence à travers mon « affaire », en montant en épingle mes rapports avec quelques amis pour m'en imputer l'entière responsabilité, alors que c'est le comportement même de nombre de nos vedettes du petit écran, habituées à être honorées, fêtées, choyées, assistées, qui crée ce système. Pour elles, ce type de relations est courant. Leur notoriété est devenue un passeport qui permet d'accepter sans sourciller invitations et rencontres. Pour les stars des médias, il est devenu normal de déjeuner dans de très grands restaurants avec des personnes qu'elles ne connaissent guère mais qui les régalent. Soyons clairs, je n'avais rien à vendre aux Pivot, et eux n'avaient pas plus à m'offrir. Nos conversations n'étaient pas entièrement professionnelles. Croire qu'il puisse y avoir réciprocité autre que la présence, c'est ce tromper. Ce qui se révèle plutôt paradoxal car, dans d'autres milieux, les mœurs sont différentes. Ainsi, il est classique qu'un élu intervienne pour un homme célèbre ou riche, habituel qu'en retour celui-ci participe à des déjeuners ou des festivités pour la carrière de l'homme politique, honorant de sa présence les dîners dans les ministères ou à l'Élysée. De même, il est normal qu'un homme fortuné paie pour tout le monde. En revanche, il ne faut jamais attendre autre chose. Ce serait suspect, déplacé et non déontologique. Pourquoi pas ? Encore faut-il que chacun connaisse les règles.

Pour ma part, personne ne me les avait expliquées. C'est la raison pour laquelle je fus surpris par le peu de gestes de soutien reçus à l'occasion de mes ennuis judiciaires. Je crois que la plupart de ceux que j'avais côtoyés n'y songèrent même pas ! J'avais été là pour payer, je n'avais plus les moyens de le faire, donc ils passaient à autre chose et à quelqu'un d'autre.

Ces codes donnent toutefois des ratés sympathiques. Ainsi, lors de sa visite officielle en Espagne en octobre 1999, le président de la République trouva normal et utile pour son image d'inviter le jeune joueur de football Anelka. Celui-ci, que je ne connais pas, n'a sans doute pas pensé à mal en refusant l'invitation du chef de l'État, dans la mesure où son frère n'était pas convié. Ne connaissant pas ces gens, il n'avait aucune raison de se rendre à une telle invitation. Il n'avait pas compris les codes du nouveau milieu dans lequel sa médiatisation l'avait fait entrer.

Le comportement qu'ont pu avoir les Pivot se révèle donc « normal » dans ce contexte : on partage des moments sympathiques, tu te casses la gueule, je ne te connais plus, et je ne te demande surtout pas si tu vas bien !

L'animateur de *Bouillon de culture* alla d'ailleurs au bout de ce comportement, puisque, devant me rendre un jour dans la Cité des Gaules pour une convocation judiciaire, je me suis retrouvé à la gare de Lyon en même temps que lui alors que, d'après les annonces du speaker de la SNCF, il partait présenter l'émission des *Dicos d'or*. Nous étions donc dans le hall quand je le vis arriver vers moi accompagné de deux personnes. Il m'aperçut, se figea et, dans un mouvement d'une grande technicité qui démontre une certaine habitude de la manœuvre, prit par le bras ses interlocuteurs et leur fit effectuer un demi tour lui permettant de m'éviter. Du très grand art !

* * *

Mais, finalement, je me demande si je ne préfère pas cette attitude à celle de ceux qui m'ont trahi, lâché, sali et qui osent venir à ma rencontre en me disant qu'« ils ont bien pensé à moi » !

POIVRE D'ARVOR PATRICK : LA FORCE DE LA FIDÉLITÉ

Écrivain, journaliste présentateur du journal de 20 heures sur TF1.

Je vais décevoir certains lecteurs du microcosme parisien. Ce chapitre contient peu de révélations sur l'un des personnages les plus médiatisés de notre pays, mais se présente comme un portrait vérité, fondé sur près de treize années d'amitié. Car Patrick est mon ami.

Il est toujours difficile de parler des gens que l'on côtoie le plus, *a fortiori* de quelqu'un comme Patrick, tellement critiqué et scruté de toutes parts qu'il a du mal à faire la différence entre l'opinion des gazettes et celle de ses vrais amis.

À la suite de nos ennuis judiciaires, immanquablement une certaine distance s'est installée entre nous. Pourtant, j'ai l'impression d'être plus proche de lui aujourd'hui que je ne l'étais lorsque nous passions nombre de nos week-ends ensemble. Parce que c'est mon ami et comme il est juste de le faire, j'ai décidé de parler librement. Je ne suis pas sûr que mes propos lui plairont, mais je devine que rien ne changera entre nous.

* * *

Notre première rencontre eut lieu en mai 1987, pendant le festival de Cannes, lors d'un dîner au restaurant Tétou. La mémoire infaillible de Patrick, son sens du détail lui permettraient certainement de se souvenir de la façon dont les convives étaient habillés et de ce que chacun avait commandé. Son statut de présentateur du journal ne fut pas étranger à l'invitation que je lui avais lancée. Pourquoi avait-il accepté ? Parce que, lorsqu'il est au festival de Cannes, Patrick travaille.

C'était donc bien le journaliste que j'invitais à la même table que Michel Noir, alors ministre du Commerce extérieur, et Claude Malhuret en charge des Droits de l'homme, afin de partager la meilleure bouillabaisse de la Côte d'Azur. Pour sa part, c'était bien à une invitation éminemment « parisienne », même délocalisée dans le Midi, qu'il se rendit. Au fil du dîner, je compris qu'on n'était pas là pour moi mais pour les ministres : je n'existais pas. Dans cette démarche, il n'y a du reste pas plus à reprocher à Patrick qu'aux autres journalistes ou présentateurs d'émissions télévisées. Si ce n'est qu'avec sa position de leader on estima plus tard qu'il aurait dû donner l'exemple. « Pour vivre heureux, vivons cachés », affirme le dicton populaire, solution impossible lorsqu'on s'appelle Patrick Poivre d'Arvor.

Je découvris avec lui ce soir-là ce que je n'avais jusqu'alors rencontré qu'au contact de gens du show-business : l'attrait de la célébrité et l'impact de la télévision. Dans un restaurant, on lui apporte systématiquement le livre d'or, ce que Coluche avait expérimenté, lui qui demandait toujours en fin de repas : « Donnez-moi l'addition et le livre d'or ! » Mais la différence entre un journaliste de la notoriété de PPDA et une personnalité du spectacle, c'est qu'il n'y a rien à attendre d'une star, alors que, du présentateur du 20 heures, les hôtes espèrent toujours quelque chose en retour. En somme, Patrick cumule tout : la notoriété, l'agressivité de ceux qui en rêvent mais la lui reprochent, et les attentes de tous ceux qui ne l'auront jamais. PPDA est une star, qu'on le veuille ou non. On le reconnaît dans la rue, on l'interpelle, le public l'aime et il lui appartient, avec les inconvénients que cela comporte. Comme disait encore Coluche : « J'ai voulu être connu pendant dix ans, cela m'a fait plaisir pendant dix jours, et cela me fait chier tout le reste de ma vie. »

En ce soir de bouillabaisse, je notai aussi la fascination qu'il exerce sur nos hommes politiques, la force de sa médiatisation et le changement d'attitude automatique de toute personne se trouvant en sa présence. En effet, quoi qu'ils y fassent, les gens ne sont plus eux-mêmes, se métamorphosent et essaient d'entrer dans un jeu de séduction avec lui.

Notre relation se poursuivit dans un premier temps à travers des déjeuners et des dîners dans les restaurants parisiens. J'ai vite compris que sa présence donnait à mes invitations un attrait irrésistible, certaines personnalités n'hésitant pas à modifier leur emploi du temps pour se trouver avec lui. Reste que si nos liens se sont noués sur ces bases au milieu de ce monde faux, au fil du temps PPDA s'est détendu et m'a laissé voir un personnage plus sensible et complexe que prévu. Si, dans ma quête de reconnaissance, j'étais de prime abord flatté des rapports que nous entretenions, avec les mois j'appris à le voir autrement. Nos relations basculèrent alors dans l'amitié : c'était à l'occasion des fêtes de 1988, lorsque je fis connaissance des siens.

Après plusieurs mois d'observation, une fois qu'il m'a estimé fiable, PPDA m'a présenté son clan : Morgane, Solenn, Arnaud, Dorothée et Véronique. Celle que je connais le moins est sa fille aînée, Dorothée, ayant seulement le souvenir de l'avoir vue au cours d'un anniversaire fêté par la famille dans un grand hôtel parisien, réunions auxquelles, en bon patriarche soucieux d'habitudes qui constituent des repères, il attache une grande importance. Arnaud, lui, est un grand gaillard, qui admire son père sans jamais oser le lui avouer. Solenn, superbe jeune fille frêle, aux longs cheveux blonds, m'apparut comme un être rempli d'incertitudes portant des yeux écarquillés sur son idole paternelle. Quant à la petite Morgane, pleine de vie et de caractère, elle s'affichait sensible jusqu'au bout des ongles et fière comme Patrick. Véronique, la maman, incarne l'amour et la tolérance. Bien loin du monde de Patrick, elle l'y suit par force, mais n'y trouve aucun attrait, son mari étant le fil conducteur de sa vie. C'est une belle femme, douce, aux cheveux blonds, jamais très apprêtée mais pourvue d'une grande faculté d'écoute et d'un sourire qui plisse ses yeux à la limite des larmes, une femme d'une grande distinction, certains diraient de « grande classe ».

Difficile de comprendre un homme comme Patrick Poivre d'Arvor, que je n'ai réellement cerné qu'après être sorti de mon tourbillon médiatique. À l'époque, j'avais une fascination pour ce personnage, étant ébloui par son incroyable notoriété et par le fait qu'il soit depuis vingt ans sur nos écrans. Une information relatée dans son journal prend immédiatement un poids national, écoutée par en moyenne huit millions de téléspectateurs. Je ne comprenais pas son besoin de s'éloigner de Paris, son goût des week-ends passés au bout du monde, un peu comme s'il fuyait. Je ne comprenais pas qu'en France il n'était jamais tranquille, toujours sollicité, continuellement sous le regard des autres. Que dîner avec lui pouvait être utilisé, que ses passages dans un restaurant étaient commentés, qu'être à sa table ressemblait pour beaucoup à une marque de reconnaissance, qu'il était au cœur de toutes les rumeurs auxquelles les Français n'ont pas accès, infos ou intox réservées aux initiés du microcosme parisien, puissance qu'il appréciait tout en en souffrant. Il m'apparaissait comme un compagnon à la fois fragile et faisant preuve d'une solidité impressionnante, mais je ne devinais pas tous les inconvénients de sa notoriété.

* * *

Au fil du temps, nos relations sont donc devenues plus compliquées… et plus faciles. Plus complexes lorsqu'il y avait des tiers, car sa présence transcendait mon besoin de reconnaissance tout en augmentant son isolement. En effet, je n'hésitais pas à lui imposer la présence de personnes qui essayaient de le côtoyer ne serait-ce que quelques minutes. Et moi, imbécile, je jouais de cela, ne voyant pas les stratagèmes employés pour aboutir à cette rencontre, lesquels passaient même parfois par la flatterie de mon ego démesuré d'alors. Trouvant les gens sympathiques, je les conviais à rencontrer PPDA.

Je me rappelle ainsi un soir d'hiver dans ma villa de Cannes. Patrick avait fait une halte sur la route du retour et séjournait pour une nuit à la maison. Je m'en étais ouvert à Bernard Pons que je voyais fréquemment à l'époque. Instantanément, le politique nous invita à dîner dans sa somptueuse maison de Grasse. Je refusai, mais proposai au député de Paris de passer chez moi. Patrick, qui n'était pas venu pour cela, ne voulut pas sortir de sa chambre et prit son repas seul avec un bouquin, au mépris de toutes les règles de la bienséance. Je lui en tins rigueur, estimant avoir été humilié, alors que c'était moi qui l'avais blessé par mon aveuglement. Car aujourd'hui le président de l'Association des amis de Jacques Chirac a disparu de mon entourage alors que Patrick, malgré les ennuis, m'a gardé sa confiance. Alors que les politiques utilisaient ma naïveté pour en tirer profit, le présentateur prenait ses distances et estimait que j'avais trahi sa confiance en lui imposant un dîner et une rencontre qu'il n'aurait même pas envisagés à Paris. Je me souviens aussi des discussions véhémentes entre nous, lorsque j'osais lui annoncer que tel personnage du microcosme parisien allait nous rejoindre. Il entrait alors dans des colères d'une violence terrible, m'affirmant qu'il venait chez moi pour être tranquille et non pour être entouré d'importuns.

Je ne l'écoutais pas parce qu'à l'époque je pensais avoir la science infuse ! Mal m'en a pris. J'aurais dû faire plus attention à la réflexion qu'il me fit un jour au festival de Cannes.

Le Tout-Paris des médias ayant accepté l'invitation lancée par le maire de la ville, je lui expliquai que j'admirais ce parterre de journalistes quand il me mit en garde contre mon « attirance » pour ce milieu. Haussant les épaules, je n'avais pas saisi le message, y voyant la crise de jalousie d'un homme exclusif dans ses amitiés, or j'avais tort ! Car il savait de quoi il parlait. Il connaissait les revers de la médaille, les retournements de veste une fois la notoriété en berne, les coups bas des faux amis et les répercussions de la renommée sur les proches. Aujourd'hui, je connais moi aussi tout cela !

En pénétrant dans son intimité, j'ai heureusement appris, évolué et pu comprendre les conséquences de la surexposition médiatique. Si lui-même s'en sort plutôt bien, quelle épreuve pour ses enfants. En réaction aux problèmes judiciaires rencontrés par PPDA, Morgane s'apprête à devenir avocate. Quant à Solenn, on peut se demander si son suicide, quelques jours avant le procès, n'est pas en partie liée à cette période difficile ? Dans un courrier du 19 janvier 1993, sous la côte D 496, alors qu'on reprochait à Patrick d'avoir bénéficié de voyages et que de nombreux journaux le fustigeaient, j'écrivais au juge d'instruction :

« Je ne souhaite pas évoquer les relations de mon épouse et de moi-même avec sa fille Solenn, cela engage la santé d'une adolescente et est du domaine de la vie privée. »

Beaucoup de choses m'ont en effet rapproché de Solenn, enfant perdue dans son incapacité à communiquer, adolescente belle, fragile et douce. Jamais je n'aurais pu imaginer, derrière ses silences et ses sourires timides, qu'un drame allait avoir lieu. J'ai compris sa volonté de quitter ce monde où elle se sentait perdue, égarée dans une vie d'adulte tellement dure à supporter à cause du regard et des vociférations des autres, mais je regrette de n'avoir pu être plus présent. Anne-Valérie et moi avions crée, grâce à la complicité de Patrick, un rapport intime avec cette adolescente. Elle parlait peu, mais se trouvait bien en notre compagnie, sachant que nous avions l'estime, l'amitié et la confiance de son père. Et pour avoir assisté à plusieurs conversations, parfois vigoureuses entre nous, elle n'ignorait pas que nous nous parlions franchement. Patrick souffrait de la voir anorexique, fuyant avec elle, dans des activités sportives ou des voyages, son incapacité à faire manger cette enfant, lui pourtant si puissant, si volontaire. Par amitié, parce que je le sentais perdu face à cette maladie, j'ai essayé de l'aider. Comme son frère et ses sœurs, nous essayions de la faire rire, de l'entourer, de lui montrer combien elle pouvait être belle. Quel échec, quelle tragédie…

* * *

Grâce à Patrick, j'ai découvert le professionnalisme. Car si on peut l'attaquer sur tel ou tel aspect de sa personnalité, comme on pourrait le faire pour chacun d'entre nous, je ne pense pas que l'on puisse critiquer ses qualités journalistiques. Il faut assister à la préparation d'un journal et le voir entrer à 19 heures dans la « bulle » afin d'écrire les textes avec sa fidèle assistante pour comprendre qu'il possède une capacité exceptionnelle à résister à la pression. Il en fit d'ailleurs la démonstration lorsqu'un joyeux drille occupa l'antenne en se faisant passer pour le navigateur solitaire Alain Gautier arrivant d'une course, et se permit de l'attaquer sur les voyages passés en ma compagnie. Pas un seul muscle de son visage ne trahit alors son émotion. Même chose le soir de l'enterrement de sa fille. Et pourtant, je puis assurer, alors que tant de rapaces guettaient sa réaction, qu'il était effondré.

Pour l'avoir vu dans des situations que peu de gens peuvent imaginer, je connais sa fragilité, son attrait du vide, mais également sa soif de survie qui lui permet de faire face à toutes les attaques. J'aurais même tendance à dire qu'être attaqué le maintient en vie. J'ai vécu à ses côtés le retour de Christine Ockrent sur Antenne 2, l'arrivée de Claire Chazal sur TF1, que la presse présentait comme le préalable à son remplacement, mais aussi son combat pour conserver *Ex-Libris*, une émission littéraire, un temps contestée. Patrick est un angoissé, mais un vrai coriace. Le jour où il ne sera plus attaqué, il sera alors réellement en danger.

Parfois, il s'estime blessé, alors qu'il s'agit seulement des conséquences de sa notoriété. Ainsi, au début des *Guignols*, Patrick avait pour surnom « la guimauve », ce qui l'agaçait au plus haut point. Nous en avions discutés dans un restaurant de San Sebastian. Je défendais le point de vue des téléspectateurs de Canal + et de l'émission satirique, mais il était si irrité que j'ai cru qu'il allait quitter la table, n'acceptant pas que des proches puissent adopter un point de vue opposé au sien, exigeant d'eux une abnégation totale, lui-même étant toujours à l'affût de la moindre erreur et du plus petit indice de début de trahison.

* * *

J'ai décidé de ne pas revenir sur le dossier pénal dans lequel Patrick et moi avons été condamnés, ni sur cette période où la justice nous a opposés. Reste que beaucoup d'autres journalistes, personnalités politiques, personnages publics auraient dû subir les foudres du magistrat instructeur si on leur avait mis comme barre ce qui a été reproché à Patrick : deux cent mille francs de « largesses ».

S'il est exact que le présentateur n'a que peu participé aux frais de ces déplacements, il est également vrai que, grâce à lui, j'ai engrangé des souvenirs exceptionnels. À l'époque, ma façon de masquer mon propre mal-être, c'était d'inviter des célébrités pour satisfaire mon besoin de reconnaissance. Si j'ai la certitude aujourd'hui que nombre de personnalités des médias me fréquentaient par intérêt, je peux assurer que ce n'était pas le cas de PPDA, même si notre histoire ne fut pas sans heurts, sans affrontements, sans incompréhensions. Alors que j'étais en détention préventive, je fus ainsi choqué par une interview qu'il accorda à Michel Denisot sur Canal+, dans l'émission *Télé-Dimanche*, où il prit quelques distances avec moi. Mais je compris trop tard que, dans le cyclone médiatique d'alors qui entraînait tous ceux dont on savait qu'ils avaient été mes compagnons de voyage ou mes invités, il devait se défendre. Lui se contenta du minimum nécessaire pour se préserver, plaçant notre amitié dans le passé. Cela me perturba, mais je découvris vite que PPDA, à l'inverse de tant d'autres, assuma et n'accusa jamais ses confrères pour se dédouaner, acceptant notre amitié.

La presse n'a voulu retenir de nos auditions que la litanie des voyages, alors que d'autres extraits démontraient la qualité de notre relation. Maintenant que tout a été jugé, je puis en faire état. Le 22 décembre 1992, à 10 heures, Patrick déclara ainsi au juge : « On peut dire que Pierre Botton était un de mes amis avec qui j'entretenais des relations assez suivies, en qui j'avais confiance et que j'avais plaisir à voir. » Le 25 février, à 8 h 40, il ajouta : « Nous éprouvions un plaisir réciproque à nous retrouver ensemble. Au cours de ces séjours, nous ne parlions pas de mon travail ou du sien, et cela me permettait de m'évader et d'oublier une certaine pression inhérente à mon travail. »

Ni l'un ni l'autre ne nous sommes défaussés. Pourtant, il aurait été facile, pour tenter de nous noyer dans la masse, lui comme moi, d'augmenter la demie douzaine de ses collègues déjà convoqués dans le bureau du juge d'instruction. Chose exceptionnelle dans ce milieu, Patrick n'a jamais prononcé un mot contre ses confrères qui nous ont accompagnés, ni même dénoncé certaines de ses amies journalistes complices de nos détentes qui n'hésitèrent pourtant pas à faire la moue à la seule évocation de son nom et à me salir quand elles le purent. Ce sont d'ailleurs les mêmes qui, Patrick étant toujours en poste, l'encensent à nouveau !

Son témoignage sur la profondeur de notre relation ne s'arrêta pas à l'instruction. Lors du procès, devant toute la presse, il eut le courage d'affirmer à la barre : « J'ai appris à découvrir Pierre. C'est un homme qui a le cœur sur la main, drôle, amusant, proche de ma famille. » Et chaque fois qu'il fut ensuite interrogé par la presse écrite, il répéta, inlassablement : « Botton était mon ami. Je n'ai jamais parlé de lui à l'antenne, le reste ne regarde que moi. C'est ma vie privée. »

Or notre amitié a entraîné toutes sortes de rumeurs. Ainsi, un jour de novembre 1992, dans ma cellule de la maison d'arrêt Saint-Joseph à Lyon, je regardai les journaux télévisés de 20 heures en zappant quand je tombai, effaré, en ouverture du journal présenté par Bruno Masure, sur un reportage diffusé par la deuxième chaîne nationale[1], où un homme expliquait « mes rapports » avec certaines personnalités :

LE JOURNALISTE : Il mettait en avant ses largesses avec les médias ?

LE TÉMOIN : Oui.

LE JOURNALISTE : C'est-à-dire ?

LE TÉMOIN : Une autre anecdote, il allait chez les pharmaciens avec Patrick Poivre d'Arvor, c'est-à-dire PPDA. Il l'amenait sur, heu, dans le bureau du pharmacien en même temps, et cela lui permettait de faire passer la pilule aux pharmaciens.

LE JOURNALISTE : Mais c'est-à-dire ?

LE TÉMOIN : C'est-à-dire, (Pierre Botton) faisait voir son influence sur les médias, et le pharmacien [...] cela l'impressionnait.

LE JOURNALISTE : Il l'a fait avec d'autres journalistes ?

LE TÉMOIN : Non, j'ai su que Patrick Poivre d'Arvor c'est tout.

Le « scoop » avait été obtenu, nos noms accolés et jetés en pâture, mais tout était inventé. Il faut que la carapace de Patrick soit bien dure pour résister à ce type de propos dif-

[1] Journal télévisé d'Antenne 2 du 17 novembre 1992, extrait du procès-verbal d'huissier établi le 20 janvier 1995.

famatoires encore aujourd'hui impunis malgré de nombreux témoignages. Et pourtant, malgré tout, il est resté mon ami et s'est comporté en homme digne. Et ce même dans le bureau du juge, lors de notre confrontation, où j'arrivai exténué, laminé par une longue détention préventive et par les vacances scolaires passées à nouveau loin de mes enfants. Alors que tout devait nous opposer, Patrick eut, à la surprise des personnes présentes, des mots d'une grande tendresse à mon égard. Je ne les oublierai jamais. Car un des traits de caractère de cet homme hors du commun, c'est sa fidélité. Il a d'énormes défauts, une personnalité parfois difficile, mais lorsqu'il s'est fixé une ligne, il la tient et ne zigzague pas.

* * *

Alors que j'étais incarcéré et que nous ne nous étions pas vus depuis plusieurs mois, il ne me lâcha pas. Il n'avait plus rien à gagner et aurait pu, comme tant d'autres, se détourner, me laisser croupir et m'oublier, mais non, lui ne se comporte pas de la sorte.

Il pensa même à mon anniversaire qu'il me fêta à sa façon. Tandis que j'étais incarcéré pour la deuxième fois, il me fit parvenir son dernier livre dédicacé, au risque de ternir une nouvelle fois son image. Et aujourd'hui, tandis que je cours après ma réinsertion, que j'ai besoin de soutien et d'aide, il ne se détourne pas.

* * *

La preuve de notre amitié, de notre complicité, de notre intimité, je l'ai eue voilà dix mois. Alors que j'entrais dans un restaurant bondé, une très jeune fille m'aborda : « Pierre, vous me reconnaissez ? » Ce genre de situation est toujours délicat. Devant mon visage interrogatif, elle se présenta : « Je suis Morgane Poivre d'Arvor. » Cette petite fille à qui j'avais offert pour Noël, voilà plusieurs années, un énorme canard en peluche vert plus grand qu'elle venait me voir pour me parler, devant ses amis, sous les yeux des nombreux clients du restaurant qui nous regardaient. J'ai été très ému.

Il y a du Poivre d'Arvor dans ce comportement qui se moque de ce que pensent les autres. Morgane m'a ouvert son cœur pour me dire combien elle avait été marquée par ce qui nous était arrivé et pour m'avouer que, depuis le procès de son père, elle souhaitait s'engager dans une carrière d'avocate. Elle a les yeux de sa mère et la certitude de son père. J'ai adoré ce moment, qui compte parmi les instants les plus forts vécus depuis ma sortie de prison. Car lorsqu'on a été mis au ban de la société et que celle-ci vous a jugé, ce qui manque le plus après, c'est la confiance des autres et en soi. Si les adultes peuvent trahir, les enfants, et *a fortiori* les adolescents, ne se trompent pas. En tout cas, cette attitude témoigne du climat de la maison Poivre, où jamais mon nom n'a été banni. Il y a de la classe chez les d'Arvor. Les gestes du père comme les mots de sa fille sont inscrits à jamais dans ma mémoire.

Pour tout cela, Patrick est mon ami.

TOUBON JACQUES : LA VOIX DE SON MAÎTRE

Conseiller à la mairie de Paris, maire du XIIIe arrondissement de la capitale, chargé de mission auprès du président de la République, ancien garde des Sceaux.

On prétend que Jacques Chirac dit de lui en plaisantant :

« Si je lui dis de sauter par la fenêtre, il saute. »

Je ne suis pas sûr que ce soit un compliment.

* * *

J'ai rencontré Jacques Toubon à Fontaines-sur-Isère en novembre 1984, à l'occasion des assises du RPR. À la même période, le parti socialiste venait de tenir son congrès à Valence où, trois ans après l'élection surprise de François Mitterrand à la présidence de la République, Paul Quilès avait déclaré : « Il faut que des têtes tombent. » L'ambiance allait donc être à la chasse aux sorcières.

J'ai choisi d'entrer en politique à ce moment-là, dans le sillage de Michel Noir, député de la Croix-Rousse, qui venait de perdre les élections municipales de Lyon. Après cette défaite, dans la mesure où il lui était indispensable de s'imposer dans la deuxième ville de France en tant que leader de l'opposition locale, il avait écrit un livre intitulé : *1988, Le grand rendez-vous.* À la même époque Jacques Toubon gratifiait le public d'un ouvrage au titre étrange : *Pour en finir avec la peur.* Étant chargé d'assurer la publicité du livre de Michel Noir durant le congrès RPR, le député de Lyon m'indiqua que la promotion de l'opuscule de Jacques Toubon se ferait avec la nôtre. Ainsi, je fis la connaissance du futur garde des Sceaux, d'abord par le truchement du téléphone, afin d'organiser la présentation des ouvrages, puis sur le terrain.

Afin d'exposer les livres, un stand en stratifié blanc fut construit par la SARL Mona Menuiserie, située à Fontaines-sur-Isère, et un comptoir destiné aux séances de dédicaces fabriqué par la menuiserie Pascal, installée à Décines. Quelques spots éclairaient, dans le fond du stand, un agrandissement réalisé par la société Ifot de Lyon, d'un cliché représentant la nouvelle génération du RPR encadrant son président. Jacques Godfrain, Michel Barnier, Jacques Toubon et Michel Noir, les « quadras » du mouvement gaulliste, entouraient Jacques Chirac. Tous, à l'exception du maire de Paris, avaient même eu la délicatesse de me dédicacer cette photo géante que je possède encore. À l'époque, en pleine purge socialiste, le fait qu'il n'y ait pas beaucoup de fous pour soutenir financièrement les « jeunes loups » de droite méritait bien la reconnaissance d'une signature !

Le clou de cette opération de promotion fut constitué par la distribution de sacs publicitaires en plastique aux couleurs de la France, bleu, blanc, rouge, avec sur chaque face l'association des deux noms, Michel Noir et Jacques Toubon. C'est l'entreprise Déciplast, domiciliée au 11, rue Balzac à Décines (69150) qui, comme l'atteste la facture n° 84230 en date du 16 novembre 1984, réalisa ces sacs. Facture qui fut envoyée à l'une de mes sociétés, l'entreprise Vivien, sise au 276, rue Garibaldi à Lyon (69003).

Si elle avait été remise aux journaux en 1996 au moment où Jacques Toubon était garde des Sceaux et où Michel Noir était condamné par la cour d'appel de Lyon, une photo de ce sac publicitaire aurait sans aucun doute donné lieu à un débat peu agréable pour le ministre s'occupant alors de notre Justice. Mais, peut-être ne savait-il pas qui prenait réellement en charge ces dépenses? Peut-être convient-il de lui laisser le bénéfice du doute? La réaction du commun des mortels ne serait-elle toutefois pas, à tout le moins, de se poser la question? Car au-delà des sommes avancées par mon entreprise pour la promotion de ces deux ouvrages, nombre d'interrogations subsistent.

Jacques Toubon rétrocéda-t-il une partie des fonds issus de la vente de son livre, ainsi promu, à un parti politique? Dans l'affirmative, les faits doivent être assimilés à du financement politique et par conséquent amnistiés. En revanche, si tel ne fut pas le cas, on pourrait y voir un profit personnel tiré des dépenses supportées par l'entreprise Vivien. Si Jacques Toubon savait qui payait, cela pourrait tomber sous le coup de la loi sur le recel d'abus de biens sociaux, qualification ayant conduit à la condamnation des autres protagonistes de l'affaire.

– Etait-il dès lors de bon ton de maintenir place Vendôme un homme dont le comportement pouvait susciter de telles interrogations ? Cela affaiblissait nécessairement la fonction.

– Enfin, pourquoi existe-t-il différents traitements selon les CV des uns et des autres ? Pour certains, la justice ne dépassera pas le stade de l'interrogation.

Il est fondamental de garder en mémoire ces questions et de bien en appréhender la portée quand elles concernent un ministre de la Justice en exercice, afin de bien comprendre la suite de ce chapitre.

* * *

Au moment où Jacques Toubon devint garde des Sceaux, j'étais depuis plusieurs années le principal acteur d'un dossier judiciaire qui avait mis sur la sellette les rapports ambigus entre les mondes des affaires, des médias et de la politique. Curieusement, le chef de l'État avait choisi ce fidèle des fidèles pour devenir ministre de tutelle de l'institution judiciaire, alors qu'il n'était pas totalement étranger à l'affaire, comme on vient de le voir. Ce poste lui permit d'avoir accès à de nombreuses informations, de détenir une partie des nominations aux principaux postes des administrations judiciaire et pénitentiaire et d'être l'autorité politique (ou « de tutelle » doit-on dire) ayant un pouvoir hiérarchique. C'était ce qu'on appelle un verrouillage en bonne et due forme, comme on en voit dans les dossiers mettant en cause les politiques.

Comme je veux revenir dans ce chapitre sur mon incarcération après ma condamnation du 10 janvier 1996, je dois préciser le contexte dans lequel mes mésaventures se déroulèrent. En politique, rien ne peut en effet être distingué du contexte : celui-ci justifie toujours les moyens employés par les hommes du microcosme. À ce moment-là, Jacques Chirac était donc président de la République, Alain Juppé, Premier ministre et la garde rapprochée de Chirac à la mairie de Paris, installée au gouvernement. L'Élysée ressemblait à fort Chabrol : les juges tournaient autour de son locataire et des nombreuses « affaires » de la capitale : emplois fictifs, « vrai-faux rapport », comme a dit la presse, de madame Tiberi, détournement de fonds de Xavier Dugoin au profit du RPR, trucage des marchés publics de la mairie et du conseil régional de l'Île-de-France. Sans oublier les dossiers concernant le proche entourage de Jacques Toubon : déconfiture de la station de sports d'hiver d'Isola 2000, revente litigieuse d'un terrain dans le Sud-Ouest. Le poste de garde des Sceaux était donc l'un des plus importants pour le chef de l'État. Comme il s'avérait vital de tenir les « affaires », le ministre de la Justice dut coûte que coûte freiner les ardeurs des magistrats. On se rappelle à ce sujet le fameux hélicoptère envoyé dans l'Himalaya !

Rappel des faits par le journal *Libération* du 22 juin 1999 sous la plume de Franck Johannes : « Le juge Éric Halphen, en juin 1996, s'en vient perquisitionner chez Jean Tiberi, le maire RPR de Paris, sans prévenir ses policiers qui, du coup, refusent de le suivre. Il tombe tout de même sur des feuilles de paie du conseil général de l'Essonne, au nom de Xavière Tiberi : la dame a signé un rapport sur la francophonie, plein de fautes d'orthographe mais bien payé (200 000 francs), bientôt transmis au procureur d'Évry.

Mais Laurent Davenas se hâte lentement et part faire du trekking au Népal, en laissant les clefs à son adjoint, Hubert Dujardin. Or Dujardin n'apprécie guère la façon dont son patron gère les dossiers et annonce qu'il va mettre un juge d'instruction sur l'affaire. Panique place Vendôme. Toubon affrète le 2 novembre un hélicoptère à Katmandou pour sommer Davenas de raisonner son adjoint. L'hélico fait chou blanc. "Garde des Sceaux ? ricane Jospin. Non, garde des siens."[1] »

Tandis que Jacques Toubon fit feu de tout bois pour calmer les ardeurs de la justice à l'encontre de ses amis Tiberi, lesquels risquaient d'impliquer directement leur prédécesseur, je fus, en vingt et un mois, transféré successivement dans sept maisons d'arrêt. La chancellerie a-t-elle pu jouer un rôle dans ces transferts exceptionnels ? Pour un détenu de droit commun, qui plus est non violent, voilà qui relève en tout cas du record ! On me refusa même mon placement en centre de détention, préférant me laisser en maison d'arrêt. Ces mutations n'étaient pas anodines : le Code de procédure pénale n'autorise pas, en effet, les mêmes conditions de libération et de permission de sortie à un détenu placé en maison d'arrêt (réservée aux détentions préventives et courtes peines) ou en centre de détention (réservé aux personnes purgeant des peines d'une durée supérieure à deux ans). Grâce aux juges d'application des peines, aux détenus et aux assistantes sociales, qui sont les seules personnes vrai-

[1] Cette affaire a connu un dénouement provisoire en décembre 1999. Le tribunal correctionnel d'Evry a blanchi madame Tiberi en retenant un moyen de procédure soulevé par son avocat, tout en condamnant lourdement les autres protagonistes. Le parquet a fait appel.

ment au courant de la réglementation relative aux libérations conditionnelles, je connais désormais tout cela par cœur. Autrement dit, me maintenir en maison d'arrêt avait pour effet de me garder au secret. Ce qui me conduit à poser les questions suivantes : a-t-on usé de moyens artificiels pour me maintenir en détention dans ces conditions hors normes ? Était-il de l'intérêt du pouvoir en place de laisser intervenir ma libération ? En repensant à ces déménagements et à ces mises à l'isolement, j'ai trouvé la réponse à cette seconde question : c'est non. Et je vais le démontrer.

Mais avant de le prouver, certains se demanderont pourquoi, alors que le plus dur semble passé, j'éprouve le besoin de revenir sur tout cela ? Simplement, et c'est le leitmotiv de cet ouvrage, parce que je trouve lamentable le comportement de ces hommes. Parce que j'estime qu'à cause d'eux j'ai passé plusieurs Noël loin de mes enfants. Étant placé à l'isolement et n'ayant de contacts qu'avec les gardiens, une épreuve déjà difficile s'est transformée en véritable calvaire. Cette détention, j'aurais dû pouvoir m'en remettre. Mais désormais, elle est dans mon âme comme une trace indélébile, un tatouage au fer rouge laissé par le jeu vicieux des espoirs que l'on faisait naître puis disparaître. J'estime que c'est à cause de Jacques Toubon et du petit jeu dont j'ai été l'objet – promesses sans suite renouvelées – que je ne peux plus regarder à travers une fenêtre sans imaginer des barreaux. C'est à cause de lui que je ne peux plus supporter une porte fermée et que je me suis isolé. Voilà donc pourquoi je parle aujourd'hui, pour dénoncer ceux qui nous donnent des leçons mais ne les appliquent jamais, pour aider ceux qui sont pris dans les mêmes filets et leur dire que la seule solution n'est pas de se murer dans le silence en espérant un renvoi d'ascenseur, mais de dévoiler la vérité et le vrai visage des commanditaires et profiteurs.

* * *

Le 10 janvier 1996, je suis arrêté à la barre de la cour d'appel de Lyon devant ma mère en larmes. J'ignore alors que je quitte ceux que j'aime pour quinze mois d'isolement ! Dès mon arrivée à la maison d'arrêt Saint-Joseph de Lyon, mon avocat, Frédérique Pons, m'annonce mon transfert, le lendemain, pour la prison de Villefranche-sur-Saône afin, selon elle, « de me permettre de sortir pour le 14 juillet 1996 ». Comment ai-je pu y croire ?

Faisant une confiance aveugle à mes « amis », je me raccrochais à leurs promesses de tout faire pour s'occuper de mon cas, alors qu'ils ne firent rien et ne pouvaient à la vérité rien faire. Le procédé est éprouvé : on vous enfonce pour se décharger. Ils laissent penser qu'ils agissent ou peuvent agir, histoire de bien vous garder à leur merci. Méthode qui me fut appliquée.

En me faisant croire que rien d'« anormal » n'allait se produire le jour du prononcé de l'arrêt, le « pouvoir » se donnait la possibilité de jouer les scandalisés et d'entamer la gestion du « cas Botton » pour s'assurer de mon silence. Mais comment se protéger d'un ennemi non déclaré ?

Arrivé à la maison d'arrêt de Villefranche, je découvris mon deuxième quartier d'isolement, situé à côté du quartier disciplinaire. Là, mes avocats m'affirmèrent « s'occuper de tout ». Mais, avec le recul, que de déceptions et de désillusions ! Ainsi, on m'assura à nouveau que j'aurais ma première permission de sortie pour le 14 juillet. Je ne m'aperçus même pas du premier changement : d'une libération au 14 juillet, nous étions, en moins de vingt-quatre heures, passés à une simple permission de sortie! Comme je demandai s'il ne serait pas utile de solliciter une audience du J.A.P., on me répondit : « Pierre, laissez-nous faire, nous nous occupons de tout. » Toujours en confiance, je laissai faire. D'autant qu'était rajoutée cette phrase, indispensable à l'opération : « Surtout, ne parlez de rien à personne, cela pourrait tout compromettre. » Le message était clair : on me laissait miroiter une intervention bénéfique. De mon côté, après le premier transfert, la noirceur et la crasse de ma cellule, je me raccrochai volontiers à l'espoir que l'on m'offrait. Ce qui ressemblait à une belle sottise puisque, si j'avais interrogé n'importe quel détenu, il m'aurait rit au nez et conseillé de demander mon transfert en centre de détention, de rencontrer la J.A.P. et d'effectuer ma peine jusqu'à la date possible de ma libération conditionnelle.

Fin février, on m'informa que j'allais être à nouveau transféré, mais cette fois à Paris. Motif invoqué : j'y serais mieux! Troisième maison d'arrêt en trois mois : on ne fait pas pire à un détenu fiché au grand banditisme ou à un terroriste, chaque changement d'univers constituant un nouveau choc. Me voilà donc à la Santé, dans le fameux quartier des VIP qui cache en fait les cellules des anciens quartiers de haute sécurité. Devant toutes ces gesticulations, je commençais à douter des certitudes de mes avocats. Ne me fourvoyaient-ils pas? Pour en avoir le cœur net, je demandai un entretien avec la J.A.P. Rencontre qui me fit l'effet d'un nouvel électrochoc quand elle me dit (ce qui sera la vérité et ce qu'elle réalisera elle-même) : « Vous êtes libérable, sous réserve de l'obtention de votre libération conditionnelle, en avril 1997 avec une permission de sortie aux alentours de février 1997. » La loi allait donc être la même pour moi que pour beaucoup d'autres, ce qui en soi me paraît juste. Mais ce que je ne digère pas, c'est que l'on m'ait fait croire que le pouvoir avait les moyens d'agir et d'exercer une influence sur la justice. Tout en sachant que cela était impossible, on me gardait au silence. Toujours est-il que cette discussion me troubla fortement : je ne reconnus pas les prévisions rapportées ni par mes avocats, « tellement proches du pouvoir », ni par mon épouse, qui avait souvent « Jacques » au téléphone et qui alla le rencontrer à deux reprises dans son appartement situé au quatrième et dernier étage d'un immeuble de la rue des Petits-Champs, protégé alors par le code d'accès B3974. Elle me décrivait pourtant, au parloir, les deux petites marches permettant d'accéder au salon, les revues de peinture moderne qui ornaient la table basse et les tableaux contemporains accrochés sur les murs de ce joli duplex. Des entrevues qui ne me surprenaient pas, et mieux, me rassuraient. À écouter ses récits où le garde des Sceaux proclamait avoir en permanence l'œil sur mon dossier, j'avais entretenu quelques espoirs, que ma conversation avec la J.A.P. ébranla. Pourtant, je me disais que Jacques Toubon était un ami. Je n'avais pas fait que l'aider en 1984. Il m'avait en effet marié, le 19 décembre 1987, à la mairie du VIIIe arrondissement de Paris, lui-même et son épouse Lise étant invités à la table d'honneur du repas qui suivit. Par la suite, nous nous étions fréquentés de façon très étroite au point qu'il appelait mon épouse « ma cocotte ». Seul dans ma cellule, je m'y perdais. D'un côté l'amitié et les assurances rapportées par mes proches, de l'autre une J.A.P. très directe. Dans ma détresse, tout s'embrouillait, je ne savais plus où j'étais et je sombrais dans la spirale infernale des somnifères et des insomnies. Mon état nécessita bientôt un nouveau transfert au service des soins intensifs de la prison-hôpital de Fresnes. De là, je fus envoyé à Grasse qui, au moins, eut l'avantage de me rapprocher de ma famille : même si je ne voyais pas mes filles, je verrais désormais le même soleil qu'elles et pourrais leur écrire en évoquant des images partagées. Chaque transfert s'effectuant en camion, le trajet Paris-Grasse dura près de quatorze heures. Dur en sortant à peine des soins intensifs !

Malgré les propos très clairs de ma J.A.P., mes avocats se montraient toujours aussi rassurants : première permission de sortie le 14 juillet 1996. En catastrophe, ils s'aperçurent toutefois que le retrait de mon pourvoi en cassation n'avait pas été fait, ce qui risquait de m'empêcher de bénéficier des fameuses grâces du 14 juillet. Or, d'après les assurances du ministre qui m'étaient rapportées, ces grâces devaient me permettre de serrer mes filles dans mes bras pour la fête nationale.

Le 14 juillet, les remises de peines tombèrent. Catastrophe : je ne sortais pas ! Je demandai d'urgence à voir la magistrate de Grasse, laquelle me reçut, terriblement froide, et m'asséna :

« C'est moi qui décide et je ne serai sensible à aucune pression, d'où qu'elle vienne. »

Je ne compris pas le sens de ses mots. Craignait-elle des pressions ? En avait-elle subi ? Incarcéré, coupé de tout, que voulait donc me signifier la magistrate ? Elle me laissa toutefois entrevoir une possibilité :

« Si tout le monde est d'accord, on peut envisager ça pour le 21 décembre. »

Ébranlé, je ne fis pas assez attention à son « si tout le monde est d'accord ». De qui parlait-elle ? Et qui pourrait ne pas l'être ?

* * *

Mon état de santé s'aggrava. Plusieurs certificats médicaux établis par des médecins de l'administration pénitentiaire commencèrent à alerter les autorités. Pour tous les rouages du système, il s'agissait de se « couvrir ». Ma médiatisation bloqua toutes les décisions mais surtout terrorisa ceux qui devaient décider : ils savaient qu'on aurait tôt fait de leur reprocher tout problème susceptible de survenir durant ma détention. Alors chacun ouvrit son parapluie : on préconisa un placement en centre spécialisé. Dès lors, mes séjours à l'hôpital se succédèrent.

Toutes ces péripéties étaient suivies de près par le cabinet du ministre. Jacques Toubon continua à recevoir mon épouse et à lui téléphoner régulièrement en l'assurant que ma libération était proche. Les contacts des miens étaient fréquents avec le ministère : notamment avec le chef de cabinet, monsieur Builly, avec le directeur de cabinet, Alexandre Benmaklouff, aujourd'hui au parquet de Paris, avec un conseiller technique nommé Carbuccia ainsi que la secrétaire particulière du garde des Sceaux, la fidèle Claudine. Lorsque le ministre était à sa mairie, c'était Fabienne Porthalier qui jouait les interfaces et prenait les rendez-vous.

Voyant ma méfiance grandir, ma femme Anne-Valérie me rapporta les propos de Toubon, multiplia les détails me permettant de croire à ses informations et promesses corroborées par celles de mon avocate. Pourtant, je perdis confiance. Ces nouvelles successives me rendant fou, j'écrivis à Jacques Toubon, à Jacques Chirac, rappelant ma fidélité. Nous étions en octobre 1996, et je souhaitais seulement que l'on me dise si j'avais une chance de serrer ma fille aînée dans mes bras pour son anniversaire le 11 novembre suivant. Toujours la même réponse : « Oui. » Alors, j'espérais et en espérant, je perdais le contrôle de moi-même et me faisais mener en bateau.

Le problème, c'est que mon cas avait été saucissonné : c'est-à-dire que, pour la même période et les faits découverts dans l'instruction du volet le plus connu de cette affaire, plusieurs dossiers distincts avaient été ouverts entraînant plusieurs procès. L'un d'eux, dit de la SDEI, du nom d'une filiale de la Lyonnaise des eaux, fut programmé pour le 16 janvier 1997. Or il était dangereux pour le pouvoir, car c'est au cours de cette information judiciaire qu'avait été révélée ce qui deviendra l'affaire Carignon dans laquelle Jérôme Monod, patron de la Lyonnaise des eaux, sentit le boulet du canon lui frôler les oreilles. Comme chacun de mes passages devant les tribunaux était l'objet de l'attention des médias et que le politique craint l'association justice-presse, on me balada d'espoir en espoir.

Je suis en fait persuadé, aujourd'hui, que tout a été fait pour me « garder au chaud » jusqu'au procès de la SDEI et éviter le moindre débordement. Qu'on en juge : le procès devait avoir lieu le 16 janvier 1997 et je fus ramené le 6 janvier, soit à dix jours de la date fatidique, de la maison d'arrêt de Grasse à la maison d'arrêt de la Santé. Et ce alors que je venais de faire une tentative de suicide, de passer douze jours à l'hôpital et que les médecins de l'administration pénitentiaire jugeaient mon état des plus graves. N'avaient-ils pas rédigé l'attestation suivante :

« Je soussigné docteur Estrade Jean-Paul, médecin chef à la maison d'arrêt de Grasse, certifie suivre et donner mes soins à monsieur Botton Pierre, en association avec les docteurs Le Lan Pierre, psychiatre, et Cros Jean Jacques, généraliste.

Ce patient présente depuis des mois des problèmes psychologiques majeurs qui se sont aggravés récemment en raison de sa situation judiciaire et d'une pression médiatique excessive.

La conséquence de cet état de fait a été une tentative de suicide le 21 décembre 1996 ayant entraîné son hospitalisation au centre hospitalier de Grasse pour une durée de douze jours.

Ce patient a réintégré la maison d'arrêt de Grasse le 2 janvier 1997 en dépit de l'avis des docteurs Sultan et Dauza qui l'ont suivi durant son séjour à l'hôpital Clavary, aucune solution n'ayant pu être trouvée pour placer ce malade en milieu de soins.

Actuellement, il présente un état de santé psychiatrique très précaire malgré le traitement qui lui est administré. De plus, se sont greffés des problèmes d'ordre somatiques semblables à ceux ayant entraîné son hospitalisation à Fresnes en juin 1996.

Pour ces raisons, le médecin psychiatre et les médecins généralistes estiment que son état de santé est tout à fait incompatible avec sa présence au procès du 16 janvier 1997. »

Ce document, signé par trois médecins, attestait que je ne devais pas retourner en détention. Or ma tentative de suicide avait été provoquée par le rejet, le 21 décembre 1996, d'une demande de libération conditionnelle et par une « erreur » de la J.A.P. qui, dans son ordonnance, m'avait privé de mes droits familiaux. Ce document officiel reçu à quelques jours de Noël, ajouté à la preuve tangible des manipulations dont j'étais l'objet, finit de m'achever. Pire, j'appris à cette date, de la bouche même d'un membre de la commission d'application des peines, que le représentant du parquet n'avait pas demandé ma libération conditionnelle mais, au contraire, souhaité un ajournement de la décision. Toutes les belles promesses qu'on m'avait faites, les assurances données à mon épouse, avaient été des leurres. Le parquet, sous la tutelle hiérarchique de la place Vendôme, venait de m'enfoncer la tête sous l'eau. Je ne peux m'empêcher de penser qu'il s'agissait de s'assurer de mon silence au procès du 16. En me faisant miroiter une libération quelques semaines après l'audience du tribunal de grande instance de Lyon, on exigeait de moi un minimum de discrétion, surtout depuis que j'avais annoncé vouloir convoquer Jérôme Monod à la barre comme témoin. Avec cette idée, j'avais mis le feu aux poudres, ce qui se traduisit par une succession d'événements.

Tout d'abord par mon transfert à la maison d'arrêt de la Santé, dans le plus grand secret. J'ai été averti de ce changement, le sixième en onze mois, le samedi après mon dernier parloir afin que je ne puisse pas en informer mon visiteur. Ainsi, sans que je l'aie demandé, on me supprimait le bénéfice du rapprochement familial et on me réincarcérait dans le lieu même où j'avais commencé à dépérir. Pire, cette décision fut prise au mépris des recommandations des médecins quelques jours après ma tentative de suicide. La chancellerie cherchait-elle ainsi à contrôler la situation ?

De fait, à la Santé, je devais tous les jours, à 16 h 30, avoir un entretien avec le brigadier responsable de la 3e division afin qu'il fût en mesure de rédiger un rapport complet sur mon état. Le rapport établi était ensuite communiqué au cabinet du ministre. Lorsque j'arrivai à la maison d'arrêt, après ce voyage de plus de quatorze heures en camion, l'exceptionnel docteur Vasseur récupéra une loque en larmes. Je refusais de m'alimenter, je ne me lavais plus, je ne préparais même pas mon lit et n'allais pas aux parloirs. Petit détail qui a son importance : je portais un bonnet de laine sur la tête que je refusais de quitter. Après plusieurs discussions avec le médecin chef de la Santé, j'acceptai d'aller discuter avec ma femme, montée exceptionnellement du midi. En me voyant, elle confirma mes soupçons : « Jacques est au courant de tout. Il m'a dit que tu devais l'aider et m'a même informée que tu ne te lavais pas et que tu avais un bonnet de laine sur la tête. Je n'ai pas voulu le croire, mais je te vois avec. Le niveau de détail de ses informations est impressionnant. » Et pour cause. Pourquoi le garde des Sceaux suivait-il avec autant d'attention l'évolution de mon état d'esprit ?

À la demande du parquet, je fus à nouveau ausculté par un médecin de Versailles qui, lui aussi, trouva alarmant mon état physique et psychologique et conclut que je n'étais pas en état d'assister au procès du 16. Reste que je ne comprends toujours pas comment une nouvelle expertise pouvait être demandée alors que les autorités compétentes n'avaient tenu aucun compte, quatre jours auparavant, des mises en garde et des conclusions de plusieurs médecins experts. À moins que ce nouveau certificat, après un transfert traumatisant, ne servît justement à éviter que je fasse quelque déclaration gênante pour le parti au pouvoir ?

Enfin, quelques jours avant le procès, le procureur de Lyon, Thierry Crétin, qui avait jusque-là toujours suivi mes affaires et faisait ouvertement preuve de peu d'indulgence envers les politiques, fut remplacé.

Mais ce n'est pas tout. Lors de l'audience du 16 janvier, le parquet se joignit à la demande formulée par mon avocat, que le garde des Sceaux avait fortement suggérée à ma femme, d'obtenir que l'on me juge en mon absence, comme l'article 416 du Code de procédure pénale le prévoit pour des cas extrêmes. La manœuvre était habile et permettait d'empêcher tout risque de remous ou de divulgation d'informations gênantes. C'était sans compter sur l'indépendance des magistrats qui, dans le souci d'une bonne administration de la justice, rejetèrent l'idée et repoussèrent le procès de neuf mois, permettant que ma libération conditionnelle intervienne au bon moment pour que je puisse me présenter libre à la nouvelle audience. Une gifle pour le pouvoir. Furieuse, la chancellerie répliqua à cet acte de « rébellion » par un incroyable jeu de chaises musicales au palais de justice de Lyon, promotions tombées du ciel sur les membres du parquet : le procureur général fut nommé à Aix-en-Provence, le procureur « promu » au parquet de Riom et Thierry Crétin, comme on l'a vu, substitut à Bruxelles ! Le journal *Le Progrès* du jeudi 25 juillet 1997 rapportait, sous la signature de René Raffin, les propos d'un parquetier lyonnais : « Un tel bouleversement dans un si bref laps de temps est exceptionnel. »

Cette reprise en main est à rapprocher des propos tenus par le procureur genevois Bertossa, signataire de l'appel de Genève pour une justice Européenne, recueillis par Philippe Margaux dans *Les Affaires financières* :

« Et aujourd'hui ?

– Depuis l'arrivée de Jacques Toubon au ministère de la Justice, nous sommes tenus de respecter la voie diplomatique pour toute transmission de documents. C'est à dire qu'un juge français voulant recourir à l'entraide judiciaire doit d'abord adresser sa demande à sa hiérarchie, qui la transmettra à son ministre qui lui-même la transmettra à mon ministre qui me la transmettra. Autant d'intermédiaires et d'étapes qui rallongent chaque procédure de plusieurs mois. Cela ralentit considérablement la transmission des renseignements au mépris de l'urgence imposée par certains dossiers.

– Que voulez-vous dire ?

– Que le but de tout délinquant financier est d'échapper à sa condamnation par le biais de la prescription et que ce type de formalisme appliqué à la lettre lui facilite les choses.

– C'est rare une telle franchise chez un juge...

– Je n'ai pas de ministres au dessus de moi. »

Finalement, comme elle me l'avait annoncé, la J.A.P. de Paris accorda ma libération conditionnelle, le 12 avril 1997, après une permission de sortie accordée en février. Force est de constater que les seules personnes à ne m'avoir jamais trompé tout au long de ce parcours furent les médecins et les magistrats !

* * *

Je ne doute pas que les personnes concernées nieront les faits avancés ici. Je veux donc revenir à cette période cruciale de novembre 1996 où l'on m'avait assuré que ma libération conditionnelle interviendrait pour saluer l'anniversaire de ma fille.

Afin de montrer que mes propos et les hypothèses que je soutiens ne relèvent pas de la simple amertume ou de la vengeance, afin aussi de couper court aux accusations de mensonges que proféreront haut et fort les intervenants de ce dossier, je tiens à rapporter une conversation entre le garde des Sceaux de l'époque, Jacques Toubon, l'un de mes avocats d'alors, maître François Gibault, et mon épouse. Des propos qui n'engagent que leurs auteurs mais dont le ton parfois vert à l'égard de certaines personnes peut choquer. Je m'excuse par avance auprès d'elles.

Lorsque les participants à cette discussion arrivèrent dans le bureau de la mairie du XIIIe arrondissement de Paris, le garde des Sceaux terminait une conversation téléphonique. Les personnes concernées par l'aménagement de la rive gauche de la capitale sauront facilement décrypter ce qui s'y dit, les phrases de Toubon étant interrompues par les réponses de son interlocuteur :

JACQUES TOUBON : Je t'ai dit la priorité... J'ai rien dit, je ne t'ai rien dit, c'est le domaine réservé... Oui, la maison franco-japonaise d'accord... Oui, la fin vers la maison japonaise. C'est ça. Oui, justement, c'est beaucoup plus facile, s'il y a un service public... Devant le lycée, non, c'est nul... Oui, non je peux pas, il faut garder parce que les héritiers d'Édouard Branly alors, on est foutu... Mais, oui, tu fais le quai Branly, de l'avenue Bosquet, la météo, chez Mazarine... Tu fais donc, le quai Branly, du quai d'Orsay, du débouché du quai d'Orsay, jusqu'à l'avenue de Suffren, et à partir de l'avenue de Suffren, c'est-à-dire du stade, tu fais quai de Tokyo. Donc le stade, le centre d'information pour les jeunes, l'ambassade d'Australie et je ne sais quoi, plus la maison de la culture franco-japonaise, c'est le quai de Tokyo. Et ça veut dire qu'effectivement tu risques d'avoir, je crois sur la fin, vers Bir Hakeim, il doit y avoir deux immeubles, une station-service et tout ça... qui vont s'appeler quai de Tokyo, au lieu de quai Branly. Non, mais c'est très bien. Fait ça, pour une fois que je te demande de faire quelque chose qui est possible de faire, faisons-le. Ah! [rire] allez, je t'embrasse, au revoir, soigne-toi. Tchao.

À ce moment, Jacques Toubon raccrocha le téléphone et s'adressa à mon épouse.

JACQUES TOUBON : Anne-Valérie, moi je voulais te voir parce que nous sommes en train de nous planter. Je le dis très sérieusement, parce que moi, dans cette affaire, je commence à en avoir marre de porter des sombreros pour les autres... Il n'y a pas de possibilité de libérer conditionnellement Pierre avant le 13 janvier. Cette libération est conditionnée par la réunion de la commission d'application des peines fin novembre et par une décision favorable du J.A.P. en décembre. Ce qui permet, à partir du 13 janvier, qu'il soit libéré conditionnel[2].

Je dis bien, qu'il soit effectivement libéré conditionnellement... Cela implique deux choses. Premièrement que le juge réunisse la commission fin novembre, deuxièmement que le juge et la commission donnent un avis favorable, ce qui est prévu au schéma. Elle-même décide d'accepter la demande de libération conditionnelle pour le 13 janvier... Dans l'état actuel des choses et compte tenu de toutes les conneries qui s'accumulent, premièrement le climat, syndicat, machin, et tout ça..., deuxièmement la mère J.A.P.[3], elle dit maintenant, je ne sais pas pourquoi, que ça ne lui plaît plus... Est-ce qu'elle va accepter la réduction pour les examens d'apprentissage des langues ?... Est-ce qu'elle va faire ça ? On est le 15 novembre, je ne suis pas encore sûr qu'elle va le faire. En tous les cas, elle ne le fait à mon avis que si on est hyper-tranquille... Enfin, je veux dire si personne ne lui pose de problème. Je ne parle pas de monsieur Sica de l'UFAP qui est un connard et qui ne cherche qu'à nous poser des problèmes, mais, de manière générale, de nous, les intéressés, qu'on se mette dans l'hypothèse, la position de ne pas lui poser de problèmes au JAP... Alors, je voulais te voir parce que... cette affaire est tout à fait lamentable, dans la mesure où, d'un côté, la situation de Pierre est terrible, ... il tourne mal... Et d'un

[2] Coïncidence sans doute, la date annoncée, qui ne correspond à aucun calcul normal, se situe trois jours avant l'audience devant le tribunal de grande instance de Lyon où je risque de mettre en cause Jérôme Monod.
[3] Il parle de la juge d'application des peines.

autre côté, ... tout ce qu'on fait, tout ce qu'on a fait est à très grand risque. On l'a mis à Grasse, c'est probablement, *a posteriori*, une connerie. Puisque si on l'avait mis à Aix-en-Provence ou à Tarascon, il serait dans un système de centre de détention et il pourrait vraisemblablement avoir sa libération conditionnelle début décembre et non pas début janvier... Mais cela étant, on l'a fait parce qu'on l'a voulu[4]... Et que c'était ça qui lui permettait notamment d'avoir de meilleurs contacts avec sa famille[5]...

Cela étant, les règles sont les règles et dans un régime de maison d'arrêt, il est,... tout condamné qu'il est, il est dans une maison d'arrêt, il est à la limite en fonction du calcul que je disais tout à l'heure.

L'autre jour, j'en parlais avec Frédérique[6] qui m'avait dit : « Mais non, on peut gagner un mois. » Mais non, tu calcules, si tu ajoutes en doublant des choses qu'il faut diviser par deux, évidemment tu n'arrives pas au même résultat.

ANNE-VALÉRIE : En tout cas, la J.A.P., elle, n'arrive pas au 13 janvier, Jacques !

Le dialogue s'installe.

[4] C'est sur les conseils avisés de la chancellerie, relayés par mes proches, que je n'ai pas été placé en centre de détention, ce qui aurait pourtant permis une libération plus rapide.
[5] Plusieurs répétitions traduisent ici son embarras.
[6] Jacques Toubon parle ici de Frédérique Pons, fille du ministre et ami de Jacques Toubon, à ce moment-là mon avocate depuis le début du dossier. Après le rejet de ma demande de libération conditionnelle, je ne conservais que mon avocat lyonnais maître Bouyeure.

J. T. : Attends, nous on est au treize Janvier.

A.-V. : Elle, elle en est au six.

J. T. : Oui, si tu veux, si c'est... dans ce sens là.

A.-V. : Et moi, je l'ai vue madame Malgras[7], elle m'a convoquée. Je suis allée la voir.

J. T. : Attends, je termine. Je dis simplement qu'il faut maintenant se tenir à carreau. Parce que... ce truc est très tendu. Même pour le début janvier, ce qui est évidemment plus loin que décembre et plus loin que novembre, c'est évident... Je le comprends et je comprends Pierre, mais même pour ça, il faut vraiment se tenir à carreau si on veut y arriver. Alors c'est cela que je voulais simplement te dire, que, on est sur un chemin de crête très petit, très étroit et on y arrivera pour le début janvier... si c'est le 13 tant mieux, si pour elle c'est le 6, ... si on met tout ce qui faut, toute l'huile de coude et tous les trucs[8]... J'espère que, d'ici là, il n'y aura pas de nouvel incident, tu sais que le problème, c'est qu'il y a des élections professionnelles en ce moment. F.O. en accord avec nous et avec le directeur, ils se battent contre l'UFAP, et l'UFAP fait tout pour faire chier; pour eux, c'est l'occasion de communiquer... Ils se foutent de Botton, c'est leur lutte intersyndicale... Donc, j'espère que, de ce côté-là, ça sera calme. J'espère que les relations entre la JAP, le directeur et nous en gros, toi, et nous,... ça va tenir à peu près. J'espère que Pierre sera autant qu'il est possible... dans l'état où il est, d'un com-

[7] La juge d'application des peines.

[8] Joli lapsus du garde des Sceaux qui admet ici préférer, lui, une libération pour le 13 au lieu du 6 janvier!

merce agréable, de relations correctes avec tout le monde... Et on risque, on a une chance de passer... Voilà, c'est cela que je voulais surtout te dire de vive voix, pour que ce ne soit pas des intermédiaires ou autres... Et en particulier si tu peux arriver à le convaincre, autant que c'est possible de prendre sur lui pour essayer de… voilà…

A.-V. : Attends Jacques, jusqu'à maintenant, j'ai toujours donné les dates, tout ce que l'on m'a dit. C'est moi qui ai pris pour tout le monde, Jacques. Pierre, il me voyait plusieurs fois par semaine, il ne me voit plus qu'une fois par semaine, à cause de tout ça, de toutes ces histoires.

J. T. : Donc, lui refuse de te voir.

A.-V. : Donc moi, je ne fais plus de messages, fini... Si tu veux, tu lui écris un mot, je lui donne un mot, on le déchire après. Mais je ne lui fais plus de messages, c'est terminé... Je ne veux pas mettre mon couple en cause, à cause de tout ça, c'est fini.

J. T. : C'est-à-dire, il ne veut plus te voir ?

A.-V. : Il ne veut plus me voir qu'une fois par semaine.

J. T. : Il ne veut te voir qu'une fois par semaine ?

A.-V. : Une fois par semaine parce que j'ai colporté les bruits de tout le monde,... les messages de tout le monde, que tout le monde m'a menée en bateau, que tout le monde ne lui a raconté que des conneries et que maintenant la JAP ne veut plus signer la conditionnelle. Parce que tu es au courant, que la dernière en date, c'est qu'elle ne veut pas signer la conditionnelle. Moi, quand elle m'a vue, elle me l'a dit.

J. T. : Qu'est-ce qu'elle t'a dit, explique-moi... Elle t'a fait venir.

A.-V. : Elle m'a fait venir pour savoir si effectivement le certificat... d'hébergement, c'était vraiment moi qui l'avais fait, si c'était vrai... Je suis allée la voir, elle m'a posé des questions, tout à fait d'un autre ordre... Elle m'a dit, je refais le calcul avec vous, si vous voulez nous tombons au 6 janvier. Elle a refait le calcul devant moi, et elle m'a dit, de toute façon,... vous n'aurez aucun recours contre la décision que je prendrai, les seules personnes qui auront un recours, ce sera le parquet. Si je suis trop gentille ou si je ne signe pas la conditionnelle. L'état d'esprit actuel, c'est qu'elle ne signera pas la conditionnelle.

J. T. : Tu crois ? C'est ce que je te dis[9]. Tu vois, je ne savais pas qu'elle t'avait dit ça. Mais moi, ce qui m'était remonté par la direction de l'établissement et par la direction régionale, c'était cet esprit-là. C'est qu'elle ne voulait plus, pour des raisons que j'ignore...

A.-V. : Elle applique la règle.

J. T. : Elle applique la règle, simplement elle a fait la faveur que c'est le 6 alors qu'elle pourrait faire le 15 ou le 20. La faveur qu'elle fait, c'est de le faire à la date pile, mais ce n'est pas en quoi que ce soit un passe-droit ; d'ailleurs, si c'était un passe-droit, elle ne pourrait pas le faire... Mais c'est vrai que, elle a raison, la décision c'est elle. Car, s'il y a un avis défavorable de la CAP, elle ne

[9] Extraordinaire discours politique : il vient de soutenir exactement l'inverse.

peut pas le faire. Et si il y a un avis favorable de la CAP[10], elle peut le faire ou ne pas le faire. C'est elle qui décide, ça c'est clair.

Vous, vous l'avez vu François? [le garde des Sceaux s'adresse alors à François Gibault, mon avocat] Avant ou après?

FRANÇOIS GIBAULT : Au mois d'août. Je dois le revoir cette semaine, dans deux ou trois jours, pour essayer de le tenir parce qu'il est sur le point de craquer. Moi il m'écrit des lettres...

J. T. : Qui, Pierre?

F.G. : Oui.

J. T. : Non, vous parlez de Pierre. Mais la JAP, vous l'avez vue?

F.G. : Ah non, non, moi je ne l'ai pas vue.

A.-V. : Personne ne l'a vue, elle n'a reçu personne.

J. T. : Moi, dans cette situation, alors du point de vue officiel, c'est-à-dire... demande de libération conditionnelle, est-ce que Pierre a fait une demande officielle?

A.-V. : Je ne sais pas du tout.

J. T. : Parce que ça, François, il ne faudrait pas se laisser prendre, qu'on nous dise… nous, on parle de ça, mais on n'a pas de demande,... donc moi, je crois, François, qu'il faut ajouter quelque chose avant que vous repreniez la suite, je crois...

F.G. : Il reste avec moi[11].

[10] La Commission d'application des peines.

[11] Ici l'on voit que maîtres Gibault et Pons commencent à comprendre qu'il existe un risque que je les décharge de mes dossiers.

J. T. : Oui, je sais, mais je pense, François, qu'il faut voir ça parce que, un dossier de libération conditionnelle, il y a une instruction[12].

F.G. : Mais si on vous a demandé, si on a demandé à Frédérique, à Anne-Valérie, de venir.

J. T. : C'est qu'elle a été saisie.

F.G. : C'est qu'il y a un dossier, puisqu'il vous a demandé un certificat d'hébergement.

A.-V. : Ah oui, on a déposé un dossier, on a fait un dossier.

J. T. : Oui, toute une série de papiers ?

A.-V : Oui.

J. T. : Bon, ça suffit.

A.-V. : Oui, elle a demandé un certificat d'hébergement..., on a donné notre bail à Paris.

J. T. : Bon, moi, il y a un truc quand même qu'il faut que je vérifie...

A.-V. : Bon, mais la personne qui a été nommée là, à Grasse, à l'application des peines ?

J. T. : Le substitut de l'application des peines, tu l'as vu toi ?

A.-V. : Non, mais je l'ai croisé dans le couloir, quand j'étais là-bas.

J. T. : Tu sais comment il s'appelle ?

A.-V. : Il s'appelle Foret-Dodelin. C'est vous qui l'avez nommé ?

[12] C'est mon frère, avec les assistantes sociales, qui établira mon dossier de libération conditionnelle.

J. T. : Non, c'est pas nous qui l'avons nommé, c'est le procureur de Grasse qui a désigné ce substitut. Je ne sais pas comment il est arrivé là... C'est le procureur de Grasse qui, à l'intérieur du parquet, a désigné ce substitut pour être chargé de l'application des peines, donc c'est lui qui l'a nommé. Mais le procureur de Grasse, c'est quelqu'un... tout à fait correct. On peut parfaitement parler avec lui. Ce dont, moi, je voudrais être sûr, bien sûr, que, là, dans le dossier de la CAP, donc dans les papiers, il y a bien un avis favorable du substitut... Je me demande, François, si, quand vous descendrez là-bas,... vous ne devriez pas le voir, le substitut.

F.G. : Je vais l'appeler[13].

J. T. : Et puis,... que vous voyiez la J.A.P.

F.G. : Moi ?

J. T. : Ah ! oui.

A.-V. : Ce que je ne comprends pas, c'est qui a dit que Pierre passait en CAP fin novembre ?

J. T. : Elle.

A.-V. : Parce que moi, elle m'a pas dit ça, elle m'a dit qu'elle le passait à la CAP du 19 décembre.

J. T. : ... Elle a dit, c'est ce que je te dis. Il y a à peu près un mois, donc elle a peut-être changé la date. Mais, il y a un mois, elle a dit au directeur d'établissement qu'elle voulait réunir une CAP fin novembre pour le 26 ... novembre. Donc, il y a une CAP le 26 novembre, et elle veut pas passer Pierre ?

A.-V. : Pour l'instant, Pierre n'est pas inscrit.

[13] Il ne le fera jamais.

J. T. : Donc, c'est bien ça, c'est exactement ce qu'on disait[14]... Elle ne veut pas le passer à la CAP de novembre.

A.-V. : De toute façon, elle part du principe que si il sort, si elle le libère le 6 janvier, il ne passe à la CAP que du 19 décembre.

J. T. : Parce qu'elle, elle considère qu'en le passant le 19 décembre, ça suffit pour le 6 janvier. Ah oui,... d'accord.

A.-V. : Mais Pierre, il ne tiendra pas jusque-là, Jacques !

J. T. : Moi, je pense que c'est pourquoi il faut qu'il passe à la CAP du 26 novembre, parce que s'il passe à la CAP du 26 novembre et si la CAP lui donne un avis favorable, à ce moment-là ça lui permettra de tenir.

A.-V. : Il ne tiendra plus, s'il ne passe pas Noël avec les enfants, il ne tiendra pas, Jacques.

J. T. : Mais, Anne-Valérie, il ne passera pas Noël avec ses enfants.

F.G. : Sauf s'il y a une mesure de grâce.

J. T. : Une mesure de grâce ? Quoi ? Médicale ? Moi je veux bien.

F.G. : On a trois certificats médicaux.

J. T. : Ce ne sont pas des certificats médicaux de médecins de...

F.G. : Ce sont uniquement des médecins de l'administration pénitentiaire, tous les trois, qui disent que son état s'est aggravé récemment.

J. T. : Oui, oui, je le savais.

[14] De multiples répétitions montrent que le ministre n'est pas à l'aise.

F.G. : Il y a un certificat du 7 novembre, disant que son état s'est aggravé et qu'il a besoin d'une surveillance constante,... parce qu'il risque de se suicider.

A.-V. : ... Il est classé DPS[15].

J. T. : Il est classé ?

F.G. : Alors, on a trois certificats médicaux circonstanciés qui s'étalent sur... trois mois. Le premier du mois de juin, le dernier est du mois de novembre. On a un rapport d'expertise.

Jacques Toubon, consultant les documents qu'il semblait découvrir et voulant montrer ainsi qu'il n'avait pas d'informations sur mon état de santé, se donna le temps de la réflexion. La discussion reprit.

J. T. : Ça, c'est celui de juin.

F.G. : Fait à la demande du procureur. C'est... une expertise faite à la demande du procureur. Les trois émanent de l'administration pénitentiaire et ils disent qu'ils constatent une aggravation de son état.

A.-V. : ... Le 7 novembre, le sous-directeur peut te le confirmer, ... on a saisi des médicaments dans la cellule de Pierre.

Long silence du garde des Sceaux.

J. T. : Mais où est-ce qu'il les a eus ?

A.-V. : ... Ils lui donnent des médicaments.

[15] Détenu à particulièrement surveiller.

J. T. : L'infirmerie donne des médicaments!

A.-V. : Il est sous traitement. Pour savoir ce qu'il fait après avec les médicaments, elle n'est pas là à regarder s'il les avale... Il y a quand même un moment où ils lui donnaient carrément les tablettes de médicaments.

F.G. : ... Vous avez le dernier certificat qui constate le 7 novembre une aggravation de son état. Ça, c'est le premier, du docteur Vasseur à la Santé.

J. T. : Ça, c'est le docteur Vasseur.

F.G. : ... Ce sont vraiment des médecins de l'administration, à la demande même une fois du procureur de la République, qui constate un état qui est quand même sérieux.

J. T. : Le docteur Lelan, là, c'est donc un docteur de la maison d'arrêt.

F.G. : De la maison d'arrêt de Grasse. C'est un papier d'ailleurs de la pénitentiaire... Moi, j'ai demandé, dans mon recours, dix-huit mois. Je suis peut-être gourmand, mais on lui donnerait quatre mois de grâce, il est à mi-peine aujourd'hui.

A.-V. : Il faut encore que madame Malgras accepte de signer la conditionnelle...

J. T. : Non, si tu veux, il faut cumuler deux choses : il faut cumuler la grâce, qui raccourcit sa peine, et ensuite, on coupe en deux. Et à partir de là, c'est la décision du J.A.P., car si j'ose dire, si le président de la République accorde la grâce et que l'autre conne ne veut pas accorder la libération conditionnelle, c'est comme si on n'avait rien fait.

A.-V. : C'est bien pour ça qu'on a mis dix-huit mois, parce qu'à ce moment-là, il a fini.

J. T. : C'est comme si on n'avait rien fait.

A.-V. : Tu comprends, Jacques, si on ramène sa peine à sa première condamnation, il a terminé[16]...

Bon après, il va devoir se soigner, parce qu'il ne va pas bien, mais il sort... Plus personne ne peut rien dire.

F.G. : ... On a des pièces médicales incontestables, ce ne sont pas du tout des certificats de complaisance.

J. T. : Je sais très bien, par les lettres que je reçois, par ce que tu dis et par l'administration pénitentiaire, je sais très bien quel est son état, complètement... délirant.

A.-V. : Il faut le sortir.

J. T. : Complètement délirant, complètement délirant.

F.G. : Ce n'est pas du tout une grâce de faveur, c'est vraiment une réduction de sa peine d'un certain nombre de mois. Alors, cela faciliterait considérablement sa sortie... Ça, c'est une formule qui dépend uniquement du pouvoir exécutif. C'est la solution la plus rapide, la plus juste et la plus certaine.

A.-V. : Et la moins attaquable.

J. T. : De toute façon, ce n'est pas terrible du tout... il y a quelques justifications à donner... J'en avais donc parlé avec Frédérique dimanche...

A.-V. : C'est pour ça que François est venu aujourd'hui.

[16] Le tribunal de grande instance de Lyon m'avait condamné en première instance à quatre ans de prison dont deux avec sursis. Le parquet avait fait appel de cette décision, et la cour d'appel de Lyon me condamna à cinq ans dont dix-huit mois avec sursis.

J. T. : Et elle m'avait dit... j'ai un certificat médical... François va faire une demande de grâce.

A.-V. : Qu'est-ce qu'il faudrait comme pièces supplémentaires ?...

J. T. : Non, non, il ne faut rien du tout.

A.-V. : Je crois que l'on a tout.

J. T. : ... Mais si tu veux, à partir de là, on peut demander une autre expertise, à ce docteur Lelan... Expertise demandée par l'administration pénitentiaire à l'appui du recours en grâce, c'est ce qu'on fait en général pour constituer un dossier.

Long silence. Je serais effectivement « expertisé », le samedi suivant, par les docteurs Lelan et Roure, ce dernier étant expert près du tribunal de Grasse, directeur de l'établissement Sainte-Marie à Nice. Les deux médecins concluront à un état gravement dépressif, suicidaire, et à l'impossibilité de mon maintien en détention.

F.G. : Si on est attaqué dans les journaux, moi, je sors les certificats médicaux... C'est pas une faveur pour un copain, c'est vraiment une grâce qui est fondée sur des pièces médicales sérieuses.

Long silence.

J. T. : « Bon, je vais balancer ça tout de suite... Parce que si on s'en tient au calendrier actuel, toi, tu dis qu'il va exploser. »

F.G. : Il écrit des lettres absolument...

A.-V. : On ne discute plus, mais je le sens, ça fait quand même dix ans que je le côtoie.

J. T. : Je les ai, moi, les lettres. Dans la dernière que j'ai, qui date de dix jours à peu près...

A.-V. : Il était dans le même état..., Jacques, quand il a embarqué mon père. Moi, il m'a posé trois questions pour prendre sa décision, il m'a demandé : est-ce qu'il s'est occupé des enfants à Noël[17] ? Réponse non, parce que lui, de toute façon, c'est pas son trip. Est-ce qu'il a fait des cadeaux aux enfants ? Non. Parfait. Est-ce qu'il t'appelle régulièrement ? Non ? OK. Et il l'a démoli avec le résultat que l'on connaît. Il est dans le même état, pareil, pareil, pareil. [Se retournant vers François Gibault] : Vous l'avez vu dans cet état-là ? Il est dans le même état.

F.G. : Il est bête.

J. T. : Qu'est-ce qu'il fait, il bouge en ce moment, il sort ?

A.-V. : ... Non, maintenant il ne va plus en promenade. Il a un problème d'ulcère en plus,... je crois qu'il ne mange presque pas et puis il ne fait plus rien. Il pleure, il ne dort pas...

J. T. : Il ne fait pas d'activité physique ?

A.-V. : Non. Il n'a aucune activité. Il est complètement seul. Il a une personne qu'il voit régulièrement,... le gardien qui s'occupe de lui. Sinon, il ne voit personne d'autre...

J. T. : Il travaille sur son ordinateur tout seul ou pas ?

[17] Événement intervenu pendant ma détention provisoire.

A.-V. : ... Je voulais lui ramener des programmes en pensant que ça allait le distraire, mais non. Des livres? Non. Tu veux quelque chose? Non... Plus rien ne l'atteint.

J. T. : Bon.

A.-V. : En plus, là, c'était l'anniversaire de Marie-Sophie, alors autant te dire que ça a été la catastrophe.

J. T. : Ah bon.

Long silence de réflexion du ministre.

F.G. : Il comptait sortir pour l'anniversaire de sa fille.

A.-V. : Non, puis là il est flop, très sincèrement, à moins qu'il ait un signal très fort, plus rien ne l'arrêtera. Si tu dis qu'il écrit...

J. T. : Moi je vais... m'occuper dès ce soir d'entreprendre... pour que l'on s'occupe de cela dès demain. Avant, la première chose à faire, c'est que l'on demande une nouvelle expertise officielle, un peu comme celle qu'avait faite Page quand il est arrivé[18]. Que l'on ait le même type... d'expertise,... mandatée par le parquet. À la suite de cette demande, le parquet demande une expertise pour pouvoir alimenter le dossier de la demande de grâce, et je vais m'occuper de demander l'examen tout de suite avec mon directeur de cabinet. Et je vais mettre cela en route... Je vais m'occuper de cela tout de suite... Vous ne descendez pas encore, François?

[18] Monsieur Page est le médecin expert qui m'avait examiné dès mon arrivée à la maison d'arrêt de Grasse, alors que je venais du service des soins intensifs de Fresnes.

F.G. : Moi, je peux descendre... très vite. Il va falloir descendre parce que, en ce moment, j'ai un peu de pouvoir sur lui. Il faut que j'y aille dès le début de la semaine prochaine.

J. T : À mon avis, il faudrait, il faudrait que vous descendiez bien vite la semaine prochaine.

F.G. : Bien, tout à fait.

J. T. : Même, samedi si c'est possible. Que vous le voyiez, que vous voyiez la J.A.P. et le substitut chargé de l'application des peines et moi... je vais tout de suite faire saisir l'administration pénitentiaire de cette demande de grâce,... directement au tribunal de Grasse. Et ensuite il faut qu'il demande immédiatement un rapport au parquet, le parquet demandera une expertise à ce type, Page,... ou je ne sais plus qui.

Suivit alors tout un dialogue sur le fonctionnement de l'administration pénitentiaire, les diverses pressions qui s'exercent au sein de celle-ci par l'intermédiaire des syndicats et les tiraillements internes qui agitent les services.

Le garde des Sceaux reprit le dialogue, s'inquiétant de mes réactions.

J. T. : Bon, alors attendez, je crois qu'il ne faut pas lui dire qu'on a fait une demande de grâce médicale, enfin, je ne sais pas ce que vous en pensez. Est-ce qu'il faut le lui dire ou il ne faut pas le lui dire? Suppose que ça loupe...

Extraordinaire discours ! Sur une demande de grâce, le ministre et le Président, ayant tous les éléments en mains, sont les seuls décideurs. Comment imaginer que cela puisse « louper » compte tenu des certificats médicaux en sa possession ! Jacques Toubon avait-il vraiment l'intention de me permettre de sortir de prison ? À ce niveau, et malgré les rapports médicaux et des données qu'il détenait, je suis en droit de me le demander. Je constate que les précautions habituelles en pareil cas n'ont pas été prises. Dans d'autres circonstances, les mêmes sauront gracier tel maire ou tel avocat proches du pouvoir bénéficiant de meilleurs recommandations. On reconnaît bien là le vrai pouvoir.

A.-V. : Il faut lui envoyer un signal.
F.G. : Sinon, il va m'engueuler.
J. T. : Non, il faut lui dire quelque chose... Il faut lui dire quelque chose.
F.G. : Si ce n'est pas le recours...
J. T. : Il faut éviter qu'il ait...
F.G. : Je vais lui dire que... Je vais essayer de gagner du temps[19].

Le téléphone sonna à nouveau. Puis le garde des Sceaux reprit :

J. T. : Tu veux que je lui mette un mot ?
A.-V. : Je me demande si ce n'est pas le plus simple.

[19] Voilà la stratégie qui m'a miné : me gérer, m'user en me laissant croire que l'on s'occupe de moi afin de gagner du temps.

J. T. : Bon, je vais lui faire un mot et je vous le ferais passer, François.

* * *

S'il fallait une preuve tangible que l'ancien garde des Sceaux s'intéressait à mon dossier, cette discussion est claire. La stratégie est aussi évidente. Et pourtant que n'avais-je pas fait pour éviter à Jacques Toubon certains désagréments.

Je me rappelle, lors du festival de Cannes 1995, alors qu'il était ministre de la Culture, de ce photographe, Bertrand Rindorhoff, qui avait souhaité immortaliser une discussion entre lui, sa femme Lise, Anne-Valérie et moi. Conscient de ma situation judiciaire et ne souhaitant pas le mettre en difficulté, j'avais demandé que l'on ne prenne pas cette image. Le professionnel avait accepté ma requête. Voilà quel était mon sens du compagnonnage : toujours répondre présent, toujours me taire... mais quel aveuglement!

Jacques Toubon lui-même, d'ailleurs, n'a pas toujours été fier de son attitude envers moi. Ainsi, lorsque je suis sorti de prison, je l'ai rencontré de façon fortuite place Vendôme alors qu'il marchait devant son ministère suivi de son garde du corps. Venant vers moi, lorsqu'il a rencontré mon regard il a esquissé un geste de recul comme s'il avait peur que je l'agresse. J'ai eu, ce jour-là, *de visu*, la confirmation de tous mes doutes. Malgré les preuves de ses agissements, je n'ai rien dit : j'ai serré la main qu'il me tendait mais je me suis juré, pour ces Noëls promis avec mes enfants et passés derrière les barreaux, pour ces espoirs honteusement entretenus, pour ces moments de ma vie ancrés en moi dont j'ai honte et qui me font souffrir, qu'un jour je dirais ce que j'ai vécu.

Voilà qui est fait avec ce texte écrit pour m'affranchir du monde politique, de ses menaces comme de ses méthodes. À la façon d'un esclave qui ose affronter le regard de ses maîtres et leur montrer le mépris qu'il a pour eux.

À plus jamais.

VILLENEUVE CHARLES :
LE DROIT DE MENTIR

Journaliste, rédacteur en chef et directeur des magazines de l'information de TF1.

France-Soir, le 19 novembre 1992, titrait : « Villeneuve : Botton ment, je le prouve ».

Puis le journaliste, Alexis Kebbas, reproduisant les déclarations du journaliste de TF1, écrivait : « "Voici, les talons des deux chèques avec lesquels j'ai payé mon séjour à la neige. Quant à l'hélico... Je suis en train de faire ressortir les chèques." En fin limier de l'investigation, Charles Villeneuve, co-producteur du *Droit de savoir*, mis en cause à trois reprises par Pierre Botton, avait préparé sa contre-attaque.

« "Je suis déjà en mesure de prouver par les chèques n° 63 40416 et n° 63 40417 d'un montant respectif de 2711 francs et 10799 francs datés du 10 mars 1992 que j'ai *entièrement* réglé les frais de mon séjour aux sports d'hiver que Botton affirme avoir payés. Deux des trois accusations ne tiennent déjà donc plus. Pour la troisième, qui concerne les frais d'un séjour en clinique d'un montant de 8 680 francs, ma banque doit aujourd'hui ressortir mon chèque."

«*ACCIDENT DE SCOOTER*

« Ce troisième chèque, il aurait été difficile de l'oublier. Il payait la facture d'un séjour dans une clinique de Saint-Tropez après un accident de scooter. Le journaliste se souvient aussi bien de la chute que de la rotule fracturée de ce mois d'août 1990.

« Charles Villeneuve explique avoir rencontré Botton il y a quelques années à l'occasion d'un dîner plus familial que professionnel, mais n'en annonce pas moins aujourd'hui s'être vite interrogé sur les véritables intentions du gendre de Michel Noir.

« "J'ai fait vérifier, par un ami officier supérieur de la gendarmerie, le nom de celui qui réglait l'hélicoptère qui nous emmenait aux sports d'hiver. Quand j'ai appris que c'était Botton, j'ai refusé de le prendre tout comme j'ai refusé d'occuper la chambre qu'il m'avait préparée."

« *COURCHEVEL*

« Seule épine dans le pied du Rouletabille le plus célèbre de France, il avoue ne pas avoir payé un autre hélicoptère qui l'emmena à l'occasion de ce même séjour, avec d'autres personnalités de Courchevel, à Grenoble.

« Enfin, Charles Villeneuve, qui malgré les accusations de Botton, croit en l'honnêteté de PPDA, se souvient d'un Poivre hors de lui. C'était le jour où Pierre Botton, alors en campagne électorale, lui demanda un sujet dans son journal télévisé. Sujet que, bien sûr, Poivre a refusé, précise Charles Villeneuve. »

Voilà qui clôture cette étonnante et scandaleuse interview.

* * *

Le dernier portrait de cet ouvrage est un exemple parfait du comportement de ceux-là même qui avaient profité de ma générosité et qui, aujourd'hui encore, contribuent à me nuire en se dédouanant.

Car il faut savoir que l'article de *France-Soir* paraît alors que je suis incarcéré depuis six jours en détention préventive, donc dans l'impossibilité d'en avoir connaissance et d'y répondre.

Puisque Charles Villeneuve a cru bon de faire de telles déclarations, je vais révéler moi aussi, pièces à l'appui, ce qu'est vraiment ce personnage, emblématique d'un milieu et d'une méthode.

* * *

Première démonstration de son double langage voici le texte exact de la lettre à en-tête de TF1 qu'il m'adresse dans ma cellule de la prison Saint-Joseph :

« *Cher Pierre,*

Ad Augusta per Augusta. *C'était les mots de passe des conjurés au quatrième acte d'*Hernani *de Victor Hugo.*

On n'arrive au triomphe qu'en surmontant de grandes (ou maintes) difficultés.

Même s'il est vrai que le Coreré Duro (dur cachot).

Et si je devais continuer à citer latin (si chère au cœur de Geneviève[1]). Il faut admettre que dura lex, sed lex *(la loi est dure, mais c'est la loi)... D'autant que tes juges sont peut-être sans pitié... Mais je crois qu'ils sont honnêtes et bons professionnels. Même s'il est de la nature d'un homme de se tromper. Il faut dans l'adversité, surtout la tienne, renaître en se débarrassant des rêves et fantasmes que génère cette société.*

Bon courage.

Amicalement. »

S'il ne s'agit pas d'une lettre de donneur de leçons, je ne m'y connais pas. Le même homme affirmait dans les journaux que je mentais, mais me souhaitait « bon courage » et me donnait du « amicalement ». Un « amicalement » qui ressemble surtout au baiser de la mort. En somme, un beau professionnalisme dans le double langage.

Le pire, c'est qu'à aucun moment je ne l'avais accusé de quoi que ce soit, ni devant un magistrat ni ailleurs ! Or il avait grandement profité de ma générosité. Car si Charles Villeneuve assurait avoir *entièrement* réglé ses vacances à Courchevel par des chèques du 10 mars 1992, cette assertion était fausse.

Des séjours au Byblos des Neiges, l'un des palaces de la station de sports d'hiver, il y en eut deux. Celui de 1992, qu'il évoquait dans l'article, mais aussi un de 1991 dont il ne se vanta pas.

* * *

[1] Référence à son épouse Geneviève Leroy.

Procédons par ordre. En 1991, premier séjour, Charles Villeneuve arriva le 27 février avec sa femme Geneviève et occupa la chambre 520. Les époux Villeneuve repartirent le 3 mars. Leur fille, Magali, les rejoignit du 1er au 3 mars, occupant la chambre 524. J'ai réglé, pour leur séjour, une note de 13 668 francs pour les parents et de 5 403 francs pour leur enfant, soit 19 071 francs. Le grand journaliste de TF1 eut même la délicatesse de me laisser ses forfaits de remontées mécaniques, ses locations de skis et ses massages, dépenses laissées aux bons soins du concierge de l'hôtel, « en mon aimable règlement », comme le veut la formule. Montant de la gracieuseté supplémentaire : 10 412 francs[2]. Total de ce séjour pour lequel Charles Villeneuve n'a pas déboursé un seul centime : 29 483 francs. Petit détail amusant, il a même fait inscrire sur la note 50 francs de chocolat : il n'y a vraiment pas de petit profit !

* * *

Autre invraisemblance, l'histoire de l'officier de gendarmerie vérifiant qui paie la facture de l'hélicoptère le conduisant à Courchevel et le prétendu refus du journaliste de monter dans l'appareil. J'en apporte la preuve avec la facture[3] n° 91/03019 du 31 mars 1991, pièce comptable qui concerne le déplacement dans un hélicoptère de type Écureuil, immatriculé FGJCK, de la famille Villeneuve au grand complet pour aller de Courchevel à Grenoble le 3 mars 1991 (comme le confirme la date de son départ de

[2] Voir en annexes.
[3] Voir en annexes.

l'hôtel Byblos). Ce déplacement, facturé 7799,99 francs, a été payé par le chèque n° 7469553 tiré sur mon compte personnel ouvert à la Bred. Qui trahit la vérité?

Et qu'en est-il de ces vacances d'hiver 1992 que le directeur délégué des magazines de l'information de TF1 affirme avoir prises à sa charge?

Dans l'investigation, il convient d'être précis. Le séjour de monsieur Villeneuve a eu lieu du 6 au 10 mars 1992. Il occupait la chambre 309 et n'a réglé que du 8 au 10 mars parce qu'un malencontreux accident m'a obligé à le quitter.

J'ai pris en charge son billet d'avion, aller-retour Paris-Chambéry-Paris, départ le 6 mars 1992, numéro d'émission 676-15860 pour lui et 676-15861 pour son épouse, le tout pour un montant de 3036 francs. J'ai aussi eu la délicatesse de payer ses frais tant que j'étais sur place, soit 6909 francs[4]. Nouveau total : 9945 francs.

Aurait-il souhaité que je paie son séjour alors que je n'étais plus avec lui? Comme l'année précédente, j'eus l'extrême plaisir de régler en outre ses dépenses chez le concierge : forfaits de ski, locations de matériel, taxis…

* * *

Autre surprise, et le mot est faible, découvrir dans ses déclarations au juge qu'il avait déclaré m'avoir reçu chez lui ou même invité à différentes occasions. Étrangement, je n'en ai aucun souvenir. Et dans les nombreux restaurants que nous avons fréquentés à Courchevel, à Cannes comme ailleurs, jamais je ne l'ai vu régler une addition. Par ailleurs,

[4] Voir en annexes.

je ne connais pas sa maison. Il est du reste intéressant de connaître ses revenus pour savoir si c'étaient les moyens qui lui manquaient ou seulement une bonne éducation? D'après ses déclarations devant le magistrat, le 5 avril 1993 à 14h30, il reconnaissait gagner, en tant que « directeur délégué chargé des magazines de l'information sur TF1 », « 80 000 francs mensuels ». La réponse à ma question est apportée par ses propres propos.

* * *

J'ai encore la berlue en lisant les différentes versions données de notre première rencontre. Lorsqu'il s'est adressé aux médias, Charles Villeneuve a expliqué m'avoir « rencontré, il y a quelques années, à l'occasion d'un dîner plus familial que professionnel », mais devant le magistrat lyonnais il affirmait que c'était « en novembre 1990, lors d'une réception organisée pour *Le Droit de savoir* ».

Il précisa aussi : « Nous avons passé deux ou trois jours à l'hôtel Byblos dont Pierre Botton a pris en charge les frais », confirmant : « J'ai effectivement été invité à Courchevel par Pierre Botton au Byblos des Neiges en mars 1992. » Ce qu'il avait pourtant démenti à *France-Soir*. Et il précise encore : « Il y avait également Patrick Poivre d'Arvor et William Leymergie. » Belle confraternité!

Je laisse à Patrick le soin d'apprécier.

* * *

En fin limier de l'investigation qu'il est, Charles Villeneuve sera heureux d'apprendre, grâce à ce livre, que le troisième chèque recherché par sa banque et censé avoir réglé un séjour dans un hôpital mais jamais réapparu, je l'ai, moi, retrouvé. Ou plutôt, la justice a mis la main dessus. Ses déclarations dans le bureau lors de l'instruction ne manquent d'ailleurs pas de sel quand on relit en parallèle l'article de *France-Soir*. En effet, durant son interrogatoire, le juge lui présenta la côte n°D. 581, une facture de déplacements en hélicoptère aller et retour datée du 16 août 1990 qui concernait un de ses voyages pour un montant de 8 960 francs. La mémoire lui revint alors puisqu'il dit au magistrat : « Je me suis effectivement rendu au mois d'août 1990 dans le Midi dans une maison louée par Pierre Botton. Il est possible que ma femme et ma fille aient emprunté un hélicoptère car j'ai eu un accident de scooter. Je n'ai séjourné qu'une fois chez Pierre Botton à Saint-Tropez en août 1990. Il devait y avoir d'autres journalistes présents. »

Problème, il n'y a pas qu'à Saint-Tropez ou à Courchevel que j'ai reçu la famille Villeneuve. Celle-ci fut l'un des piliers des festivals de Cannes, mes sociétés prenant en charge les billets Air France, objets de la facture du 29 avril 1991 n° LYS. SS-92896, billet n° 057/4015699758, pour une somme de 3 724 francs. Dois-je également rappeler au rédacteur en chef de TF1 les nombreuses journées sur le bateau au départ de Hyères, les festins dans les restaurants, etc.

Mais arrêtons là cette litanie de dépenses. Rappelons que pour 200 000 francs de dépenses du même ordre, Patrick Poivre d'Arvor a été condamné !

ÉPILOGUE

Voilà terminé le défilé de mes « chers amis ». Il aurait pu y en avoir beaucoup d'autres, des traîtres comme des fidèles, des connus comme des inconnus, mais je n'avais pas besoin de régler mes comptes, la prison, l'isolement et le bannissement m'ayant appris à aller chercher au fond de moi les valeurs fondamentales qui font un homme. Je n'y ai pas trouvé la vengeance. D'autant, je le reconnais, que moi aussi j'ai vécu, dans mes années de faste, des moments exceptionnels et que personne ne m'avait mis de revolver sur la tempe pour faire ce pourquoi j'ai été condamné. Certes, je ressens l'amertume d'avoir été le seul à en prendre plein la gueule et, surtout, de ne pouvoir faire comprendre à tous que j'ai compris la leçon. Mais cet ouvrage changera peut-être les choses.

* * *

J'ai écrit ce témoignage comme une thérapie. Car, si je ne peux oublier les barreaux de ma cellule chaque fois que je tente d'entrer à nouveau dans la vie active, je ne peux oublier non plus les mains serrées, les regards pleins d'« amitié », moments irréels où s'affichaient de fausses relations gouvernées par l'unique intérêt des uns et des autres. Depuis, dès que je renoue avec une vie sociale, je ne cesse de m'interroger sur la nature de la relation qui commence ou qui se poursuit. Est-on sincère ? S'agit-il d'un énième faux frère ? Où est le piège ? Vais-je à nouveau me faire avoir ? Il n'est pas facile, lorsqu'on est dans la difficulté, de refuser les aides que l'on vous propose, mais, pourtant, il le faut. Si l'espoir fait parfois du bien, il peut aussi être assassin et conduire sur les voies de l'échec. Je souhaite donc, à mi-parcours de ma vie, repartir du bon pied en évitant les embûches et les tentations malsaines de la notoriété, du pouvoir et de l'argent.

* * *

Je sais que mes « chers amis » sont incapables de réagir de cette façon. Ne serait-ce que parce qu'ils appartiennent aux ghettos du pouvoir, de la domination et de la puissance. Par avance, je connais leurs réactions à ce livre, lesquelles sont toujours régies par les mêmes réflexes, bien éloignés de ce que j'ai voulu expliquer ici. Les attaques sur ma crédibilité, sur mes méthodes, sur la réalité des pièces que je présente, sur leur provenance, ne manqueront pas.

Même s'ils sont loin d'être irréprochables sur différents sujets, je vais leur répondre dès maintenant, histoire de leur couper l'herbe sous le pied. Moi aussi, après tout, maintenant que j'ai payé, je réclame le droit d'avoir mes travers, mes opinions, mes défauts, mon tempérament. Autant de données qui ne sauraient remettre en cause le fond de ce livre ni éluder les questions qu'il pose, lesquelles se révèlent bien plus importantes que la personnalité de celui qui l'écrit.

Ai-je, comme on l'a dit souvent, créé un système ou celui-ci existait-il auparavant ? Et fallait-il, pour le protéger, me jeter en pâture aux médias et aux juges afin de lui permettre de perdurer ?

Ne voit-on pas chaque jour dans les scandales qui ornent les journaux apparaître des fausses factures, des emplois fictifs, des comptes secrets ouverts dans des paradis fiscaux, des commissions sur des marchés publics, manœuvres et opérations douteuses menées bien après le scandale qui porte mon nom et pour des montants autrement plus considérables. Le système vit car alimenté par ceux-là même qui conduisent notre vie politique depuis des décennies.

Aujourd'hui, ceux qui pilotent, donnent des ordres, influent sur la société et ses règles, le font-ils au nom de l'intérêt général ou pour asseoir et maintenir leur pouvoir en fonctionnant dans l'illégalité ? Tous les hommes que je cite sont-ils plus honnêtes que moi ou simplement plus puissants, plus difficiles à attraper, plus protégés, plus intelligents dans le choix des paravents qu'ils utilisent pour ne jamais se salir les mains ? J'ai voulu apporter ici mes éléments de réponses, car, même si cela me fait mal, je veux bien passer pour mégalo, instable, paranoïaque, mais non pour un malhonnête. Je me souviens, lors d'une de mes nombreuses auditions, avoir demandé au juge d'instruction : « Monsieur le juge, suis-je un escroc ? » Et je me rappelle aussi sa réponse : « Non. Ni un corrompu. D'ailleurs, vous n'êtes inculpé ni d'escroquerie, ni de corruption, ni de faux en écriture publique, mais vous n'auriez jamais dû mettre les pieds en politique. »

Du 13 novembre 1992 jusqu'au 13 juillet 1997, j'ai été sous le contrôle permanent de la justice. Mes comptes ont été épluchés, ma vie explorée. Ma seule erreur a donc été de participer à l'ascension politique de celui qui était mon meilleur ami, avant de devenir mon beau-père et le grand-père de mes enfants, homme avec lequel je n'ai, ainsi que mon épouse, plus aucun contact à ce jour. Car avec lui, comme avec tous les autres politiques, on doit plier, subir, servir et surtout la fermer. Je croyais qu'il constituait une exception, mais tous, dès qu'ils aspirent à un destin national, sont déformés par le système. Je l'ignorais, l'ayant cru différent. J'ai voulu servir par sentiment, par passion. Si je n'ai pas honte de cette erreur, je regrette les conséquences qu'elle a eues sur mes proches qui, eux, n'avaient rien demandé

* * *

On ne change pas les gens. Je suis un homme de challenge, de travail, de volonté mais aussi quelqu'un de fragile, excessif, anticonformiste. Alors pour ne pas prendre le risque de me faire rattraper par ce monde, j'ai décidé d'écrire ce livre, qui pourra m'être jeté à la figure chaque fois que je risquerai de renouer avec un passé qui me fait peur aujourd'hui, comme un vieux démon.

Un alcoolique n'est pas guéri lorsqu'il ne boit plus parce qu'il n'a plus accès aux bouteilles, mais lorsqu'il peut décider de fermer le placard où elles se trouvent et de l'ouvrir pour fêter un événement sans replonger. J'ai, moi, décidé de fermer le placard, qui n'était ouvert que pour me faire prendre des cuites à répétition et me faire passer pour un alcoolique chronique. Les vrais salauds sont là. Ce sont ceux qui poussent à boire !

On a voulu faire croire que j'étais l'initiateur d'un système de relations ambiguës entre les politiques et les médias alors que je constate chaque jour, à travers la presse, que les réseaux fonctionnent à plein et que les notables se renvoient en permanence l'ascenseur.

La justice, on le constate tous les jours, aussi éprouve beaucoup de difficultés à juger les politiques. D'ailleurs, pour les faits commis quand ils sont ministres, le président Mitterrand, dont on connaît l'affection pour les magistrats, créa la cour de justice de la République, laquelle, à ce jour, n'a jugé que trois ministres, en a condamné un seul... tout en le dispensant de peine ! Les lettres, les témoignages, les virements, aucune preuve ne sera jamais suffisante pour condamner un élu, même pas, ce qui est unique, dix pages manuscrites de la main même d'un ministre. À voir Roland Dumas tout faire pour quitter ses magistrats instructeurs et aller devant cette juridiction, je me demande si tout cela ne crée pas envers cette haute institution une présomption de clémence. Il suffirait que Jacques Toubon demande lui aussi à être jugé par la cour de justice dans le dossier pour lequel il a été mis en cause afin que cette présomption devienne réalité !

« Il n'y a pas d'enrichissement personnel » assènent les élus et ministres accusés. Ah bon ! Lorsqu'on se fait payer un avion pour se rendre dans un meeting, mais aussi des costumes, des trainings, des chauffeurs avec emplois fictifs, des conseillers en communication, des sondages, des repas, d'abord pour se faire élire et ensuite pour taper dans l'argent de la République pendant des années alors qu'il existe des règles de financement officielles, ce n'est pas de l'enrichissement personnel ? Et que dire des sommes en espèces qui ne laissent aucune trace, dont on ne connaît pas la provenance mais qui, dès qu'elles sont utilisées par un ministre, deviennent propres ? Il est quand même étonnant de savoir que la justice a examiné à de nombreuses reprises des transactions en espèces sur les comptes des politiques sans que les autorités compétentes en soient saisies. On a même vu un ancien ministre remettant du liquide à un banquier sans que ce dernier alerte qui que ce soit, alors que la législation le lui impose. Pas de doute, l'argent, entre les mains du pouvoir, devient propre. Et quand on ose demander des explications, on répond qu'il s'agit des fonds secrets ! Ils ont bon dos, les fonds secrets !

* * *

Je sais que raconter tout cela ne sert à rien, mais je tenais à livrer des éléments sur ce « deux poids, deux mesures » qui m'est insupportable et me scandalise. Parce que, lorsqu'on veut recommencer sa vie, avoir été condamné à de la prison avec sursis, être parvenu à faire entendre sa voix en n'étant pas exclu de la société, n'est pas la même chose que d'avoir passé vingt et un mois en prison, d'avoir été placé à l'isolement. Rester debout, se relever n'a pas, alors, le même sens.

Pour démontrer cette vérité, il me faut raconter une anecdote. Alors que je m'efforçais de vendre des biens pour rembourser mon passif, le juge d'instruction avait accepté de mettre son visa sur un document attestant que je lui avais montré la transaction avant sa concrétisation. Trouver un acquéreur, lorsqu'on sort de prison et que chaque acte risque d'être suspecté et exposé dans la presse, n'est pas facile ; à un prix correspondant au marché, c'est encore plus délicat. J'étais toutefois parvenu à abattre toutes ces barrières, et le magistrat avait apposé sur le contrat de cession la mention : « vu et ne s'oppose », recouverte de son sceau. Heureux de cette autorisation, je transmis par fax le précieux document à l'avocat de l'acquéreur. Je reçus alors un appel de mon interlocuteur qui m'affirmait que le magistrat avait inscrit « vu et s'oppose », et ce parce que le sceau rendait difficile la lecture. Cet homme imaginait donc que j'avais essayé de réaliser la transaction contre l'avis du juge. J'ai dû, en présence de l'avocat et de l'original du document, contacter le magistrat et lui demander de confirmer son accord. Or je n'étais pas condamné à l'époque et profitais du fameux titre de « présumé innocent » ! Pendant ce temps, mes « chers amis » continuaient à s'interviewer les uns les autres devant les caméras, dans les journaux, à la radio, sur la bonne façon de répondre aux problèmes de notre pays ! Et se pinçaient le nez à la seule évocation de mon nom.

* * *

Avant, lorsque, comme tout un chacun, je parlais avec un langage imagé et qu'un « merde » m'échappait, on me disait vrai et naturel. Aujourd'hui, avec le même mot, je deviens mal élevé. Avant, lorsque je portais un jeans, j'étais différent ; aujourd'hui, on me qualifie de débraillé. Désormais, chacun de mes faits et gestes réveille d'abord la suspicion.

Nous possédons tous un capital confiance plus ou moins important. Le mien était énorme, je l'ai dilapidé et gâché. Il s'est transformé par ma faute et l'aide de mes « chers amis » en capital défiance. Je dois donc le reconstituer et, parce que c'est une question de survie, j'estime que toutes les preuves, et il y en a beaucoup, dénonçant le comportement de ces lâches deviennent utilisables. Je n'attaque pas. Je me défends.

* * *

C'est parce que dans les gens qui liront ces lignes il y aura peut-être des clients, des fournisseurs, des collègues, des actionnaires, des banquiers et tout un ensemble de personnes que, demain, je devrai convaincre de me redonner une chance que j'ai écrit cet ouvrage. Du fait de mon incapacité de travailler aux USA pour assumer efficacement le seul emploi que la justice avait accepté pour moi, ce livre est devenu un passage obligé. Lorsque la mère de mes enfants a demandé son visa de travail pour ce pays avec mes deux filles, on ne le lui a accordé que lorsqu'elle a présenté la décision du juge aux affaires familiales d'entériner notre séparation de corps. Voilà ce que je redoutais : ne jamais pouvoir finir de payer et devenir un poids pour les miens. Aujourd'hui, l'administration américaine me refuse même le droit de poser le pied aux États-Unis afin de rendre visite à ma famille, quelles que soient les assurances que je puisse fournir. Il m'est difficile de croire qu'une telle décision soit appliquée à un quidam. Quelle a été l'influence sur l'administration américaine des informations « gentiment » fournies par mes amis bien placés ?

Payer ses fautes, c'est dur. Sous le regard des médias, c'est encore plus dur. Mais montré d'un doigt vengeur par ceux-là mêmes qui étaient « vos chers amis », ce n'est vraiment pas facile au quotidien. Ce sont donc ces événements, ainsi que ces gens qui, ayant peur de me voir revenir grâce à mon travail, ma volonté, ma franchise et l'analyse de mes erreurs, m'ont conduit à écrire cet ouvrage.

* * *

Lors de ma remise en liberté après ma détention préventive, le juge d'instruction m'avait dit : « Vous partez avec vos secrets, monsieur Botton. »

Aujourd'hui, je solde mon passé et je suis décidé à livrer le combat pour une nouvelle vie.

À bon entendeur, salut…

REMERCIEMENTS

Je remercie Julia, ma compagne, pour sa participation et son soutien sans faille ; ma mère et mon frère pour tout ce qu'ils endurent depuis huit ans ; madame Sottet pour sa confiance et le docteur Mercuel.

Je pense également à Anne, Sophie, Muriel, Patrice, Didier, Philippe, Charles, Paul, Éric, Thierry et à ces amies fidèles, courageuses, sensibles, qui m'ont entouré, aidé et jamais lâché dans l'adversité ou la détresse. Je veux aussi saluer ceux que j'ai croisés depuis ma libération, où qu'ils soient, qui m'ont tendu la main.

Merci à l'observatoire international des prisons pour tout ce qu'il fait et à Anne-Valérie pour sa loyauté.

ANNEXES

1. Voici quelques documents qui attestent : que j'ai remboursé la totalité du passif de mes sociétés, que mon casier judiciaire est désormais vierge mais que mes antécédents ont toutefois été

Patrick DUBOIS
D.E.S. DROIT PRIVE
Mandataire Judiciaire à la Liquidation des Entreprises
auprès des Tribunaux de la Cour d'Appel de LYON

Etude ouverte de 10 h à 12 h
ou sur rendez-vous

Lyon, le 24 février 1997

Madame MARTIAL
Maison d'Arrêt de la Santé
42, Rue de la Santé
75014 PARIS

PD/MR
SA BOISSON
92171

Madame,

A la demande de Monsieur Michel BOTTON, je me permets de vous adresser les explications complémentaires réclamées.

Ma lettre du 19 octobre 1995 est toujours d'actualité, c'est d'ailleurs la raison pour laquelle je l'avais communiquée.

Le passif déclaré par les créanciers était de	*27 688 606 F*
Créances retirées volontairement ou contestées	*9 507 004 F*
Passif à régler	*18 181 602 F*

Ce passif comprend deux créances fiscales qui font l'objet de contestations actuellement pendantes devant le Tribunal Administratif.

Ces deux créances dont le paiement a été garantie par des hypothèques de premier rang sur des biens immobiliers propriété de Madame BOTTON (mère) et de Monsieur Michel BOTTON représentent :

RECETTE PRINCIPALE LYON GIVORS	*2 667 513 F*
PERCEPTION SAINT GENIS	*3 045 187 F*

Le solde du passif à régler était donc de 12.468.902 F.

Ce passif a été réglé aux créanciers hors ma comptabilité pour la plupart des créanciers.

Certains créanciers ont accepté des abandons partiels de créances, d'autres ont exigé le paiement intégral de leur créance.

A ce jour et synthétiquement, j'indique que le passif de la SA BOISSON est totalement réglé à l'exception de deux créances fiscales, objets de contestations et d'instances, lesquelles sont totalement garanties par des hypothèques de premier rang sur des biens immobiliers expertisés faisant ressortir une valeur équivalente aux créances garanties.

Pour être complet, je précise que je possède également en caisse, pour le compte de la SA BOISSON, la somme de 85.541,77 F.

A l'issue des procédures administratives, soit les contestations seront rejetées et le passif admis sera donc totalement réglé, soit les contestations seront partiellement ou totalement admises et les garanties permettront d'assurer le paiement.

L'issue de la procédure de liquidation judiciaire sera, dans l'une comme dans l'autre des hypothèses, une clôture pour extinction du passif.

Je vous prie de croire, Madame, en l'assurance de mes sentiments distingués.

Membre d'une Association agréée, le règlement des honoraires par chèques accepté.

communiqués aux autorités américaines alors que je demandais un visa de tourisme pour rendre visite à mes enfants. Une procédure qui a suscité de vives réactions de la Ligue des Droits de l'Homme.

R É P U B L I Q U E F R A N Ç A I S E

MINISTÈRE DE LA JUSTICE

DIRECTION
DES AFFAIRES CRIMINELLES ET DES GRÂCES

SERVICE DU
CASIER JUDICIAIRE NATIONAL

BUREAU DES AFFAIRES JURIDIQUES
G. Lorho/Fb
☎ 02 51 89 89 25

Référence à rappeler impérativement :
BAJ/98/1331

Nantes, le 20 octobre 1998

Monsieur Pierre BOTTON
[redacted]

750[redacted] PARIS

Monsieur,

En réponse à votre courrier du 16 octobre 1998, j'ai l'honneur de vous confirmer qu'il n'existe aucun accord bilatéral de communication de casier judiciaire entre la France et les Etats-Unis.

Toutefois, en l'absence de convention, des informations de cette nature sont susceptibles d'être communiquées sur fondement du principe de réciprocité.

Selon votre demande, vous trouverez ci-joint le bulletin n°3 de votre casier judiciaire, seul document délivré aux particuliers, qui est un relevé partiel ne faisant état pour l'essentiel que des condamnations à des peines privatives de liberté supérieures à deux ans qui ne sont assorties d'aucun sursis (article 777 du code de procédure pénale).

Je vous prie d'agréer, Monsieur, l'expression de mes salutations distinguées.

Le garde des Sceaux, ministre de la Justice,
pour la ministre et par délégation :
par empêchement du directeur
des Affaires criminelles et des grâces
et du sous-directeur chargé du Casier judiciaire national :

Gérard LORHO
magistrat à l'administration centrale

CJN
107 rue du Landreau
44079 NANTES CEDEX 01
Téléphone : 02 51 89 89 51

RÉPUBLIQUE FRANÇAISE
MINISTÈRE DE LA JUSTICE
Direction des affaires criminelles et des grâces
Casier judiciaire national
44079 NANTES CEDEX 1

BULLETIN NUMÉRO 3

BULLETIN DÉLIVRÉ LE 23/09/1998

applicable à

nom : BOTTON
prénom : PIERRE
né le 30 mai 1955
à LYON VI (69)

PIERRE BOTTON
[redacted]

750[redacted] PARIS

Relevé des condamnations devant figurer au bulletin n°3 en application de l'art. 777 du code de procédure pénale

En l'absence de condamnation devant figurer au bulletin n°3, celui-ci ne comporte qu'une barre transversale
(Art. R.84 du code de procédure pénale)

Réf : 9826614323/B3982660003/0947/000000000/CJNAC246/000/N/0

Le Magistrat chargé du Casier Judiciaire National

CENTENAIRE DE LA LIGUE DES DROITS DE L'HOMME 1898-1998

LIGUE DES DROITS DE L'HOMME

LE PRÉSIDENT

Monsieur Pierre BOTTON
[redacted]
750[redacted] PARIS

Réf. : 3027/98/HL/MG

Paris, le 4 novembre 1998

Cher monsieur,

Votre lettre du 29 octobre a retenu mon attention.

Tout d'abord sur le fait que le département d'État américain vous ait refusé un visa pour les Etats-Unis, pour des raisons qui tiennent à une condamnation qui vous a été infligée en France, je ne peux bien entendu que constater qu'il s'agit là d'une entrave au principe général de la liberté de circulation. Les États sont sur ce sujet très jaloux de leurs prérogatives et dans la division actuelle du monde il faut bien constater à la fois le recul du principe du droit d'asile, les entraves considérables soumises à l'immigration de personnes venant des pays pauvres vers les pays riches. Constatons qu'à l'heure de la mondialisation, les hommes circulent moins facilement que les capitaux et les marchandises. Et aujourd'hui, la politique des visas menée par le ministère des Affaires étrangères français concernant les familles des personnes étrangères résidant en France n'ont hélas pas grand chose à envier aux pratiques du département d'État américain.

Les efforts que nous faisons pour tenter d'obtenir que de telles pratiques changent en France se heurtent à beaucoup d'inerties. S'agissant du comportement du gouvernement des Etats-Unis, je ne peux guère faire autre chose que de regretter la situation qui vous est faite au regard de la protection de votre vie familiale.

Le principe selon lequel les seules conséquences d'une infraction constatée doivent être prononcées par le juge ont été affirmées dans le nouveau Code pénal mis en œuvre en 1994. Les seules déchéances, suppression de droits, doivent - en principe - être prononcées par le tribunal.

Quant à la communication aux Etats-Unis de votre casier judiciaire, qui n'apparaît pas clairement dans la lettre que vous a adressée l'ambassade des Etats-Unis qui peut se fonder simplement sur la notoriété qu'a eu votre affaire, j'en prends plutôt connaissance par la réponse surprenante qui vous a été faite par les directions des Affaires criminelles et les grâces du ministère de la justice.

Votre système de casier judiciaire est clair et l'article 777 stipule que le casier judiciaire ne peut en aucun cas être délivré à un tiers. J'ai donc écris à ce sujet à Madame la Garde des sceaux pour lui demander des explications.

Je vous prie de croire, Cher monsieur, à l'assurance de mes meilleurs sentiments.

Henri LECLERC

27, RUE JEAN DOLENT 75014 PARIS TELEPHONE 01.44.08.87.29 TELECOPIE 01.45.35.23.20

2. Claude Chirac.

Deux billets d'avion et un mot de remerciement des plus instructifs.

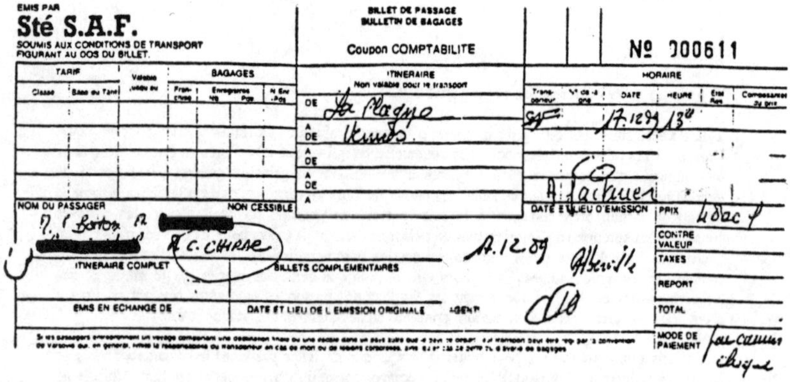

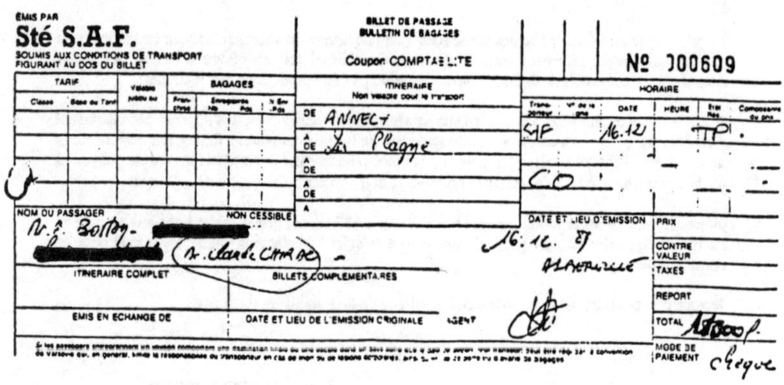

MAIRIE DE PARIS

CABINET DU MAIRE

Paris le 19 décembre 89,

Pierre,

Merci pour ce week end, nous saurons en garder les meilleurs souvenirs.

Nous t'embrassons

Claude. [redacted]

3. Jacques Chirac.

Une facture d'impression d'affiches de Jacques Chirac payée par mes soins ; les frais de l'organisation d'un dîner-débat pour Édouard Balladur… autant de services rendus.

Création
Publicité
Impression
86, rue du Colonel Fabien
94230 CACHAN
Tél. 547.01.20 +
S.A. au capital de 123.100 F
Siret 388261394 00027

CACHAN, le 28 octobre 1985

OPINION
7, place des T...reaux
69001 LYON

Réf. 79

Réf.

FACTURE N° 7122-77-11623

8.000	RETIRAGE AFFICHES CHIRAC QUADRI		
2.000	1er TIRAGE		1. 750,00 F
	EXPEDITION SERNAM		303,00 F
			1 053,00 F
	T.V.A.	18. %	613,86 F
	déductible sur les encaissements		
	NET A PAYER		666,86 F

OPINIONS

lyon aéroport novotel

TEL Lyon Aeroport

02 JUIL. 1986

0123 2511 411179

30 / 06 / 1986

BUREAU DE PERMANENCE DE MICHEL NOIR 7 PLACE DES TERREAUX 69001 LYON

F A C T U R E 2511

A L'ATTENTION DE MR PARENT
DINER DEBAT MR BALLADUR

LOCATION DE SALLE DT TVA 244.65	2	1 560.00
LOCATION DE MATERIEL DT TVA 577.91	2	3 685.00
DINERS CHAUFFEURS A 45 F		945.00
REPAS A 125 F	2	51 375.00
REPAS A 125 F	2	50 000.00
BAR	2	245.55
DECORATION FLORALE		3 000.00
VESTIAIRE		400.00
	TOTAL	111 210.55

versement 20.000 F
BB 4126080 du 29.05.86
solde 91210,55

…EUR EN VOTRE AIMABLE REGLEMENT AU : 08 / 07 / 1986 NET A PAYER 111 210.5…

…MICILIATION BANCAIRE : SOCIETE GENERALE
SIHS NOVOTEL LYON AERPT Cpte 00020480707
code banque : 30003 guichet : 01174 cle RIB : 97

A JOINDRE A VOTRE REGLEMEN…
0123 2511 41117…
111 210.5…

PRÉSIDENCE
DE LA
RÉPUBLIQUE

Le Conseiller Technique

Paris, le 12 février 1999

Monsieur,

Vous avez, par lettre en date du 28 janvier dernier, informé le Président de la République du refus de visa notifié par l'Ambassade des Etats-Unis.

Le souhait que vous aviez formulé de refaire votre vie aux Etats-Unis se trouve donc malheureusement contrecarré par cette décision.

Cette situation est pour vous particulièrement éprouvante, toutefois, elle résulte d'une décision prise par une administration relevant d'un Etat étranger.

Il vous incombe éventuellement de contester cette décision en saisissant à nouveau l'Office of Visa Services.

Je vous prie d'agréer, Monsieur, l'expression de mes sentiments les meilleurs.

Antonetti

Jean-Claude ANTONETTI

Monsieur Pierre BOTTON
12-14 place du Général Köenig
75017 PARIS

4. Jean-Claude Decaux.

À côté de nombreuses autres entreprises, quatre sociétés du groupe Decaux ont largement rémunéré l'association « J'habite Lyon ». Un procès-verbal en fait foi.

D 862
D429

REPUBLIQUE FRANCAISE

MINISTERE DE L'INTERIEUR

DIRECTION GENERALE
de la
POLICE NATIONALE

N°3978/161/DF

PROCES - VERBAL

L'An Mil Neuf Cent Quatre Vingt treize le vingt huit mai

à /// Heures ///

AFFAIRE :

C/ BOTTON Pierre
BATHIER Marc
et autres
Faux et usage, abus de biens sociaux.

Nous : Bernard DUPERRAY

Inspecteur Principal en fonction
au Service Régional de Police Judiciaire
de LYON - Division Economique et Financiér

----- Officier de Police Judiciaire en résidence à LYON,
----- Agissant en vertu et pour l'exécution de la commission rogatoire en date du 5 avril 1993 délivrée par M. COURROYE, Juge d'Instruction au Tribunal de Grande Instance de LYON, relative à l'information ouverte du ou des chefs de faux en écriture de commerce et de banque et usage, banqueroute, abus de biens sociaux et autres faits prévus et réprimés par les articles 147, 150, 151 et 402 du Code Pénal, 196 et 197 de la loi du 25 janvier 1985, 425 et 437 de la loi du 24 juillet 1966 et autres e suivie contre :

OBJET

Exploitation des relevés du compte ouvert au nom de J'HABITE LYON à la banque SANPAOLO.

BOTTON Pierre
BATHIER Marc
GISCARD D'ESTAING Charles
MARCHAND Dominique
CARO Gérard
POIVRE D'ARVOR Patrick
CHAUSSE Albert
MOUILLOT Michel
NOIR Michel

personnes mises en examen :

-----Constatons que pour faire suite à notre réquisition en date du 14 04 1993, la banque SANPAOLO (ex banque VERNES) nous a remis les documents suivants :--

-photocopies des relevés du compte n° 781 968 T 001 ouvert au nom de l'association J'HABITE LYON pour la période de février 1987 à janvier 1992 :--

-photocopies des bordereaux de remises de chèques d'un montant supérieur à 30 000Frs. :--

-photocopies des cartons de signature :-------------------------

-----Disons que M. Jean Jacques DEVIN, chef de gestion à la SANPAOLO nous a indiqué qu'il n'avait pas été possible de retrouver les remises de deux chèques de montants de 59 300Frs. e

pie certifiée
L'Officier de Police Judiciaire

SUITE PROCES-VERBAL de remise de documents par la banque SANPAOLO. PAGE 2

122 502,20Frs respectivement en date des 9 et 11 11 1987.--------

-----L'exploitation de ces documents fait apparaitre que ce compte a commencé à fonctionner le 2 février 1987 et que les personnes autorisées à le faire fonctionner, selon le carton des signatures étaient :--

-M. DUBERNARD :--
-[redacted] :--
-M. de CHAIGNON :--
-M. Michel NOIR.---

-----Par ailleurs, l'examen des bordereaux de remises de chèques de montants totaux supérieurs à 30 000Frs. et des relevés de ce compte font apparaitre les remises de chèques et les versements d'espèces suivants :--

Date	Nature opération	Tireur	Montant
12 02 87	rem chèque	LACHAND	3 528,35
12 02 87	rem chèque	CL ST JEAN	27 138,00
12 02 87	rem chèque	SCARPARI	2 000,00
21 04 87	rem chèque	BLUE BENTHOR	35 580,00
21 04 87	rem chèque	ALSTHOM	6 048,00
13 03 87	rem chèque	illisible	2 430,00
13 03 87	rem chèque	NEVYL FRANCE	34 690,50
09 06 87	versement espèces		30 000,00
03 07 87	versement espèces		7 500,00
03 07 87	versement espèces		11 500,00
23 07 87	rem chèque	CIT ALC	355 800,00
30 07 87	rem chèque	illisible	100,00
30 07 87	rem chèque	STREICHENBERGER	59 300,00
07 08 87	versement espèces		30 000,00
21 10 87	rem chèque	illisible	7 790,00
21 10 87	rem chèque	CASTORAMA	31 950,00
21 10 87	rem chèque	DUROULE	3 528,35
09 11 87	rem chèque	inconnu	59 300,00
10 11 87	rem chèque	inconnu	122 502,20
18 12 87	rem chèque	illisible	300,00
18 12 87	rem chèque	STREICHENBERGER	71 160,00
26 01 88	rem chèque	STEPE	58 600,00
12 02 88	rem chèque	DUMEZ	59 300,00
23 03 88	encaissement effet		118 694.00
25 03 88	versement espèces		70 000,00
22 04 88	encaissement effet		49 980,44
17 06 88	encaissement effet		49 980,44
20 06 88	rem chèque	STE DEVELOPPE D'ENTREPRISES	126 902,00
11 07 88	encaissement effet		38 647,08
02 08 88	rem chèque	GROUPEMENT FR DE CONSTRUCTION	83 020,00
10 10 88	rem chèque	SDE	126 902.00
07 11 88	rem chèque	UKOBA	17 790,00
07 11 88	rem chèque	HOFIDIS	29 650,00
29 12 88	virement reçu de ASS NAT		42 500,00
04 01 89	rem chèque	BOULANGER FRER	32 500,00
04 01 09	rem chèque	SOHIER	100,00
16 01 89	encaissement effet		74 976,28

Copie cer[illegible]

SUITE PROCES-VERBAL de remise de documents par la banque SANPAOLO. PAGE 3

23 01 89	rem chèque	L'ENTREPRISE INDUSTRIELLE	87 764,00
02 02 89	rem chèque	SDEI	177 900,00
02 02 89	rem chèque	CREDIT CHIMIQUE	59 300,00
03 02 89	rem chèque	inconnu	123 344,00
08 02 89	rem chèque	PRODITH	237 200,00
08 02 89	rem chèque	PAN EUROPEENE AIR SERVICE	109 500,00
15 02 89	rem chèque	PROMOTION INDUSTRIELLE	237 200,00
15 02 89	rem chèque	SCREG	29 650,00
16 02 89	rem chèque	GFC INDOSUEZ	118 600,00
16 02 89	rem chèque	CREDIT CHIMIQUE	59 300,00
17 02 89	rem chèque	SDEI	355 800,00
17 02 89	rem chèque	RIC	83 020,00
17 02 89	rem chèque	MONOPRIX CROIX ROUSSE	47 440,00
27 02 89	rem chèque	SA LEBRET SEDEL	109 112,00
02 03 89	rem chèque	ACCOR	100 000,00
02 03 89	rem chèque	PITANCE	118 600,00
03 03 89	rem chèque	BANQUE INDOSUE	118 600,00
08 03 89	rem chèque	KOFRA ENTREP	59 300,00
21 03 89	rem chèque	LOVY	35 580,00
21 03 89	rem chèque	OGER INTERNAT	11 860,00
21 03 89	rem chèque	ROIRET SA	41 510,00
24 03 89	rem chèque	LANCEMENT LEONARD	35 580,00
30 03 89	rem chèque	PLASTIC OMNIUM	118 600,00
30 03 89	rem chèque	BALAY PRENOT	10 000,00
30 03 89	rem chèque	J'AIME LYON	19 498,87
07 04 89	rem chèque	TROTTOIRNET	296 500,00
07 04 89	rem chèque	COLONNES MORRIS	296 500,00
07 04 89	rem chèque	S P E A	296 500,00
07 04 89	rem chèque	DIRECT INFO MUNICIPALE	296 500,00
07 04 89	rem chèque	AVENIR PUBLICITE	278 710,00
17 04 89	rem chèque	illisible	118 600,00
17 04 89	rem chèque	LYONNAISE DES EAUX	237 200,00
17 04 89	rem chèque	COFRETH	118 600,00
17 04 89	rem chèque	S I T A	118 600,00
20 06 90	versement espèces		30 000,00
17 07 90	versement espèces		1 000,00
21 09 90	versement espèces		6 000,00
23 11 90	versement espèces		4 790,00
		TOTAL	6 485 446,31

----Disons que n'ont été totalisées ci dessus que les remises de chèques faisant partie des remises égales ou supérieures à 30 000Frs. ainsi que les versements espèces. L'examen des relevés fait apparaitre que d'autres remises de chèques (de sommes inférieures à 30 000Frs.) ont été faites sur ce compte et pour lesquelles nous ne disposons pas des bordereaux de remise.-------

Copie ...
L'Offic...

5. Jérôme Monod.
Reproduction de mes lettres envoyées à Jérôme Monod, ainsi qu'un chèque qui parle de lui-même.

Décidé à jouer la carte de la sincérité, je souhaite mettre à la disposition du lecteur toutes les informations nécessaires. Même si je ne suis pas fier de la méthode employée, je veux reproduire ici le contenu des lettres que j'avais adressées au président de la Lyonnaise des eaux, en recommandé avec accusé de réception. Lorsque l'on est au fond du trou, on essaie tous les moyens pour s'en sortir, c'est pourquoi ces lettres ont été envoyées des maisons d'arrêt où je séjournais et ont, par conséquent, été lues par l'administration pénitentiaire avant leur expédition. Jérôme Monod n'en révèla le contenu que lorsqu'il su qu'il risquait de m'affronter au tribunal, où j'envisageais de demander sa convocation comme témoin. De mon côté, j'ai écrit ces courriers alors que j'étais incarcéré et condamné à cinq ans de prison dont 18 mois avec sursis.

Pierre BOTTON
Matricule 5931X
Cellule 419 Bâtiment C
Maison d'arrêt de Grasse
Route des Genêts, 06130 Grasse

Le 16 octobre 96

Monsieur le Président,

Compte tenu de la qualité de nos relations, de nos amis communs et du climat ambiant dans les médias, je tenais à vous informer de mon intention de vous donner la possibilité de définitivement éclaircir les relations entre les sociétés ou les hommes de votre groupe et moi-même.

C'est pourquoi j'ai pensé vous faire citer à titre de témoin le 16 janvier 97 lors du procès dit de la SDEI, demandé au juge Couroye une confrontation dans le cadre des plaintes à l'administration fiscale, ainsi qu'une audition avec M. André Kamel soit au cours de ces instructions, soit au cours du procès dit « des comptes en Suisse ».

Ces diverses interventions permettront ainsi de vous expliquer définitivement sur :

Mes liens avec M. Bernard Prades et ses participations lors des campagnes de 89, puis la création de l'association « Écoutons Lyon » de 90 à 91 ainsi que son financement.

Les travaux de communication réalisés pour le compte des sociétés SITA, Lyonnaise des Eaux et autres.

Mes relations avec les présidents de ces sociétés, avec le service commercial de la Lyonnaise (M. d'Ouince), et avec la société Dégremont.

Mes relations avec M. Kamel, les versements réalisés sur les divers comptes des sociétés suisses et l'utilisation des fonds (Dîner pour la France, Sondages, campagne des régionales de 92, dîner de réconciliation des dirigeants du RPR dans la fédération des Alpes-Maritimes en avril 91, etc.).

Afin de faciliter notre défense, je ferais parvenir l'ensemble des documents comptables permettant de nous expliquer.

J'espère ainsi pouvoir définitivement expliquer la qualité des relations commerciales qui nous unissaient.

Je vous prie de croire monsieur le Président à l'expression de ma très haute considération.

Pierre BOTTON
Matricule 5931X
Cellule 419 Bâtiment C
Maison d'arrêt de Grasse
Route des Genêts, 06130 Grasse

Le 26 octobre 96

Monsieur le Président,

Comme vous avez pu le constater dans les dernières décisions de la justice lyonnaise, il est indispensable que nous puissions éclaircir au grand jour nos relations.

Conformément à mon dernier courrier, je vous livre les arguments qui seront développés par l'un de mes conseils auprès de monsieur le Président du Tribunal de Grande Instance dans le but de vous citer, ainsi que Bernard Prades, comme témoins dans le procès de la SDEI qui s'ouvrira le 16 janvier 97 :

Justifier les liens étroits qui unissaient commercialement la SDEI et la Lyonnaise des Eaux dans le cadre de tout un ensemble de municipalités dont les maires étaient des amis intimes ;

Lons-le-Saunier et Jacques Pélissard, dans le cadre de la privatisation de son service d'eau ;

Cannes et Michel Mouillot dans le cadre du renouvellement de la concession ;

Lyon et Michel Noir pour le rééquilibrage des forces dans la distribution de l'eau avec la nomination de monsieur Horgen à la Lyonnaise des Eaux de Lyon. Celui-ci étant un ami intime et de très longue date du maire. Votre présidence de l'association contre l'échec scolaire réalisée par le maire de Lyon.

Afin d'éviter toute comparaison avec le dossier de Grenoble, je pense inutile d'évoquer le financement du journal « J'habite » et de l'association « Ensemble Lyon », ainsi que le comblement du découvert de Jean-Michel Dubernard sur son compte à la San Paolo.

Comme j'en ai pris l'engagement avec nos amis communs, je vous informerais de tous les actes judiciaires que je demanderais dans le cadre de notre défense, et vous confirme que dès la deuxième quinzaine de novembre, l'un de mes conseils s'occupera de cette procédure.

Si la presse était informée de votre citation, je m'efforcerai de vous faire parvenir le double des documents nécessaires à notre argumentation.

Les derniers résultats de la chambre d'accusation concernant les « comptes en Suisse » m'obligeront sans doute à une procédure identique, comme je vous l'avais laissé entendre lors de mon dernier courrier.

Je prouve une nouvelle fois, s'il en était besoin, ma fidélité totale aux causes qui nous sont communes.

Je vous prie de croire, monsieur le Président, à l'expression de mes sentiments les meilleurs.

Pierre BOTTON
Matricule 5931X
Cellule 419 Bâtiment C
Maison d'arrêt de Grasse
Route des Genêts, 06130 Grasse

Le 18 novembre 96

Monsieur le Président,

Conformément à mes dernières correspondances, vous avez pu constater que je vous donnerais l'occasion de vous expliquer, ainsi que vos collaborateurs devant le Tribunal de Grande Instance de Lyon, le 16 janvier 97.

Afin de devancer les questions que cela ne manquera pas de provoquer, je pense dès la 1re semaine de décembre solliciter une audition auprès du juge en charge du dossier Sarocca.

En effet, compte tenu du document manuscrit joint, on ne manquera pas de se demander pourquoi des sociétés de la Lyonnaise des Eaux, vos proches collaborateurs ont conservé des rapports financiers et commerciaux alors que le maire de Lyon avec lequel vous aviez des rapports étroits donnait l'ordre à Bernard Sarocca de ne plus en avoir.

Je pense donc qu'il vaut mieux expliquer tout cela avant.

Dans l'attente je vous prie de croire monsieur le Président à l'expression de mes sentiments les meilleurs.

Pierre BOTTON
Matricule 5931X
Cellule 419 Bâtiment C
Maison d'arrêt de Grasse
Route des Genêts, 06130 Grasse

Le 29 novembre 96

Monsieur le Président,

Compte tenu de nos excellentes relations et conformément aux conseils de nos amis communs, vous trouverez ci-joint le double de la lettre que j'adresse le 2 décembre à Monsieur le juge d'instruction.

Je vous ferais parvenir le mémoire préparé pour l'audience du 16 janvier 97.

Celui-ci attestera que je ne suis pas le recéleur des sommes qui m'ont été versées, mais que celles-ci ont servi aux financements des activités des nos idées, de nos amis et sont donc assimilables à du financement politique.

Cela pose, pour certaines personnalités, le problème des dates qui sont postérieures à la loi sur le financement des partis, mais cela démontrera clairement que notre but était uniquement politique.

Étant donné le nombre de personnes et la précision de mes propos, je ne doute pas que le Tribunal ordonnera un complément d'information.

En vous remerciant encore de vos conseils, je vous prie de croire monsieur le Président à l'expression de mes sentiments les meilleurs.

Pierre BOTTON
Matricule 5931X
Cellule 419 Bâtiment C
Maison d'arrêt de Grasse
Route des Genêts, 06130 Grasse

Le 20 décembre 96

Monsieur le Président,

Ma libération conditionnelle prévue pour le 6 janvier a été rejetée hier.

J'ai été informé que la stratégie que nous avions envisagée pour le procès du 16 janvier, et notamment votre citation, ne vous convenaient pas et que nos amis communs désiraient la remettre en cause. Soit.

Il est possible d'en discuter, toutefois je souhaite recouvrer la liberté, la seule possibilité étant une grâce présidentielle.

J'ai eu à connaître que le Président y serait favorable.

Compte tenu de vos liens étroits, votre intervention sera déterminante.

Ma fidélité et mes capacités à me taire face à certains juges n'est plus à démontrer, encore faut-il que j'ai des certitudes.

Les contacts existent entre l'Élysée (M. Villepin et Échapé) et mon épouse ainsi que ma famille.

Vos conseils ou vous-même pouvez les joindre au : (...)

Je vous prie de croire, monsieur le Président, à l'expression de mes sentiments cordiaux.

Veuillez trouver ci-joint chèque de F
en règlement de
Expéditeur

N° 4945643

sur BANQUE MONOD

B.P.F. 237.200,00

BANQUE MONOD

Payez contre ce chèque NON ENDOSSABLE SAUF au profit d'une banque, d'une caisse d'épargne ou d'un établissement assimilé.

Deux cent trente sept mille deux cents francs.

A Monsieur Pierre Botton

Paris le 17 Avr. 1991

PAYABLE
117, BD HAUSSMANN
75008 PARIS
(1) 44.21.20.00
COMPENSABLE A PARIS-34

Chèque Numéro
4945643

362175 1000 1
LYONNAISE DES EAUX - DUMEZ
"D.C.B."
52 RUE DE LISBONNE
75008 PARIS

4945643 001000878344 036217510001

6. Jacques Toubon.
Un sac de campagne électorale « Noir-Toubon », dont la facture a été payée par mon entreprise.

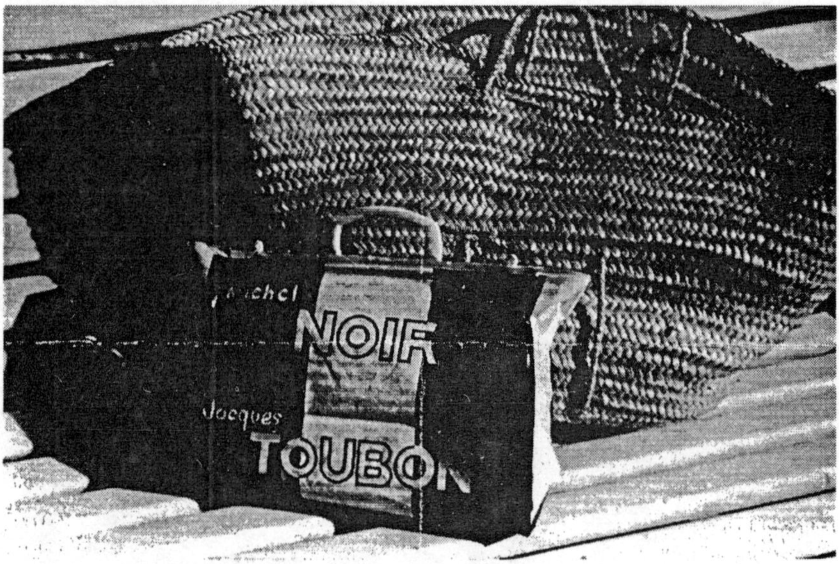

DECIPLAST

SOCIETE DE FABRICATION INDUSTRIELLE DE SACS D'EMBALLAGE

11, RUE BALZAC 69150 DÉCINES
B. P. 44 - ☎ (7) 849-22-96
R. C. Lyon B 300 008 794 / SIRET 300 008 794 00017

SOFISE
S. A. R. L. au Capital de 20.000 Francs

HOUSSES « TRANSIT »
HOUSSES PRÉDÉCOUPÉES
SACS POIGNÉES DE LUXE
SACS - SACHETS
IMPRESSIONS
polyéthylène

Etablissements VIVIEN
276, rue Garibaldi
69003 -LYON

T 10/04/85

N° 84 230

Le 16 Novembre 1984

FACTURE

Date de Commande	N° de Commande	Bordereau de Livraison
12 11 84	131,	83 232 - 8 colis-X

Quantité	DÉSIGNATION	Prix H. T.	Montant
3 810	sacs poly 310+50x300 -10/100 -Blanc imprimés 2 C ° V bleu et rouge - poignées blanches		
	le %	270,00	10 287,0
	Participation frais de clichés		800,0
			11 087,0
	+ T.VA. 18,60 %		2 062,1
			13 149,1
	DONT T.VA. 18,60 % : 2 062,18		

633/20

En cas d'escompte, celui-ci sera déduit de notre chiffre d'affaire taxable. Le montant de la T.V.A. déductible par l'acheteur doit donc être diminué du montant de celle afférente à l'escompte.

Règlement: VALEUR EN NOTRE TRAITE AU 31 DECEMBRE DE frs : 6 574,59
31 JANVIER " 6 574,59
CI-JOINTES POUR DOMICILIATION ET ACCEPTATION

Domiciliation:

"Les traites envoyées à l'acceptation" doivent être retournées acceptées

7. **Charles Villeneuve** a prétendu qu'il n'avait jamais bénéficié de mes largesses, ayant lui-même payé ses frais d'hôtel ou de déplacement lors de week-end à la montagne. Pourtant, ces factures de transfert en hélicoptère et du Byblos de Courchevel disent tout autre chose.

8

SAF

BOTTON PIERRE

1 AVENUE PAUL DOUMER
75016 PARIS

CLIENT N° 411111

FACTURE	DATE FACTURE	MODE DE RÈGLEMENT
91 / 03019	31.03.91	Par chèque à réception

DATE	LIBELLÉ	MONTANT H.T.
3.03.91	Vol référence 2180 TA TP COURCHEVEL - GRENOBLE FAMILLE VILLENEUVE Hélicoptère : ECUREUIL FGJCK Base : COURCHEVEL Montant forfaitaire	7.393,36

PAYE LE 16 AVR. 1991

PAYE LE 16 AVR. 1991

PAYE LE 16 AVR. 1991
BRED. chèque 7469553.

MONTANT H.T.		T.V.A.		
	7.393,36	5.50 %	TOTAL H.T.	7.393,36
			TOTAL T.V.A.	406,63
			TOTAL T.T.C. A PAYER	7.799,99

Service Aérien Français
sa au capital de 16.000.000 de francs rc 328 759 881 Albertville
Aérodrome Albertville/Tournon 73460 Frontenex France
☎ 79 38 48 29 Fax 79 38 48 42 Télex 309960
Domiciliation bancaire : CRCA Frontenex
18006/00045/00432946050/05

LE BYBLOS des neiges

83990, St TROPEZ — 73120, COURCHEVEL

DEBOURS CONCIERGE

M. BUTTON

Appartement 512/3

Date		Montant
	chocolat Mrs VILLENEUVE	50
1/3	Reine des Fees	320
1/2	e Sport	195
2/2	PHARMACIE	12
2/2	g. Sport	135
–	Note Mr VILLENEUVE	10412
	Note Mr [redacted]	1308
		12432

LE BYBLOS des neiges

73120, COURCHEVEL-1850
SIEGE SOCIAL 83990 ST TROPEZ
S A AU CAPITAL DE 9 587 500 F
R C ST-TROPEZ 67 B 4
SIREN 596 780 049 00016 APE 6708

PHONE : 79.08.12.12 · TELEX : 980 5
FAX : 79.08.19.38

1
1574
MRME VILLENEUVE
N° Facture

CHAMBRE N 309

Date d'arrivée 06 Mar 92
Date de Départ 10 Mar 92

06Mar '92	DEMI PENSION	E	3312	
07Mar '92	TELEPHONE	E	42	
07Mar '92	BAR	E	75	
07Mar '92	CENTRE SPORTIF	E	120	
07Mar '92	DEMI PENSION	E	3312	
08Mar '92	TELEPHONE	E	48	
08Mar '92	TRNSFR AU 1001	E .		6909

TABLE DES MATIÈRES

Achevé d'imprimer en février 2000
sur presse Cameron
*par **Bussière Camedan Imprimeries***
à Saint-Amand-Montrond (Cher)
pour les éditions FLAMMARION

— N° d'édit. : FF782205. — N° d'imp. : 000707/1. —
Dépôt légal : janvier 2000.

Imprimé en France